Seadove

Seadove

他最偉大的成就，就是為人類指出未來的方向！

霍金傳：與時空對話

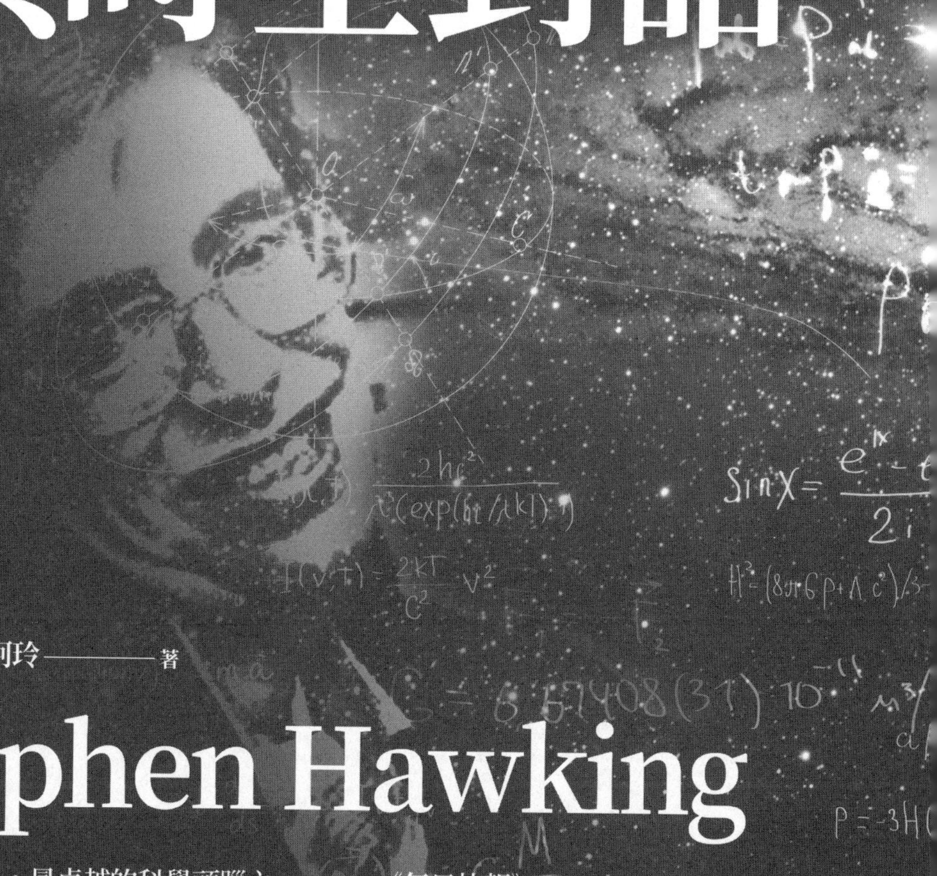

楊建鄴、龔阿玲——著

Stephen Hawking

愛因斯坦之後，最卓越的科學頭腦之一。——《每日快報》

物理學的大祭司，幾乎可以讀懂上帝精神的少數人之一。——《洛杉磯時報》

他可以用如珠的妙語，清晰地詮釋宇宙的複雜……他擁有非凡的頭腦。——《觀察家報》

目錄

幸福的少年時期

一個知識份子的家庭

俄國文學家托爾斯泰在他的名著《安娜・卡列尼娜》開卷第一句話寫道：

幸福的家庭，家家相似；不幸的家庭，各不相同。

我想，幸福的家庭一般是：家人相互理解，相互尊重，相互幫助，因而它的成員生活在這個家庭中感覺自由自在，兒女可以很好地成長，而且很重要的是，他們都有理性的追求和一定的抱負。

一個人一生的成長和成就，往往與他的家庭有很大的關係。這主要表現在兩個方面：一方面是父母在性格和氣質上的遺傳，對每個人有相當的影響，屬於先天的影響；另一方面是家庭為後代創造什麼環境和條件，使後代可以順利成長，屬於後天的影響。這兩個方面的影響，往往會決定一個人一生的道路。反過來說，從一個人的人生道路和成就中，也可以依稀看到家庭在上述兩個方面對他的影響。

中國素來強調家庭對孩子成長的重要性，「孟母三遷」就是眾人皆知的典型故事。孟母為了使她的兒子有一個良好的成長環境，搬了三次家，後來這個典故被用來表示父母對孩子成長的關心。

同樣，被譽為「愛因斯坦繼承人」和「宇宙主宰者」的史蒂芬・霍金，在令人不可思議的困難條件下，成為二十世紀繼愛因斯坦之後最偉大的物理學家和宇宙學家之一，我們可以在他的家庭中尋找到他成功的源頭。這種尋找，對於每個家庭和每位正在成長中的青少年來說，也許會帶來一些有益的啟示。

史蒂芬・霍金的父親法蘭克・霍金，是牛津大學醫學院的畢業生，是一位熱帶病的專家。一九三九年，第二次世界大戰爆發的時候，他在東非研究當地的地方病。他是一位愛國者，聽說戰爭爆發了，立刻啟程橫穿非洲大陸，乘船返回英國，報名參軍，想到前線為國家而戰。但是相關部門告訴他，他的醫學技術和研究，對國家更有用處。他無法上前線，而是進入一家醫學研究所，在這裡，法蘭克遇到他後來的妻子伊莎貝爾。

史蒂芬的父親法蘭克・霍金

法蘭克的祖先世代務農，是勤勞本分、正直善良的農民。十九世紀初期，他的一位祖先成為德文郡一位公爵的管家，由此開端，霍金家族逐漸成為望族，並且在德文郡建造富麗堂皇的住宅。史蒂芬的祖父是約克郡的一位農場主人，第一次世界大戰前，他的農場十分興旺發達，但是在戰爭後，由於可怕的經濟大蕭條，他的農場一落千丈，最後破產。為了擺脫貧困和讓家中五個孩子受到良好的教育，法蘭克的母親（史蒂芬的祖母）想出一個方法：在家裡開辦一所學校。這所學校後來辦得十分成功。從史蒂芬祖母的事蹟中，我們可以看到她的性格有多麼堅強。這種堅強，成為霍金家族中十分重視和強調的品格，以致史蒂芬的父親、母親和他自己，甚至有些極端地認為「溫情」（更不用說「嫵媚」了）是性格中嚴重的缺陷，而且對那些重視溫情的人抱持懷疑和輕視的態度。

伊莎貝爾出生於蘇格蘭的格拉斯哥，她的父親是一位醫生，有七個孩子，伊莎貝爾排行老二。像這樣的家庭，如果父母不做出相當的犧牲，很難負擔兒女讀大學的費用，尤其是女孩，接受高等教育的機會更少。伊莎貝爾可以在牛津大學完成學業，說明她的家庭是一個十分開明和重視教育的家庭。

從牛津大學畢業後，伊莎貝爾做過稅務稽查員等工作，但都不是她喜歡的。後來，她決定接受一家醫學研究所的秘書工作。這個工作和她的資歷比較起來，實在不太相符，但是活潑友善的伊莎貝爾卻對這個工作產生興趣。此後，她在這家研究所遇到身材高大卻害羞的法蘭克・霍金，他在國外的激動人心的冒險經歷，打動伊莎貝爾。不久，他們結婚了，在倫敦北郊的海格特居住。

史蒂芬的母親伊莎貝爾・霍金

一九四二年，史蒂芬・霍金出生。接著，他有兩個妹妹，瑪麗和菲莉帕。戰爭結束以後，法蘭克被任命為國家醫學研究所寄生蟲部主任。一九五〇年，法蘭克舉家搬到倫敦北部二十英里處的聖奧爾本斯鎮希爾賽德路十四號。

關於聖奧爾本斯的起源，還有一個故事：大約在西元三〇四年，一個信奉基督教的羅馬軍人奧爾本，因為庇護逃亡的基督教教士，在弗爾河東岸被殺害。一〇七七年，基督教的信徒們在奧爾本遇害的地方修建一座修道院，一個市鎮在修道院周圍發展起來。一八七七年，這座修道院被正式命名為聖奧爾本斯大教堂，市鎮定名為聖奧爾本斯。到了二十世紀五〇年代，聖奧爾本斯成為一個繁榮、典型的英國中產階級聚居的城鎮，人口大約有十八萬。

法蘭克的家庭屬於中產階級家庭，他們的生活雖然比較富裕，但是要讓幾個孩子都受到良好的教育，只靠他們的收入是非常困難的。孩子們只能以優秀的成績取得獎學金，才可以進入劍橋、牛津這樣的名牌大學。他們夫婦都是牛津大學的畢業生，因而他們認為：孩子們只有讀劍橋大學、牛津大學才會有前途，才會讓他們感到欣

二十世紀五〇年代的聖奧爾本斯

慰，否則就會被人瞧不起。在他們的眼光裡，不是從牛津、劍橋畢業的人，不會成為知識精英，也不會有什麼成就，更不可能進入上流社會。

為了達到這個目標，法蘭克從史蒂芬上小學的時候，就迫切希望他可以進入英國最好的私立學校，只有從最好的私立學校畢業，才可以進入最好的大學。這條道路，被法蘭克視為他兒子的必經之路。

法蘭克的家庭是典型的書香門第，但是他們的特立獨行和不在乎別人評價的行為，在聖奧爾本斯的鄰居看來，似乎有些古怪。例如：他們的屋裡堆滿各種各樣的書籍和繪畫，還有從世界各地收集到的奇石和標本，以及一些叫不出名字的古怪物品。他們雖然十分注意清潔，室內也很乾淨整齊，但是他們對房屋的維修卻不在意，地毯和家具要用到破爛和損壞為止，只要可以用就不會換新的。牆上貼的壁紙脫落下來懸在牆上，他們也不在意，認為沒有必要貼上新的壁紙。走廊和門後，許多地方的石灰剝落，露出大大小小的洞，他們也視而不見，要是在別人的家裡，一定會重新粉刷。他們的養子愛德華曾經說：

史蒂芬的弟弟愛德華・霍金比他小十四歲，後來在倫敦北邊的盧頓鎮開了一家小型建築公司

我們家令人印象最深的是籬笆，我曾經幾次試圖說服父親把它推倒，讓矮樹長大，但是父親堅持要修補這個籬笆。可是他不願意花任何錢，而是東拼西湊地撿一些木條，把它們釘上去。

我把朋友帶到家裡的時候，總是有一些羞愧。前門曾經看起來非常優雅，後來上面的彩色玻璃有些已經破碎了。父親通常不是更換這些玻璃，而是用填充品或黏土拼拼湊湊、塗塗抹抹。壁紙雖然華麗，卻也令人羞愧，天曉得它貼在那裡有多久了。

> 這是一幢非常大而陰暗的房子，它就像鬧鬼似的那麼恐怖。我在冬天的早晨醒來的時候，房間裡總是結滿厚霜。家裡有一台無法正常運轉的散熱器，它被大廳裡的一台儲熱器取代。所有臥室都有火爐，但是在每個房間裡生火是不實際的，所以我們只在樓下生火。
>
> 這幢房子也許有些像一個大怪物，但是不管怎麼說，它是我們的家，所以我們喜歡它。

法蘭克夫婦對物質生活不趕時髦，更不會刻意追求，因為在他們看來，這種追求會妨礙自己對知識和理性的熱愛和追求。他們寧願將有限的收入投入到孩子們的學費上，讓孩子們進入最好的學校。

霍金家在聖奧爾本斯鎮希爾賽德路十四號的房子

他們喜歡看書，甚至在吃飯的時候，每個人都是邊吃邊看，這一點讓所有鄰居感到十分驚訝，其他家庭絕對不容許在餐桌上看書或是做其他事情。看了書之後，他們喜歡談論書上精彩的思想和哲理。這種談話的哲理性太強，在鄰居聽來覺得很古怪，完全不合群。他們在相互之間談話的時候，說話快速而簡練，不會囉嗦地多作解釋，在外人聽來，他們說話似乎有些含糊不清，口齒不夠伶俐，尤其是霍金父子。後來，霍金的同學將這種不同一般的話語，取了一個特殊的名稱為「霍金語」，並且經常模仿這種「霍金語」作為笑料。

有一次，法蘭克夫婦做出一件異乎尋常的事情：他們花五十英鎊買來一輛舊計程車作為私家轎車。那個時候，除了非常富裕的家庭，大多數英國人都沒有私家轎車。鄰居用驚訝的目光看著他們開著破舊的汽車進出的時候，他們卻毫不在意，自得其樂。過了很多年，他們才買了一輛全新的綠色福特車。二十世紀五〇年代後期，他們經常開著這輛車去印度旅行，在當時是一件不同尋常的事情。

伊莎貝爾對史蒂芬的成長以及政治上的觀念，有比較大的影響。伊莎貝爾生長的時代，知識份子多與社會主義思想接觸，很多人加入共產黨。二十世紀三〇年代，伊莎貝爾也是一個共產黨員；到了五〇年代，隨著蘇聯「大清洗」的發生，知識份子開始轉向工黨，她曾經鼓勵史蒂芬和她一起參加遊行和政治集會。母親的影響使他對政治的興趣從來沒有衰減，並且同情社會上的弱勢群體。

一位記者曾經問霍金：「你的一個朋友說過，在你的童年時期，你的家庭是『高度智慧，非常聰明而且怪異』，你認為這個說法正確嗎？」

霍金回答：「對我的家庭是否智慧，我不便評論，但是我們自己絕對不會認為是怪異的。然而我想，要是按照聖奧爾本斯的標準，也許顯得如此。我們在那裡住的時候，那裡是一個相當嚴肅的地方。」

對霍金家庭有基本瞭解以後，對於他今後的一切，包括：成功與失誤，歡欣與悲傷，成就與輝煌……就會比較容易理解。在這種環境下，史蒂芬成長為一個性格堅強、熱衷於追求知識、理性和公正的人，總是力爭成為優秀的知識精英和關注社會弊端的知識份子。世俗的評價和沒有價值的評論，不會影響他既定的追求目標，他的使命感也是在這個家庭裡培育起來的。

二〇〇〇年，《紐約時報》出版的《五十位科學家——這些聰明的人在做什麼以及在想什麼》一書中，霍金被列入其中。文中這樣描述霍金：

……從坐在輪椅上癱軟無語的身體中，史蒂芬・霍金的思想透過他把拇指和另一根手指按在他懷裡的一個控制盒上而神飛天外。一次打出一個詞語或是一個字母，慢慢地，句子出現在裝在輪椅上的小型電腦螢幕的下半部。他正在對一些世界上最傑出的科學家——當然包括他自己——窮追苦索的問題進行回答，以找出一種「萬有理論」（theory of everything）來解釋所有的時空現象，尤其是大爆炸中宇宙形成的第一瞬間。這個理論將會把二十世紀物理學的兩大柱石——阿爾伯特・愛因斯坦的廣義相對論和量子力學結合起來，相對論是恆星和行星的宏觀世界的引力理論，量子力學描述基本物質奇特的微觀性質。為了理解早期的宇宙——當時，萬物都是不可思議的小、不可思議的密，需要一個組合的量子引力理論，人們長期夢寐以求的萬有理論……

霍金很久以前就被限制在輪椅上，體重不到四十公斤，不僅無法站立和活動，說話也要依靠特製的電腦語言系統——那是一種帶有金屬腔調和美國口音的話。這個活動空間不到一平方公尺的人，思索的對象卻是浩瀚無垠的宇宙——它的起源、結構、本質。如果霍金沒有強烈的使命感，不去追問宇宙的根本問題，他可以活下去嗎？正是他的堅強意志和執著追求，以及崇高的使命感，才可以使他的生命大放光彩，成為二十世紀最偉大的科學家之一。

出生在伽利略逝世三百週年之際

一九三九年九月，第二次世界大戰爆發。德國侵略者征服法國以後，將貪婪的目光對準海峽對岸的英倫三島。一九四〇年七月，圖謀摧毀英國的「海獅計畫」出籠，德國軍隊大有一舉踏過海峽、征服不列顛帝國的勢頭。

面對不可一世的納粹，倫敦上空迴旋著新任首相邱吉爾大義凜然、斬釘截鐵的回答：「我們絕對不會投降！」

一九四〇年八月二日，德國空軍總司令戈林下令，轟炸英國軍用設施和機場；從九月六日起，又集中力量轟炸倫敦，企圖以此動搖英國民眾的抵抗決心，迫使英國投降求和。早在一九四〇年五月三十日，希特勒對英倫三島狂轟猛炸之時，溫斯頓・邱吉爾當選為英國首相，在他的就職演說中，有一段令後世永遠不會忘記的話：

我所能奉獻的，只有血和汗、苦和淚……你們問，我們的方針是什麼？我就說：是以上帝賜予我們的全部精力，竭盡全力在陸海空作戰，進行一場反對凶殘暴政的戰爭。這個暴政在人類罪行的黑暗而悲慘的記錄中，尚無其匹。這就是我們的方針。你們問，我們的目標是什麼？我可以用一個詞語來回答：勝利——是不惜任何代價而贏取的勝利，是不顧一切恐怖都要奪取的勝利，是無論路程多麼遙遠、路途多麼艱苦都要取得的勝利，因為無法得到勝利就無法得到生存。

英國民眾在首相邱吉爾的鼓舞下，抵抗到底的決心隨著轟炸的加劇而日益增強。尤其是在狂轟猛炸之後，英國女王夫婦到街上瞭解破壞的程度，更是極大地鼓舞英國軍民必勝的信心。

伊莎貝爾對英國將會取得最終勝利很有信心，她在牛津大學讀書的時候，研究的是哲學、政治、經濟學，因此她理性的頭腦不會被殘暴的轟炸弄昏。她曾經在回憶中說：

我們非常幸運，實在非常幸運——我是指我們一家，包括史蒂芬和每個人。每個人都飽受災難，但重要的是我們活了下來，有些人卻從此音訊杳然。

飛行中的炸彈是非常恐怖的，它們在天空吱吱作響，突然之間沉寂下來。這個時候，就要開始估算它多長時間會落下來……如果你聽到爆炸聲，就會意識到沒有被炸著，就可以安然無恙地回家吃飯，或是做其他的事情。

由於倫敦太危險，伊莎貝爾決定在臨產前一個星期到牛津，在那裡生小孩十分安全。雖然英國和德國在作戰，卻達成共識：德國不轟炸牛津和劍橋這兩個文化重鎮；作為回報，英國不轟炸德國的哥廷根和海德堡。

後來，史蒂芬嘲笑說：「可惜的是，這類文明的措施不能擴及更大的範圍。」

伊莎貝爾到了牛津以後，本來要找一家旅館住幾天，臨產的時候再到醫院。但是旅館老闆對伊莎貝爾說：「你隨時有可能生小孩，不能住在旅館裡。」

無奈之下，伊莎貝爾只能住進醫院。在住院期間，伊莎貝爾到一家書店，買了一本星象圖。後來，史蒂芬成為著名的宇宙學家，伊莎貝爾的小姑開玩笑說：「你真是未卜先知，在生出他之前，就買了這樣的書！」

一九四二年一月八日，法蘭克夫婦的大兒子史蒂芬・霍金出生了，這天正好是義大利著名科學家伽利略逝世三百週年的日子。我們知道，伽利略是世界上第一個用望遠鏡觀測和研究月亮、行星、太陽的物理

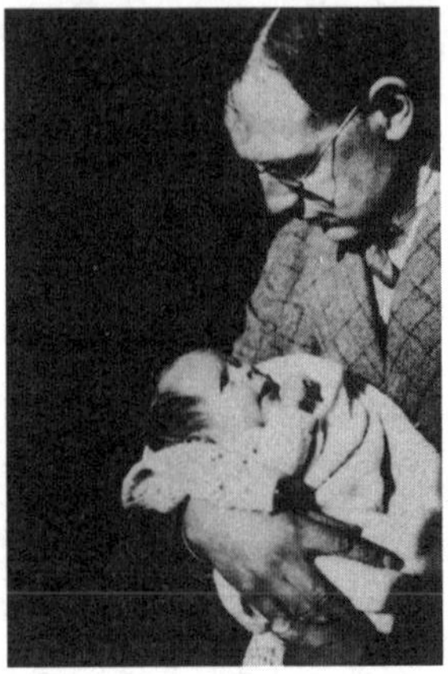

法蘭克抱著出生不久的大兒子

學家。正是由於他的研究，人類大致瞭解太陽系的運動，走出人類瞭解宇宙的第一步，也是最重要的一步。在這一天出生的史蒂芬・霍金，在三十多年以後，讓人類更瞭解宇宙的開始和未來。因此人們覺得，這種巧合似乎表示在冥冥之中，有什麼天意一樣。想必史蒂芬也聽過這種議論，所以後來他開玩笑說：「我出生於一九四二年一月八日，正好是伽利略逝世三百週年紀念日，然而我估計一下，大概有二十萬個嬰兒在同一天出生，不知道其中有沒有後來對天文學感興趣的人。」

一九四二年，世界上發生許多大事。在科學上，由於第二次世界大戰，從一九四〇年到一九四二年，沒有頒發諾貝爾獎。一九四二年，美國研製原子彈的「曼哈頓計畫」開始進行；九月，負責這個計畫的格羅夫斯將軍上任；十二月二日，由義大利逃到美國的費米在芝加哥大學的一個橄欖球場，完成世界上第一次自持續的連鎖核反應，原子彈的研製成功看來只是時間問題。一九四二年秋天，德國政府正式否決研製原子彈的任何提議。

一九四二年一月十日，德國開始殘酷殺害那些長期生病和無法正常生活的兒童。從這一天開始，根據統計，大概有十萬個兒童被「Ｔ４」小組殺害。一月二十日，在德國柏林城外萬湖的一棟別墅裡，德國高級軍官召開一個秘密會議，制定一個滅絕猶太人的計畫。此後不久，日本軍隊在太平洋地區對被俘擄的盟

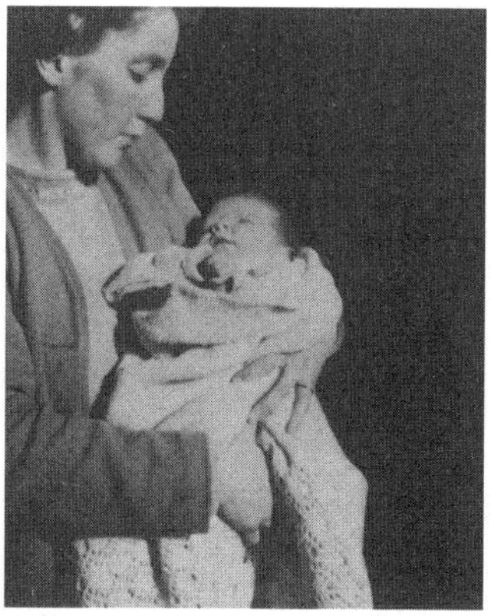
伊莎貝爾抱著出生不久的史蒂芬

軍進行慘無人道的殺戮……總之，霍金出生的時候，這個世界處在瘋狂之中。而且，這種瘋狂至今還在世界的某些地區上演。

霍金出生兩個星期以後，伊莎貝爾帶著他回到海格特那個又高又窄的維多利亞式的房子裡。這幢房子是法蘭克夫婦在戰爭時期以很便宜的價格買下來的。當時，所有人都認為這裡距離倫敦不遠，遲早會被夷為平地，所以賣得很便宜。史蒂芬兩歲的時候，在一次轟炸中，差一點丟掉性命。他們鄰居家的房屋被V2火箭擊中，他們家的房子也受到波及，幸好他們不在家。那個被V2火箭炸出的彈坑，遺留在他們家不遠處，成為史蒂芬和鄰家小孩玩耍的「好地方」。

史蒂芬的父母根據《育嬰手冊》上的意見，認為孩子在兩歲的時候必須開始社交活動，有利於孩子的性格均衡而協調地發展，避免孤僻和古怪性格的形成。因此，在兩歲半的時候，史蒂芬被父母帶到海格特的拜倫貴族學校，那裡有很多孩子和十分有趣的玩具。到了那裡，史蒂芬被引進一群不認識的孩子中，他們在他的身旁玩著各種玩具。他十分驚訝和膽怯，想要加入他們，玩那些有趣的玩具。但是這裡不像家裡，父母總是遷就他，這裡的夥伴之間是平等的，沒有人會遷就一個不認識的人。史蒂芬可能覺得受到輕視和不友善的對待，於是號啕大哭起來。後來，他回憶說：「我最早的回憶是站在海格特拜倫貴族學校的托兒所裡號啕大哭……我想，這個行為一定使我的父母十分驚訝。度過這麼糟糕的一個上午以後，他們把我帶回家，一年半之內再也沒有把我送到拜倫貴族學校。」

史蒂芬出生以後一年半，他的妹妹瑪麗出生了。他似乎不歡迎妹妹的降臨，因為妹妹的出生，他在家中的地位自然而然地降低，使他感到非常憤怒。因此在童年期間，他不太喜歡妹妹瑪麗，他們之間的關係有些緊張。

一九四五年八月十五日戰爭勝利日，三歲的史蒂芬和姑媽在一起

史蒂芬五歲的時候，小妹妹菲莉帕出生了。他不討厭小妹妹的到來，甚至在她還沒有出生的時候，急切盼望她早日降臨，他覺得有三個人，就可以玩更多的遊戲。根據他們家的一位鄰居回憶說：「因為這兩個小孩有很大的頭和粉紅色的臉頰，所以非常引人注目，他們的一切和常人看起來不一樣。」

「他們的一切和常人看起來不一樣」，除了表示史蒂芬和瑪麗「非常引人注目」以外，可能另有所指，那就是：伊莎貝爾推的童車「非常陳舊」。依照鄰居的想法，法蘭克一家的收入還是相當可觀的，伊莎貝爾應該買一輛新的童車。

史蒂芬和瑪麗稍大一些的時候，伊莎貝爾經常帶著他們到博物館，她會把史蒂芬留在科學博物館，把瑪麗留在歷史博物館，任由他們去逛，自己帶著菲莉帕到藝術博物館，小女兒從小就對藝術很感興趣。這三個孩子各有所好，在自己喜愛的博物館裡流連忘返。

他們家的房間裡堆滿了書，大多數書架被擺得滿滿的，有些書還要「見縫插針」才可以放進去。史蒂芬的愛好很多，但是他閱讀的時候總是有困難，到八歲的時候才比較流暢，與愛因斯坦小時候相似。愛因斯坦七歲的時候才可以流利地說話，在此之前，他說話總是吞吞吐吐，想要說又不敢說出來的樣子。為此，他的父母十分擔心，有些人甚至認為他很傻。其實，這是由於他富有想像力，想要在形成一句完整的話之後才說出來，結果使得他說話的時候，總是顯得有些囁嚅的樣子。

四歲的史蒂芬與妹妹瑪麗在海灘上玩

史蒂芬也具有豐富的想像力，由以下一個故事可以看出：

聖誕節期間，史蒂芬的母親會帶著他們去看話劇，他們總是歡呼雀躍。有一次，他們去看話劇《阿拉丁》。阿拉丁是一個年輕的阿拉伯人，是《天方夜譚》最著名的一個故事的主角。阿拉丁的父親是一個裁縫，很早就去世了，他依靠母親撫養成人。

有一天，一個自稱是他叔叔的非洲魔術師，把他帶到一個山洞口，吩咐他到洞裡取一盞神燈，同時給他一個有魔力的戒指，聲稱這個戒指可以保護他的安全。阿拉丁進入山洞取得神燈以後，在返回洞口的時候對魔術師說，自己安全出洞以後，才會把神燈交給他。魔術師一氣之下，把阿拉丁和神燈封堵在山洞裡。

阿拉丁被困在黑暗的洞裡，急得搓自己的手。在搓手的時候，他發現：只要自己的手擦到戒指，就會有大力神出現。有大力神的幫助，阿拉丁終於逃出山洞。回到家以後，阿拉丁又發現：擦一下神燈，就會出現一個燈神，燈神可以幫助他做到許多人做不到的事情，實現他的願望。在燈神的幫助下，蘇丹國王將美麗的公主許配給他。阿拉丁對國王說：

「我要為公主建造一座宮殿，以表示我的敬慕之心。不完成這個心願，我不會見她。」

國王問：「你要在哪裡建造宮殿？」

「就在皇宮附近。」

第二天早晨，在燈神的幫助下，一座金碧輝煌、氣勢巍峨的宮殿就像從天而降，建造在距離皇宮不遠的地方。

這個話劇的最後一幕是：阿拉丁的宮殿就像變魔術一般，升上天空。

看完話劇以後，史蒂芬就要去找這座宮殿。他的理由是：升到空

一九四六年，四歲的史蒂芬和妹妹瑪麗的合影

中的東西，一定會落下來。因此，在倫敦西北部的漢普斯特德的某個地方，一定可以找到這座宮殿。他言之鑿鑿，堅信不疑，就要去找這座宮殿。後來，伊莎貝爾花了很長的時間說服他，因此當天他們很晚才回到家。

此後，史蒂芬經常對母親說，在一個叫做「德倫」的地方，有一座像《阿拉丁》那樣的宮殿。他多次表示，要搭乘公車去那個地方。「德倫」到底在什麼地方？沒有人知道。伊莎貝爾只能勸阻他，表示事情並非他想像的那樣。

有一次，伊莎貝爾和史蒂芬到漢普斯特德荒野的肯伍德宮參觀，史蒂芬見到這座建築以後，忽然意識到，這就是他想像中的宮殿。他用十分平靜的語調對母親說：「真的，這就是我想像中的那座宮殿。」

後來，伊莎貝爾說：「史蒂芬顯然對這座宮殿夢寐已久！」

每年冬天，史蒂芬的父親要去非洲三個月，有時候

漢普斯特德的肯伍德宮

還要去其他國家，因此史蒂芬的家庭有些像單親家庭。由於父子之間接觸不多，所以法蘭克似乎不知道怎樣和孩子相處，但是他對史蒂芬的影響還是很大。對於法蘭克來說，他感興趣的不是當醫生給人治病，而是研究和追尋隱藏在表象之下的大自然奧秘。他對任何研究都感興趣，只是由於機會碰巧選中醫學，特殊境遇又使他熱衷於進行熱帶病的研究。一九三七年，他幸運地得到一筆獎金，使他有機會到非洲對昏睡病進行兩年的研究。這是一種由舌蠅感染的疾病，罹患這種疾病的人由於腦脊髓受到侵害而引起深度睡眠，睡眠會在吃飯、站立、行走的時候出現。此後，患病者逐漸消瘦，出現昏迷症狀，最後死亡。

法蘭克熱衷於研究和探索幽微的愛好，也影響史蒂芬。暖和而夜空澄碧的時候，法蘭克和伊莎貝爾經常帶著孩子們到戶外草地上躺著，用雙筒望遠鏡觀看奇妙而神秘莫測的星空。深邃邈遠的星空，自古以來就是吸引青少年探索奧秘的最好課堂。在閃爍的群星下，青少年最容易打開自己想像的翅膀，盡情遨遊在給他們帶來無限激情和勇氣的自由天地中。這裡的自由沒有約束，這裡的激情可以任意抒發。難怪德國偉大哲學家康德曾經滿懷激情地說：

> 有兩種偉大的事物，我們越是經常、越是執著地思考它們，我們的心中越是充滿永遠新鮮、有增無減的讚歎和敬畏——
>
> 我們頭上的燦爛星空，
>
> 我們心中的道德法則！

史蒂芬的母親回憶:

「史蒂芬總是可以感受奇妙的事物,我看得出來,星星很吸引他,而且他的想像力會馳騁到星空之外。」

霍金回憶:

「我記得有一次深夜從倫敦回家,那個時候為了省錢,路燈都關閉了,我從未看過那麼美麗的由銀河橫貫的夜空……沒有任何街燈,所以我可以盡情欣賞夜空。」

小學和中學時期的霍金

一九五〇年,法蘭克從海格特調到倫敦北邊磨坊山新建的國家醫學研究所。為了上班便利,他們在距離磨坊山不遠的聖奧爾本斯買了一幢房子。在這幢房子裡,有一個呈L形的房間,在他們住進來以前,可能是傭人住的。他們家雇不起傭人,所以稍加修繕以後,就成為史蒂芬的房間。史蒂芬很快發現這間房子有一個絕妙之處,那就是:從房間裡的一個窗戶爬出去,外面正好是自行車車庫的房頂,從那裡可以跳到地面上。過了不久,史蒂芬發現經過自行車車庫房頂,繞過一個角可以爬到主屋頂上,然後經過一個窗戶爬進屋裡。後來，史蒂芬的妹妹瑪麗說：「史蒂芬曾經計算過，總共有十一種進屋的方法，我只能找到其中十種，迄今仍然不知道第十一種是什麼方法……他是比我強得多的攀登者，但是我不知道哪裡還可以進入。不可能是門廊的上方，這個門廊在當時已經相當腐朽了，上面有許多玻璃。門後面是溫室，它在那個時候幾乎已經敗壞了，每次颳風的時候，會有一些玻璃被吹落下來。」

霍金家一度「非常優雅」的前門

聖奧爾本斯是英國赫特福德郡的一個小城，位於倫敦北部二十英里的弗爾河谷地。如果登上小城中頗為輝煌的大教堂的鐘樓，就可以把全城盡收眼底，一覽無餘。城市雖然很小，但是聖奧爾本斯大教堂卻和其他大教堂一樣，很有來歷。聖奧爾本斯大教堂建於一〇七七年，在當時被稱為隱修院；八百年以後的一八七七年，因為逐年的改建和擴大，它開始被稱為大教堂。這座小城和原來的隱修院，在英國歷史上曾經扮演重要的角色。一二一三年，英國《大憲章》第一個草案就是在這座隱修院裡被宣讀；玫瑰戰爭時期，當地發生兩次戰鬥；十七世紀中葉英國內戰時期，這座小城曾經是埃塞克斯伯爵議會黨軍隊總部所在地；後來，小城有了英國最早成立的出版社之中的一個；二十世紀五〇年代，它發展成為一座繁榮、典型的中產階級的英國城鎮。霍金的一個朋友曾經說：「這是一座非常整潔的城市，每個人都拼命往上爬。」但是他又說：「它也是一座令人窒息的城市。」這種感覺應該說是很正常的，因為每個人都拼命往上爬，所以會讓人感到緊張和窒息。

到了聖奧爾本斯以後，史蒂芬被送到聖奧爾本斯女子學校。那個時候，這所學校開始接收男孩，把他們放在兒童部。史蒂芬第一任妻子潔恩．懷爾德在回憶錄中寫道：

我七歲的時候，進入聖奧爾本斯女子學校，成為一年級的學生。有一段時間，隔壁教室靠牆邊的位置經常坐著一個少年，他有一頭鬆軟的金黃色頭髮……我從來沒有和他說過話，他也從來沒有注意到我的存在。但是，我的記憶是很準確的，因為史蒂芬確實在那裡讀了一個學期，然後轉入幾英里外的拉德萊特預備學校。

潔恩的記憶確實很準確，史蒂芬在女子學校讀了一個學期以後，他的父親又要去非洲，大概要去四個月的時間。他的母親趁此機會，帶著三個孩子到西班牙的馬約卡島看望以前的同學貝瑞爾。貝瑞爾的丈夫叫做羅伯特．格雷夫斯，是一位詩人。在這段快樂的時光裡，史蒂芬和羅伯特的兒子威廉的學習，由羅伯特的一個學生指導。但是那個學生更喜歡為一個戲劇節寫劇本，每天只讓這兩個學生讀一章《聖經》，並且寫一篇讀後心得之類的文章。四個月過去了，史蒂芬發現自己在讀完《創世紀》和《出埃及記》之後，造句大有進步，甚至發現《聖經》的多數文章都是以「還有」起頭。

從馬約卡島回到聖奧爾本斯以後，史蒂芬在拉德萊特預備學校讀了一年，然後參加「11＋」考試。這是一種對孩子智力進行的測驗，通過以後就可以獲得接受國家教育的資格，可以在聖奧爾本斯公立學校免費就讀。

史蒂芬考得很好，是A等，他的父親希望他進入西敏公學。法蘭克有一個堅定不移的想法，那就是：孩子們必須到私立學校接受教育，這是今後事業成功和擔任高級職位不可缺少的一環。法蘭克是在私立學校讀書，那是一所小型的私立學校，沒有名氣。由於這個不算出色的學歷背景，他一直認為自己在事業上受到歧視，妨礙自己取得更大的成就。他還認為，一些能力比自己差的人，只是因為有良好的學歷背景而在職位上超過他。他不甘心兒子重蹈覆轍，因此他決定要將史蒂芬送進西敏公學，這是當時英國最好的私立學校之一。但是，只靠一位科學家的收入，他的兒子讀不起這所學校，它的學費太昂貴。這就要求史蒂芬在入學考試的時候必須成績優秀，得到獎學金，才可以全部或部分免去學費。法蘭克認為史蒂芬天分很好，得到獎學金的機會很大。

一九五二年八月，史蒂芬與兩個妹妹在馬車前面，小妹妹菲莉帕不知道為什麼站在史蒂芬身邊傷心地哭著

可惜他失望了！不是史蒂芬考得不好，而是考試那幾天他正好生病了，根本無法應考。法蘭克只好把史蒂芬送到聖奧爾本斯一所著名的私立教會學校——聖奧爾本斯中學。進入這所學校也不是那麼容易，據

說在一九五二年，學生們必須通過嚴格的考試，學校會在三個學生中選擇一個，可見競爭很激烈。但是對於史蒂芬來說，這種考試可以說是輕而易舉，他很容易就順利通過了。那年，總共有九十個男孩通過考試入學。

一九五二年九月二十三日，已經十歲的史蒂芬進入這所位於著名的聖奧爾本斯大教堂不遠的學校。史蒂芬要在這裡至少讀五年，五年級結束的時候，如果通過各門學科的「普通程度考試」，就可以繼續讀兩年，之後參加「高級程度考試」，然後準備進入大學。

剛開始，法蘭克為兒子無法考進西敏公學而懊惱，但是後來他發現聖奧爾本斯中學的教學很有成果，加上史蒂芬在第三學期考到全校第十八名，保住A等，使得他恢復信心，懊惱也減少許多。

當時，學生的作業非常多，每個晚上都要做三個小時的作業，這對史蒂芬來說是一件不愉快的事情。不是因為作業很難他不會做，相反地，從來沒有作業可以難倒他，但是他的字寫得很糟糕，因此作業總是亂七八糟。他的一個同學說：「那個時候，我知道的同學之中，只有史蒂芬需要一本字帖，因為他寫的字實在太糟了。他得到一本字帖，是用銅版字體寫的一些句子，在每個句子下面都有五至六行空白，以便臨摹。我不知道他持續多久，或是他應該持續多久，但這

史蒂芬在駕駛小船

是他的字寫得無比糟糕的證據。」

史蒂芬說的「霍金語」，也讓人們不習慣。霍金家的人說話的時候，似乎都有一些口吃，別人經常不知道他們在說什麼，聽他們說話十分費力。

丹麥偉大的物理學家波耳也有這個毛病，他說話的時候，總是不斷地說「可是……」，讓人莫名其妙，不知道他在說什麼。其實，在「可是……」這些轉換詞的掩護下，正在發生巨大的思想飛躍！他的大腦裡也許很清楚，可是聽的人滿臉驚愕，不知道他在咕噥什麼。

因為史蒂芬有這兩個十分明顯的毛病，所以許多老師和同學認為他是一個「傻瓜」，將來不可能有什麼出息。但是明智的老師和同學，卻被史蒂芬罕見的智力震懾，有人曾經給他取了一個偉大的綽號：愛因斯坦。

史蒂芬十四歲的時候，有兩個同學對他的評價完全不同，一個認為他永遠不會成才，另一個認為他會鑄就恢宏的事業。為此，兩個人打了一個賭，賭資是一袋糖果。據說，史蒂芬成名之後，賭贏的人沒有得到那袋糖果，但是他對賭輸的人聲明：「你欠我一袋糖果，不要忘記了！」

二十世紀八〇年代，霍金回憶這件事情的時候說：「我忘記這次打賭是否有結果，也忘記如果真的有結果，結果又是如何判定。」

學習雖然十分緊張，但是學校的一個規定讓史蒂芬十分開心，那就是：星期六下午是運動和遊戲的時間，而且每個學生必須參加其中的某一項。史蒂芬喜歡划船、騎自行車、騎馬，雖然他笨手笨腳、說話有些結巴，不是理想的遊戲夥伴，但是他的熱忱和專心卻讓夥伴們感動。

在遊戲中，史蒂芬最喜歡設計和發明各種棋盤遊戲，每逢這個時候，他就會成為夥伴中的首領，他的才華也會充分顯露出來。

一個叫約翰的同學說：「史蒂芬對發明複雜遊戲非常在行。」

史蒂芬和他的自行車

一個叫麥克的同學說：「他喜歡設計規則，他最大的成就是設計一種費時的遊戲，所有人圍著桌子擲骰子，要花整個晚上才可以得到結果，這是一種迷宮。他喜歡創造一個世界，然後創造統治這個世界的定律。他喜歡我們服從那些他制定的定律，並且對此感到得意。」

這個愛好很值得我們注意，從這個愛好中，我們依稀看到他的未來——「宇宙的主宰者」。

剛開始，史蒂芬喜歡製作模型飛機、輪船、火車，希望做出一個由自己控制和運動的玩具。牛頓和英國「原子核之父」拉塞福從小也有這種喜好。牛頓在少年時期曾經製造一輛汽車，駕駛它在村子裡行走，讓鄰居感到驚訝；拉塞福修好家裡用了幾十年的鐘，而且自己製造一台照相機，竟然可以洗出照片！

在假日休息的時候，史蒂芬有時候會騎馬到處兜風

史蒂芬雖然愛好這些機械玩具，卻沒有牛頓和拉塞福那樣的實踐能力。他喜歡瞭解各種玩具如何動作，而且總是把它們拆開來研究，可是拆開之後，卻再也無法還原，玩具也因此報廢。也許是因為他發現自己在這個方面缺乏必要的才華和耐心，所以後來他的興趣轉移到發明一些新的紙牌和棋類遊戲，並且喜歡為遊戲設計很複雜的規則，然後透過這些規則來滿足自己控制遊戲過程的欲望。史蒂芬曾經說：

「這種希望找到規律並且加以控制的渴求，後來在宇宙論的研究中得到滿足。」

史蒂芬對複雜遊戲的著迷，讓他的母親感到驚訝，她曾經在回憶中說：

「根據我的觀察，這種遊戲幾乎佔據他日常的生活，要花費很多時間。當時，我認為這是很可怕的遊戲，很難想像有人可以像他那樣著迷。但是，我覺得這種遊戲之所以吸引他，就是在於它被設計得十分複雜，史蒂芬的思維總是很複雜。」

史蒂芬的學習成績不是很好，根據他自己說：「從未名列全班的前一半。」讀一年級的時候，他的總成績是倒數第三名。有一次，他的母親擔心地對他說：

「史蒂芬，你真的這麼差嗎？」

他卻毫不在意地回答：「其他人也好不到哪裡去。」

有一次，史蒂芬與同學們談論宇宙的起源。他說，一本書在介紹光譜「紅移」（red shift）的時候解釋，遙遠星球的光線到達地球的時候，在光譜上會向紅的一邊移動，正是這種「紅移」，證明宇宙正在膨脹。史蒂芬認為這種解釋有問題，他認為「紅移」是由其他原因引起，也許光線在如此遙遠的傳播路途中累了，因此變紅。宇宙永恆不變的說法比較正常，一定是書上說錯了。以後讀博士的時候，他才知道自己錯了：「宇宙確實在膨脹。」

後來，人們經常說霍金是現代的愛因斯坦。我們可以發現，在科學事業的貢獻上，霍金擁有可以與愛因斯坦媲美的成就，而且在青少年時期，他們在許多方面也有大致相同的經歷，例如：對於宗教和服兵役的態度，兩個人幾乎相同。

愛因斯坦在《自述》中曾經寫道：

儘管我是完全沒有宗教信仰的（猶太人）父母的兒子，我還是深深地信仰宗教。但是，這種信仰在我十二歲那年突然終止了，由於閱讀通俗的科學書籍，我很快就相信，《聖經》有許多故事不可能是真實的。結果就是我產生一種真正狂熱的自由思想，其中交織一種印象：國家故意用謊言來欺騙年輕人。這是一種令人目瞪口呆的印象，這種經驗引起我對所有權威的懷疑，對任何社會環境中都會存在的信念完全抱持懷疑態度，這種態度再也沒有離開我，即使在後來，由於我比較瞭解因果關係，它已經失去原有的尖銳性的時候，也是如此。

我很清楚，少年時期的宗教天堂就這樣失去了，這是使我自己從「僅僅作為個人」的桎梏中，從那種被願望、希望、原始感情支配的生活中解放出來的第一個嘗試。

從這種桎梏中解放出來以後，愛因斯坦驚訝又喜悅地發現：在我們之外，有一個巨大的世界，離開人類而獨立存在。它在我們的面前，就像一個偉大而永恆的謎，然而只有極少部分是我們的觀察和思維可以解開的。對這個世界的凝視和深思，就像得到解脫一樣吸引他。從此以後，愛因斯坦終生致力於對這個世界的凝視和深思，直到去世。

霍金和他的朋友在小學三年級的時候，也曾經把自己的注意力轉向宗教。在三年級結束的時候，他的宗教狂熱處於巔峰狀態，並且獲得學校的「神學獎」。但是對於霍金來說，宗教沒有使他過分癡迷，他的理性主義精神使自己即使在這種巔峰狀態也仍然保持理智。

接著，他們又對「超感官知覺」（extrasensory perception，ESP）等神秘主義有極大的興趣。然而，霍金總是可以與之保持某種距離，似乎從小他就具有一種從事科學必須具備的理智特質，只要是公開訴諸情感的事情，他不會過分地熱心。他的朋友丘奇在回憶中說：

「有一次，我突然感覺到，史蒂芬在故意慫恿我，以讓我自己愚弄自己。我覺得他在居高臨下地看

霍金幼時的朋友麥可・丘奇

著我……就在這個瞬間，我第一次意識到他很不尋常，他不只是一般的聰明和有創造性，而是鶴立雞群。如果你願意，說他有些高傲也可以，彷彿這個世界上的一切，他盡收眼底。」

對於超感官知覺，剛開始他認為比宗教更科學，因為超感官知覺似乎可以用實驗來考證。但是他參加一次講座活動以後，立刻不再迷戀超感官知覺，因為他發現某些「大師」成功地「表演」超感官知覺的時候，完全不符合科學實驗的設計原則，如果採用嚴格的科學方法，表演的結果一定會失敗。後來，霍金對超感官知覺表示極大的輕蔑。他認為，只有那些分析能力很差的人，才會相信超感官知覺之類的玩意兒。

由此可見，霍金雖然年紀不大，但是他講究邏輯的心靈，追求的卻是理性和智慧，這些都不是宗教和超感官知覺可以提供的。

聖奧爾本斯中學也像其他私立學校一樣，為學生服役做準備而組織軍訓。每個星期五，學生們除了極少數身體有問題以外，都要穿上軍服，進行軍事操練和隊伍行進。那些熱情的同學興高采烈，大聲喊著口令，讓霍金感到匪夷所思，特別難受。雖然霍金被編到通信隊，但是他仍然感到一天的軍訓也無法忍受。

這種感受與愛因斯坦幾乎完全一樣。十五歲的時候，愛因斯坦的父母到義大利開辦工廠，把他留在德國慕尼黑讀書。可是，父母離開以後不久，愛因斯坦竟然私自申請離校證明，一個人來到義大利的家裡，把父母嚇了一跳。愛因斯坦不顧一切地離開德國，很重要的一個原因是：他害怕服兵役。如果他在十七歲以前沒有離開德國，在二十歲的時候就要服兵役。拒絕服兵役的人，將會受到可怕的懲罰。但是如果十七歲以前離開德國，就可以不必回國服兵役。他最厭惡和害怕的就是在軍隊裡過著那種絕對服從命令的生活，想到不久之後要穿上軍服，他立刻不寒而慄、神情憂鬱。思來想去，只有一個方法：盡快離開德國。於是，他毅然違背父母的意願，沒有讀完高中就「逃離」德國。

後來，史蒂芬出於身體的原因，也沒有服兵役。

在聖奧爾本斯讀書期間，最值得史蒂芬驕傲的也許是自己和幾個同學用一些舊機械上的零件，製造一台非常原始的邏輯電腦！

那是一九五八年，史蒂芬十六歲。這個時候，他已經是六年級學生，通過「普通程度考試」，兩年以後再通過「高級程度考試」，就可以讀大學。史蒂芬想要選擇物理學或數學作為大學主修的科系，雖然使他的父親感到失望，但是他沒有改變主意。

最後兩年的學習有比較多的自由，他和幾個同學嘗試製造一台電腦，他們把它取名為「邏輯單向選擇電腦」（Logical Uniselector Computing Engine，ＬＵＣＥ）。在一位數學碩士的幫助下，他們利用電話交換器上拆下來的零件和一些自己收集的零件，把它們焊接和組裝起來，最後這台電腦竟然可以運作。

史蒂芬不擅長做焊接工作，總是笨手笨腳，但是他善於出主意，在設計上經常有好想法。

這台電腦，在聖奧爾本斯引起一陣轟動，當地一份刊物《奧爾本斯人》興奮地報導：

我們有聖奧爾本斯學生製造的邏輯單向選擇電腦，這台電腦只能回答一些無用但是相當複雜的邏輯問題。上學期（數學）學會的會議主要討論這台電腦，會議氣氛十分活躍，有許多人參加。在取得一些經驗以後，設計者們會繼續努力製造數位式電腦，這台未來的電腦雖然還沒有被命名，但是可以真正地「做計算」。

當地一家報紙《赫特福德廣告報》專題報導這些「學生設計師」製造新奇機器的故事，史蒂芬和他的同學第一次在新聞媒體上曝光。

霍金讀中學時期的照片

這台電腦如果保存下來，將會是科學博物館很有價值的收藏品。可惜它後來被放進學生活動室的箱子裡，塞在一張桌子下面，不見天日，久而久之，上面落滿灰塵。有一天，一位新來的電腦老師打開這個塵封已久的箱子，看見一個由陳舊的電晶體和繼電器之類的零件組成的物體，上面還有一個標籤：邏輯單向選擇電腦。他不知道這是史蒂芬和同學們在一九五八年的壯舉，因此把它扔進垃圾堆。

許多年以後，史蒂芬・霍金成為世界名人，那位老師才懊悔地想到，由於自己的過失，竟然扔掉這個具有歷史價值的物品！

霍金的科學天分使同學們和老師吃驚，數學上的天分更是讓人們驚訝不已。在作業上，他花費的時間極少，但是獲得滿分卻成為必然的事情。他的一個同學回憶說：

「他天生具有令人驚奇的悟性，我還在為解一道複雜的數學題而冥思苦想的時候，他已經知道答案了——他想都不用想。」

在六年級的一次物理課上，老師提出一個刁鑽的問題：「如果有一杯茶，你想要加一些牛奶，但是茶太燙了，為了盡快喝到茶，是倒掉一些茶然後放入牛奶，還是在加入牛奶以前先讓茶涼？」

同學們還在爭論不休的時候，史蒂芬卻立刻說出正確答案：「當然是前者。」

接著，他對答案做出充分合理的解釋，同學們和老師欽佩不已。

「灰色的」優秀大學生

一九五八年，史蒂芬即將從聖奧爾本斯中學畢業。當時，他的父親在一個叫做「可倫坡計畫」的項目中找到一份研究工作，因此必須去印度和其他地區的研究所工作一年的時間。他的父母決定：除了史蒂芬留在聖奧爾本斯讀完中學以外，全家都去印度，並且把他託付給他們的同事和朋友約翰・漢弗萊。約翰・漢弗萊的兒子賽門正好和史蒂芬在海格特是同學，相互十分熟悉。後來，約翰的女兒珍妮特回憶說：

「霍金一家去印度的時候，決定把史蒂芬留下和我們生活一年，我們有一棟大房子和一個大家庭，而且那個時候史蒂芬也不應該離開，不能說休學就休學，休學一年事關重大。他和我們住在一起，可以讓他的父母放心。」

珍妮特晚年時期的照片

來到這個新的家庭，每個人都會以驚奇的眼光，打量和審視新來的客人。在他們的印象中，史蒂芬的動作相當笨拙。有一次，他在擦完桌子以後，推著整車餐具進廚房，結果撞到什麼東西，使得整車餐具掉到地上。每個人都笑起來，史蒂芬剛開始有些驚慌，但是過了一會兒，他也大笑起來，笑聲最響亮。

後來，漢弗萊買了一些唱片，也買了一本教導初學者跳舞的書。因為史蒂芬是孩子們之中最大的一個，所以決定由他負責教導其他人。他怎麼教的，可能每個人都忘記了，但是有一點讓人印象深刻，那就是：不知道什麼原因，他堅持認為跳舞的時候必須穿西裝和打領帶。

珍妮特回憶說：「我不記得我們多久跳一次舞，但是每個人確實跳得十分快樂。史蒂芬在教導我們的時候非常認真，而且他很喜歡跳舞。」

父母回到聖奧爾本斯的時候，史蒂芬已經通過牛津大學的考試，並且得到獎學金。

一九五九年，成為大學生

一九五九年，是霍金的人生旅途中重要的一年：這年十月，他進入許多學生夢寐以求的牛津大學。在他成為大學生的前一年，即一九五八年十二月十日，蘇聯三位物理學家在斯德哥爾摩領取諾貝爾物理學獎，讓蘇聯科學界風光一陣子。除此之外，蘇聯的很多成就讓西方國家感到坐臥不安。東西方陣營的衝突和對立似乎在加劇，最明顯的表現在對宇宙的探索和大規模殺傷性武器的開發上。這一年，總共有六顆人造衛星在繞著地球的軌道上飛行。一九五九年一月四日，蘇聯向月球表面發射火箭的嘗試失敗了，只差五千英里；五月二十八日，美國將兩隻猴子送上太空，回到地球的時候，兩隻猴子還活著——人們立刻意識到把人類送上月球是可能的。

這年的一月八日，卡斯楚領導的革命軍進入哈瓦那；二月，卡斯楚被任命為古巴政府總理；春天，卡斯楚訪問哈佛大學的時候，哈佛大學的學生熱情接待這位傳奇的人物；但是到了三月，艾森豪總統開始進行推翻卡斯楚政權的活動，因為美國擔心古巴的共產主義會影響拉丁美洲——這是美國的後院啊！

這些事情對於正在準備進入科學殿堂的霍金，都有一些影響。

史蒂芬讀最後一年中學的時候，他和父親多次討論今後考哪一所大學、讀什麼科系的問題。想要今後在事業上有所作為，就要考上名牌大學。考哪一所大學，這個問題比較容易決定，他們都認為考牛津大學最適合。這是英國最古老的一所大學，與劍橋大學同為世界上最有名的大學之一。但是在讀什麼科系的問題上，他們產生嚴重的分歧，進行無休止的爭論。由於父親從事科學研究，所以在父親潛移默化的影響下，史蒂芬也希望自己走上科學研究的道路。父親希望史蒂芬像他一樣，也進行醫學研究，但是史蒂芬酷愛數學，認為醫學或是生物學偏重描述，不像那些具有神秘感的基礎科學那樣吸引人。他的父親認為從數學系畢業以後，除了教書以外很少有其他出路，教書的職位又極為有限。這種家庭爭論，在二十世紀四〇年代以前所有想要學習數學或是物理學的學生身上，幾乎都發生過。十九世紀九〇年代，愛因斯坦選擇研究物理學的時候，他的父親以同樣的理由，激烈地反對這個選擇；二十世紀三〇年代，美國物理奇才費曼決定研究物理學的時候，也遭到自己父親的質疑。費曼的父親曾經寫信詢問他的導師：

「我的兒子明年春天就要大學畢業，現在他說要繼續進行更多研究，以獲得另一個學位。在經濟上，我再供應他四年沒有問題，但是我想要知道，這對他是不是值得……」

法蘭克反對史蒂芬學習數學還有一個原因，那就是：他希望史蒂芬考進牛津大學的大學學院（University College）。大學學院是法蘭克的母校，他曾經在這所學院獲得博士學位，而且大學學院是牛津大學最古老的學院，創辦於一二四九年，許多有名的學者、作家、政治家都是畢業於此，這所學院正好沒有數學系。他們爭論的結果是雙方都做出一些讓步：史蒂芬還是考大學學院，學習物理和化學；至於數學，只附帶學習一些。史蒂芬對這個妥協十分滿意，他認為物理學研究的是宇宙的奧秘，小到原子、質子、中子、電子，大到太陽系、銀河系、星系、宇宙，所有事物都在它的研究範圍之內，這是何等壯麗而吸引人的事業！至於數學，它是研究物理的工具，少學習一些也沒有什麼關係。這種態度，也許會使我們想起愛因斯坦一段痛苦的經歷。愛因斯坦讀大學的時候，也輕視數學對物理學的重大作用，被數學老師閔考斯基視為「一頭懶豬」；最後，愛因斯坦因為缺乏足夠的數學知識，延誤廣義相對論的研究。史蒂芬以後也要為自己對數學價值的忽視付出代價。物理學家楊振寧因為父親是清華大學的數學教授，從小受到父親的影響，對數學非常重視和敏感，也有正確深刻的認識，使自己在物理學研究中的獲益很大。

史蒂芬的父親去印度之前，曾經帶他去拜訪大學學院物理系教授羅伯特・伯曼。他為什麼要這樣做，原因不太清楚，可能是希望兒子可以更順利地得到獎學金。他相信兒子考取大學學院不會有問題，但是對於是否可以得到獎學金沒有把握，所以想要讓伯曼教授對史蒂芬「特別照顧」。無論他怎麼想，這種不適當的行為，差一點害了史蒂芬。伯曼教授對史蒂芬父親的這種行為頗為不滿，認為他是想要利用其大學學院校友的身分，讓自己對史蒂芬特別照顧。在伯曼教授看來，這種走後門的行為不適當，不夠光明正大，是在向他施加壓力，所以有些不以為然。在許多年以後，伯曼教授回憶說：

「我第一次見到史蒂芬的時候，他不到十七歲。他的父親是學院的校友，他把史蒂芬帶來見我，我們談論進入學院和讀物理學。事實上，以我記憶的，多半是他的父親在說話，史蒂芬沒有給我留下深刻印象。」

史蒂芬父親的這種「成事不足，敗事有餘」的「小動作」，差一點讓伯曼教授決定取消霍金的入學資

牛津大學的大學學院，它是牛津大學最古老的學院，於一二四九年創辦

羅伯特・伯曼，史蒂芬・霍金在牛津大學讀書時期的物理學導師

格。幸虧史蒂芬在十二個半小時的筆試中發揮得太出色，使得伯曼教授沒有把對他父親不適當行為的不滿，發洩在史蒂芬的身上。

筆試結束以後，史蒂芬回到聖奧爾本斯，焦急地等待考試結果。十天以後，他收到一個通知，要他去參加面試。史蒂芬在考試的時候，因為監考老師只顧與別人說話而沒有搭理他，因此以為自己考得很糟糕，所以收到這個通知以後，他激動萬分。事實上，他的幾門課程分數都很高，尤其是物理學，考了九十五分。

伯曼教授說：

「史蒂芬考得很出色，尤其是物理學。那個時候的面試，有院長、高級導師、其他學院的權威參加。所有人立刻一致同意，作為一個未來的大學生，他是絕對適合的，也同意給他獎學金，並且允許他讀物理學。」

面試後的幾天，史蒂芬收到決定他命運的一封信，大學學院通知他，決定提供獎學金給他，並且要求他在十月到牛津大學註冊，唯一的條件是：他必須在中學學完兩門高級課程。

第一年，百無聊賴

一九五九年十月一日，星期四，霍金作為新生來到牛津大學的高街。

我們應該對牛津大學和劍橋大學（四年以後，霍金到這裡攻讀研究所）進行簡略介紹，才可以瞭解霍金的讀書生活。吳志實先生在《記憶的旅程：歐遊雜記》一書中，對這兩所大學進行生動的介紹，他寫道：

英國人驕傲他們有牛津和劍橋。雖然那裡出名的只是兩所大學，但正是這兩所學校，八百多年來在書寫英國的歷史，讓世人知道大英帝國的厲害。

這兩所大學，一個在倫敦的西北，一個在倫敦的東北，距離倫敦二十多英里，乘車只有一個多小時的路程。因此到倫敦旅遊，牛津和劍橋成為人們非去不可的地方。牛津和劍橋很早以前就是旅遊勝地，除了學術氛圍以外，那裡有許多中世紀的古老建築，英國皇室和教會曠日持久地向這裡投入鉅資，許多以國王和主教名字命名的建築拔地而起。

牛津大學創辦於一一六八年。當時，英國和法國交惡，英國國王亨利二世下令召回在巴黎留學的英國學生，決定自己培養高級人才，並且禁止英國的學生再去法國求學。他說：「要讓英格蘭不致缺乏服務上帝及國家的優秀人才。」為了安置召回的學生，就在牛津這個彈丸之地，這個「牛可以蹚水過河的地方」，建立大學。換言之，牛津大學的建立是為了解決英國「人才外流」的嚴重問題。從此以後，除了皇宮和教堂，國王們把最好的房子用作學校。多年的努力之後，牛津成為英國的學術重鎮。不管朝代更迭還是皇權易位，不管宮闈內部如何鉤心鬥角和血光四濺，牛津大學在皇室的庇護下不斷地擴展。

後來又有劍橋大學。一二〇九年，牛津大學的一個學生在練習射箭的時候誤殺一個婦女，引起一場暴動，幾個學生在暴動中被市民吊死。學校被迫停課，學者紛紛外逃，其中有一些到劍橋定居。這些人到了劍橋以後，發現原來在劍橋的三所寺院已經吸引一些學者，於是他們到這裡避亂。在接下來的日子裡，劍橋的規模不斷擴大，而且得到皇室和教會的支持。就這樣，兩所大學以倫敦為軸心，雙星並峙，一個學院接著一個學院地建立起來，許多學生從這裡走出去，大英帝國由此而最早走出愚昧和蠻荒，也最早走上富強之路。

縱觀英國的歷史，在它的歷任首相中，許多都是出自於牛津大學：邱吉爾、柴契爾夫人、布萊爾……這些英國首相的名字，我們都耳熟能詳，美國前總統柯林頓也是牛津大學的學生。劍橋大學比之牛津大學，有其他的優勢，這裡培育牛頓、達爾文、約瑟夫・湯姆森、拉塞福、布拉格父子、羅素、培根、米爾頓、拜倫……我們熟知的《中國科學技術史》的作者李約瑟博士，在霍金攻讀研究所的時候，是劍橋大學凱斯學院的院長。劍橋大學先後有一百多人獲得諾貝爾獎的各種獎項，他們摘取科學皇冠上的明珠，有如囊中取物。對此，人們只有驚訝和由此引發的無限遐思。牛津大學雖然也有許多人獲得諾貝爾獎，但是人數不及劍橋大學。

牛津和劍橋是知識的淵藪，智慧的殿堂，群英薈萃之地。是啊，兩所八百多年歷史的大學，沒有偉人誕生，不是名存實亡嗎？

今天的牛津和劍橋還是以大學聞名，人們到牛津和劍橋，還是想要看看世界著名的學府是什麼樣子，何以數百年來聲名遠播、人才輩出？好奇心吸引成千上萬的遊客來一探究竟。

吳志實先生還寫道：

在飛往倫敦的班機上，周圍有幾個十八九歲的中國學生，與他們閒聊得知，他們辭別父母，遠渡重洋，就是去牛津和劍橋求學。負笈英倫，等待他們的是什麼，學成之後又會怎樣，他們好像還沒有做好準備，有的只是莫名的興奮。但是從他們的談話中，已然覺得他們設計好各自的

劍橋大學老校門

未來。我為他們高興……到了牛津卻大出意外，十四萬人口的牛津市竟然有五千個中國學生。

曾經有人說：「穿過牛津城，猶如進入歷史。」還有人說：「沒有牛津大學，就不會有後來的劍橋、哈佛、耶魯、普林斯頓這些大學。」霍金在高街上行走的時候，確實感覺到從古老悠遠的歷史長廊裡，迎面走來一位神秘的歷史老人，以古色古香的樓堂殿塔和幾百年的風雨歷程，向他展露出獨特而璀璨的魅力。

從聖奧爾本斯乘車向北走，過了莫德林橋就進入綠色花園區，道路兩旁是繁茂的樹木，綠茵茵的草地和鮮花的海洋，遠處學院的鐘樓告訴你：牛津到了。過橋以後，就是高街，北邊有皇后學院、萬靈學院……南邊有大學學院、墨頓學院……

牛津大學是一個自治的法人團體，英國政府雖然給予大量的補助金，卻不干預大學的事務。大學的最高權力屬於高級教職員全體會議，總人數約為兩千四百人，很少開會。一些重大的事項用通信表決，沒有任何外界的參與。校長以及詩學教授，由具有牛津大學碩士以上學位的人開會選出，目前大概有三萬五千人有資格出席會議。校長是一個終身榮譽職位，實際管理者是副校長，由全體會議從各個學院的院長中選出，任期四年。

牛津大學的徽記，書上寫的是「主照亮我」

英國歷史上，許多有名的人物都是出自大學學院，大學學院的徽記中間有一個十字架，旁邊有五隻小鳥，霍金考取的正是這所歷史悠久的學院。

大學學院雖然建於十二世紀中葉，但是它的建築物卻是十七世紀以後的風格。這種建築大多是四方院結構，大的學院由幾個四方院連在一起，人們稱之為「方庭」（Quadrangle），其實就是四合院的意思，和北京的四合院大致相同，只是北京的四合院比較小，而且是磚木結構。牛津大學的四方院，不僅是磚石結構，而且院子比較大，裡面多是地毯般的草坪。在這所學院第一個四方院的西北角，有詩人雪萊的雕像。一八一〇年，雪萊進入大學學院讀書，一年以後，因為著作《無神論的必然》被學校開除。一八二二年七月，雪萊在義大利比薩駕駛一艘帆船在近海航行，暴風雨和巨浪吞噬這位年輕的詩人。雕刻家為了表現他溺死於暴風雨中的場景，讓一具與真人一般大小的赤身裸體的雪萊大理石雕像，側臥於海灘之中，兩隻長有翅膀的青銅獅子馱著他，腳下是詩歌女神繆斯。觀者看了，無不為之哀痛。雪萊作為被開除的學生而豎立雕像於學院之中，似乎有無言的嘲諷意味，但是也說明學院有勇氣改正前人犯下的錯誤。這種強烈的人文精神，正是牛津大學一直立於不敗之地的根本原因！

牛津大學由三十八所學院以及由教會設立的六所「永久私人學院」組合而成，其中有七所學院只招收研究生，其他學院大多是大學生和研究生兼招。各個學院有獨立自主的管理權力，可以制定自己的院規，籌募資金，並且按照自己的標準錄取學生。但是，想要進入牛津大學就讀，必須同時獲得大學的同意，才可以被正式允許入學。

學院除了照顧學生的食宿以外，也會安排各類體育和社交活動，並且指派導師指導學生。導師是學生所讀學科的學者，負責指導學生的學業和品格，協助安排學生的學習計畫。在上課期間，學生每個星期至少到導師那裡談話一次，這種談話被稱為「個人輔導」。在個人輔導的時候，導師指定學生每個星期讀什麼書，並且要在讀完以後寫出心得報告。中國經濟學家費鞏曾經留學牛津大學，對這種制度十分讚賞。他說：「導師經常與幾個學生在辦公室或是導師家裡，討論學習上的問題。如果在導師家裡，導師會準備茶點招待學生。除了討論學習上的問題以外，也會談論為人之道，為學生的問題提出意見。這樣的交往，使得導師把學生看作自己的孩子，學生把導師視為良師益友，雖然交往時間不一定很長，但是他們會成為終生的朋友。在這種親自指點、潛移默化的影響下，學生的品格和學問會齊頭並進。」

初進牛津大學的史蒂芬・霍金

霍金進入牛津大學以後，先後有兩個導師，除了羅伯特・伯曼教授以外，派屈克・桑德斯教授也是他的導師。雖然有導師的幫助，但是霍金比其他同學小一歲，比起那些在戰爭結束以後退役回到學校的學生，顯得有些格格不入，因此剛開始的一年多時間，他覺得既孤獨又無聊。而且，牛津大學在二十世紀五○年代雖然已經開始走向平民化，來自中產階級和工人階級家庭的學生逐漸增加，但是進入牛津大學的學生仍然大多來自國內有名的私立學校，例如：伊頓公學、哈羅公學、西敏公學。從這些學校來的學生，大多是特權階級的孩子，他們有許多零用錢，有穿戴華麗的伯爵或是男爵的女兒做舞伴和女友，瞧不起來自聖奧爾本斯這樣不知名學校的學生，把這些學生輕蔑地稱為「鄉巴佬」。

這種「無形的界線」在霍金進入牛津大學的時候，正在改變。隨著工黨的聲望不斷上升，加上退役軍人重返大學，這些學生在戰爭時期養成的習慣和作風，加速改變學校原有的風氣。但是，保守的英國人不會完全改變以前的作風。霍金進入牛津大學以後，不習慣大學生活和學習節奏，懷念聖奧爾本斯自由自在和志同道合的中學生活，他非常孤獨和鬱悶。

在霍金讀大學的那個年代，牛津大學的學生中流行一種不好的風氣：厭惡用功讀書，似乎是因為對社會不滿而採取消極抵制態度。不是毫不費力就得到優秀成績，就是承認自己能力很差，如果非常用功而得到優秀成績，就會被同學們瞧不起，這類同學會被取一個令人憎惡的綽號：遜咖（gray man）。

霍金本來就有些懶散，加上在大學很容易蹺課，而且他覺得大學課程太簡單，所以他自然而然地成為以上說的第一類學生：毫不費力就得到優秀成績。

後來，霍金回憶這段為期三年的大學生活，有些內疚地說：

「那個時候，牛津大學物理學課程的安排，使得學生很容易就可以逃避用功。我上大學以前，考了一次試，然後在牛津三年，只在最後參加一次畢業考。我有一次計算，在牛津的三年中，總共學習一千個小時，也就是每天一個小時。我不是為自己的不用功感到驕傲，只是描述當時的想法而已。那個時候，我和大多數同學都覺得很無聊，而且覺得沒有任何事情值得去努力爭取。」

後來，一位電視台的記者採訪他：

「你進入牛津的大學學院讀數學和物理學，按照你計算的，你每天學習一個小時。據我所知，你划船、喝啤酒，並且以捉弄別人為樂，是什麼原因使你不在乎學業？」

霍金說：「那是五〇年代末期，大多數年輕人對成就感到虛幻。除了財富還是財富，似乎沒有什麼可以追求。保守黨贏得第三次選舉，其口號為『你從未這麼好過』。我和大多數同時代的人一樣，厭倦生活。」

「儘管如此，你仍然在幾個小時以內解決你的同學在幾個星期也無法解決的問題。據他們所說，他們顯然知道你的才能，你自己有意識到嗎？」

霍金可能覺得自己不方便回答這個問題，於是「顧左右而言他」：「那個時候，牛津大學的物理學課程極其簡單。學生可以不聽任何課，一個星期只要接受兩次輔導就可以通過。不必記住很多東西，只要記住一些方程式就可以。」

與霍金同時學習物理學的還有三個同學，他們是德瑞克・波尼、高登・貝瑞、理查・布萊恩。有一天，德瑞克和高登晚飯以後到宿舍找霍金，他們發現霍金坐在一箱啤酒旁邊，慢慢地喝啤酒，似乎不喝光就不會停止一樣。他們有些驚訝，因為霍金只有十七歲，沒有到進入酒吧的合法年齡。他們還知道，霍金從來不吃早餐，也很少去上課。

這種懶散的狀態，一直持續到一九六二年。這一年，他被劍橋大學錄取為研究生，但是一個巨大的不幸——無法治癒的疾病，降臨到他的身上。這個不幸，徹底改變他的生活方式。霍金曾經說出一句很有哲理的警語：

「我的疾病帶來的結果是：這一切都改變了。面臨夭折的危險，你就會意識到，生命是寶貴的，你有很多事情要做。」

優秀的賽艇舵手

二年級過一半的時候，霍金對一項新的運動——或是說消遣方式，產生濃厚的興趣，他很快被完全吸引——這項運動就是賽艇。

賽艇運動在牛津大學和劍橋大學有古老的傳統，剛開始是各個學院之間比賽，到了一八二九年，兩校首次在泰晤士河舉行比賽，以後每年四月兩校都會進行激烈而友善的比賽。參賽者必須從倫敦的普特尼橋沿著泰晤士河逆流而上，划到西面的摩特雷克鎮，全程四·五英里。在比賽中，牛津大學的運動員穿深藍色的運動服，劍橋大學的運動員穿淺藍色的運動服，觀眾也分色穿衣，用以顯示他們支持哪個大學。由於競賽涉及學校榮譽，所以牛津大學和劍橋大學十分重視這項運動，訓練非常嚴格。

賽艇形似一個織布用的梭子，兩頭尖而狹長，有槳架，艇內有可以前後滑動的座位。划槳手為八人，配有一個舵手。舵手坐在船尾，面向船頭，任務是發出口令，讓所有划手划槳動作一致……霍金身材矮小，也不強壯，但是聲音洪亮，因此被認為是理想的舵手。如果可以在體育比賽中為學校爭取榮譽，那是非常光榮的事情，而且會成為同學們欽佩的人物和女孩心目中的偶像。

賽艇俱樂部的成員，都是四肢發達、喜歡喝啤酒、縱情享受快樂生活的人。霍金在加入俱樂部以前，是一個鬱鬱寡歡、笨手笨腳、很不合群的書呆子，但是自從加入俱樂部以後，他竟然與這些愛喝愛鬧的同學相處得非常融洽。一幅拍攝於一九六二年的照片，記錄霍金加入賽艇俱樂部以後的狀態。但是照片的注釋有些含糊，只說「熱情奔放的霍金在右

一九六二年大學學院賽艇俱樂部的成員

邊」。

霍金加入賽艇隊的時候，有一個叫大衛・費爾金的同學，也是賽艇隊的隊員。後來，他成為記者和作家，並且與霍金合作，製作一部與《時間簡史》類似的紀錄片，也著作《霍金的宇宙》（Stephen Hawking's Universe）。他在這本書的導語中寫道：

牛津大學的賽艇隊的八個划手，其中包括我，緊張地坐在學校的這艘雖然有些破舊但是仍然漂亮的帆板上，等待參加我們的第一次比賽。這支隊伍是一個不同類型學生的奇怪組合，唯一相同之處是：每個隊員穿著藍色加金色的運動服。不知道為什麼，我們幻想著，必定有人會幫助我們成為一支大獲全勝的金牌隊伍。

有一天，大衛・費爾金忽然發現，在他們旁邊站著一個人。他的身材矮一些，沒有穿和划手們一樣的運動服，戴一副深色的牛角框眼鏡和一頂乾淨的麥秸編的草帽。

「那是誰？」大衛問旁邊的人。

「霍金，史蒂芬・霍金，他是我們的舵手。」

「有一點像花花公子，」有一個人說，「但是他聰明絕頂，物理系二年級學生。」

大衛模糊地記得好像在學校飯廳裡見過他，並且聽過他的聲音，除此之外毫無瞭解。

在正式比賽之前，他們曾經訓練三次，訓練中必須學會很多東西，教練教得非常賣力。但是，他們心裡明白，他們這支隊伍不佔有優勢。後來大衛發現，他們之中只有史蒂芬・霍金信心十足。他在掌舵的時候大聲喊叫鼓勵我們，不讓划手們放棄任何努力。在比賽的第一天，他使全隊相信：「我們這支隊伍還是大有希望的！」

霍金在大學二年級迷上賽艇，照片上的霍金（右一）正在掌舵，左二是大衛・費爾金

在河道的狹窄處，因為沒有足夠的寬度讓參加比賽的船並肩前進，所以成為追撞比賽。每艘船努力追趕前面的船，同時被後面的船追趕。擔任舵手的人要敏捷地引導自己的船去撞其他的船，然後兩艘船同時靠向河邊退出比賽。第二天，兩艘船交換位置。在四天的比賽中，表現出色的那艘船可以晉升四級。

在發令員槍響以後，史蒂芬・霍金指揮全隊以極快的速度出發，使得後面的船無法追上他們。但是他們沒有急於追上前面的船，因為這艘船正在拚命追趕它前面的船。霍金巧妙地掌舵，避免被「襲擊」。突然，後面的船停下來，原來它被撞上了。

霍金開始暗示划手們，他知道周圍沒有其他船，因此可以免於被襲擊。其他人也意識到，看來他們可以也必須划完全程。由於前面還有很長的距離，划手們開始稍微放鬆，但是史蒂芬沒有放鬆，他指揮賽艇繼續全速前進，直到所有隊員筋疲力盡地到達終點為止。這使得他們第二天在同一位置繼續這場比賽，而且要重複前一天的整個賽程。

可是划手們很快就「學乖」了，在後來的三天裡，為了免受再次划完全程之苦，划手們故意讓他們的船被其他船撞上。

大衛・費爾金在書中寫道：

但是想到史蒂芬為我們的目標做出的努力，我曾經為此感到有些內疚，可是我的罪惡感後來在校園生活中很快地消失了。讓我難以忘卻的是，那個在草帽和眼鏡之下的年輕人的堅毅性格，以及在比賽中表現出來的必勝信念。

自從加入賽艇俱樂部，霍金和高登（也是舵手）每個星期有六個下午在河上練習，完全不在乎每個星期三天的物理實驗。這三天的物理實驗，要求學生從上午九點到下午三點必須在實驗室裡，完成基本的物理實驗訓練。但是霍金和高登如此迷戀於賽艇，下午在實驗室裡絕對看不到他們的蹤影。後來，高登愉快地回憶：

「史蒂芬和我一個星期有六個下午理所當然地要在河上划船。這樣一來，我們就要犧牲一些課程，於是物理實驗被我們放棄了。」

真的不做物理實驗嗎？實際上，他們沒有膽大妄為到這種地步，但是他們有「絕招」使自己可以「完成」實驗，也不會耽誤賽艇訓練。他們的方法是：上午進實驗室，然後利用這些時間，收集一些實驗資料。有這些少量的資料，他們就可以做出大量的分析。批改實驗報告的教師面對他們的資料分析，儘管心存疑慮，也被弄得半信半疑。高登說：

「這要花費一些心思，我們必須使那些批改實驗報告的教師相信，我們按部就班地做過實驗……我們必須非常謹慎地完成實驗報告。我們從未欺騙老師，只是做出大量的分析。」

英國偉大的詩人喬叟，在他的名著《坎特伯里故事集》中，這樣描述牛津大學的兩類學生：一類是「專心地讀書，一句廢話也不說」；另一類相反，「他的箱子上……躺著一把歡樂的八弦琴，晚上他會彈起這把琴，優美的樂曲響徹房間。他唱完《天使的聖母頌》，又唱起流行的《國王小調》，他快樂的歌喉經常受到祝福」。

霍金和高登可能是後一類學生，他們希望自己的大學生活過得豐富多彩。

「根本不算一回事!」

雖然霍金在學習上漫不經心，從來沒有花費太多的時間，但是他可以輕鬆地駕馭所有課程，沒有哪一門課程可以難倒他。根據他的同學和老師回憶，有兩件事情可以顯示霍金非同一般的智慧。

有一次，伯曼教授講完《電磁學》第十章，讓霍金和其他三個同學做十三道習題。伯曼教授說：

「你們盡可能做完這十三道習題。」

他們被分成兩組，理查和德瑞克一組，霍金和高登一組。理查和德瑞克在一個星期中，費了九牛二虎之力，解出一道半習題，感到有些得意；高登拒絕霍金的幫助，使出渾身解數，只解出一道習題。霍金像以往一樣，沒有把作業放在心上，完全不在乎這些習題。

下次上課的時候，德瑞克問霍金：「你覺得這些習題困難嗎？」

「噢，」霍金回答，「我還沒有做。」

這三個同學勸他：「你最好現在就做，這些習題非常困難。而且，你不吃早餐的習慣不好，應該起床吃早餐。」

霍金認真地看著三個同學，點了點頭。他們很聽老師的話，準時去上課，留下霍金一個人繼續看他的科幻小說。他們上課回來遇見霍金的時候，德瑞克問：「霍金，你做了幾道習題？」

「啊，」霍金回答，「我只來得及做前面的十道習題……」

沒有等霍金說完，三個人哄然大笑，認為霍金在開玩笑。他們一個星期才解出兩道半習題！但是看見霍金認真和驚愕的表情，他們驚呆了。這個時候，他們突然意識到，霍金確實做出前面的十道習題。

後來，德瑞克回憶說：

「這個時候，我們終於意識到，我們和霍金不在同一個層次上，而且有天壤之別。」

伯曼教授雖然發現霍金在學習上很懶散，但是他沒有因此責怪霍金，他知道霍金是真正的天才。他說：

「他是我教過的學生中最聰明的，我從那個時候開始，大概教過三十個學生。他最後的考試成績不比其他學生好，考得好的學生不僅是聰明，而且非常用功。霍金不僅是聰明，甚至不能用聰明來衡量。按照正常的標準，不能說他非常用功，因為這實在沒有必要……我真正的作用，只是監督他學習物理的進度，我不能自誇曾經教導他任何東西。」

伯曼教授非常寬容，而且不掠他人之美。如果在一所過於強調紀律的學校裡，霍金可能要為自己的懶散和「桀驁不馴」付出代價，天才也許會由此夭折。

還有一件事情，也可以顯示霍金的驚人智慧。

當時，派屈克・桑德斯是大學學院的初級研究員，曾經是霍金的導師。有一次，桑德斯在講完《統計力學》第一章以後，告訴學生要認真研讀指定的教材。他知道霍金對分配的作業興趣不大，但是他仍然堅持要求霍金完成指定的兩個題目。

下次上課的時候，霍金對桑德斯說：「我無法解出你指定的題目。」

「為什麼？」桑德斯問。

霍金把教科書打開，花費二十多分鐘，講述書上所有的錯誤，然後他們討論這些錯誤。

後來，桑德斯成為牛津大學克拉倫登實驗室的實驗物理教授，他曾經對別人說：「我在那個時候就知道，他對課程比我瞭解的更多。」

難怪伯曼教授說：「大學物理課程對霍金來說，根本不算一回事！」

雖然「不算一回事」，但是到了畢業考試，霍金還是有些緊張。根據他的一個同學說：「臨近畢業考試的時候，他每天學習多達三個小時！」

對一般學生來說，每天學習三個小時實在不算多，但是與霍金每天學習一個小時的資料相比，每天學習三個小時確實可以用這樣的驚歎語氣。

畢業考試確實很嚇人，為了獲得優秀的成績，參加考試的人要在四天之內從早上到下午考完所有課程，因此霍金感到有些緊張。由於他平時不太用功，面對要考完所有課程的情況，想出一個方法：考卷上題目很多，選擇考題的空間很大，選擇那些依靠直覺就可以回答的題目，避開那些依靠記憶才可以回答的

英國當代最著名的天文學家佛萊德·霍伊爾

題目。這樣一來，才可以爭取獲得第一等榮譽學位。他必須爭取到這個學位，因為他已經提出到劍橋大學攻讀博士學位的申請，想要在佛萊德·霍伊爾的指導下做研究。只有獲得第一等榮譽學位，才有資格到劍橋大學深造。但是，第一等榮譽學位是牛津大學的最高資格證書，想要獲得它談何容易！

前三天還算順利，但是最後一天考試的前夜，霍金感到十分沮喪，認為自己無法得到一等；理查更沮喪，認為自己連三等也無法得到；德瑞克沒有把握可以得到二等，但是應該可以得到三等；只有高登非常樂觀，他興高采烈地說，自己應該可以得到一等。霍金覺得未來的命運決定於最後一天的考試。這個時候，他竟然也有一些恐慌，輾轉反側，無法入眠。

考試結束以後，霍金和同學們到酒吧大肆慶賀。他們狂飲香檳，然後把香檳噴向夏日的天空。許多狂飲的學生，如癡如狂地在街上唱著亂七八糟的歌曲，街上的值勤警察無可奈何地向這些學生搖頭，躲到街邊商店門口，不願意招惹他們。

經過一段焦急的等待，結果終於揭曉了。考試結果出乎意料，他們的預測幾乎全錯了。德瑞克和高登得到二等，理查得到三等，除了高登有些失望以外，可以說是皆大歡喜。但是，霍金的成績不太理想，只在一等和二等之間，最後得到哪一等，還要等到面試以後才可以決定。霍金回憶說：

「我考得不是很好，處於一等和二等之間，還要參加面試才可以決定最後的成績。他們詢問我未來的計畫，我回答要做研究。如果他們給我一等，就去劍橋大學；如果他們給我二等，就留在牛津大學。後來，他們給我一等。」

一九六二年十月，霍金來到劍橋大學。

還沒有到劍橋大學之前，霍金在牛津大學發生兩件事情。

有一次，霍金想要冒險，展現自己的男子氣概，結果幾乎陷入困境。自從加入賽艇俱樂部，霍金終於走出自我封閉的圈子，融入群體中，往年的朋友再次見到他的時候，幾乎難以相信，這個脖子上圍著一條俱樂部的粉紅色圍巾的年輕人，就是以前那個鬱鬱寡歡的霍金。產生變化的霍金，似乎想要讓人們看到自己日益勃發的男子氣概，所以做出一些驚人的舉動。

有一天晚上，他和一個朋友喝啤酒，在酒精的作用下，他們決定做出一件讓人驚訝的事情。他們找來一桶油漆和幾把刷子，藏在書包裡，然後走到一座天橋上。在欄杆下面幾英尺的地方，他們用繩子繫一塊木板，然後小心地站在木板上，把「投自由黨人的票」幾個斗大的字，用油漆刷在欄杆上。

霍金興奮不已地刷完最後一個字母的時候，一道手電筒光線射到他們身上，一個警察大聲怒喝：

「自由黨人上台以後，你們想要做什麼？」

一九六二年，史蒂芬・霍金在畢業典禮儀式以後

他們也許過於專注在寫字和平衡身體上，沒有發現警察走到近處，因此警察的一聲怒喝，把他們嚇了一跳。那個朋友十分狡猾，立刻逃跑了，笨拙的霍金卻被逮個正著。幸虧警察看出這是大學生的惡作劇，嚴厲責備霍金以後，讓他回到學校。但是這件事情把霍金嚇壞了，從此以後，他不再做這種違法的事情，而是把精力發洩在賽艇運動上，顯示男性特有的陽剛之氣。一位賽艇俱樂部的負責人說：「史蒂芬屬於冒險型的舵手，你永遠不知道他和這些划手出去以後會闖出什麼禍。」

如果霍金的身體沒有毛病，也許會做出更冒險的事情。大學三年級的時候，他發現自己的手腳不像過去那麼靈活，他沒有把這件事情告訴母親，但是敏感的母親已經發現了。但是，她把這種失常看作是由於考試壓力太大所致，沒有意識到它的嚴重性。

牛津大學的老式樓房，樓梯又陡又窄，一般人行走的時候會覺得危險，對於行動不便的霍金更是危險。在畢業考試後的一天，霍金準備下樓回家，事故終於發生了。霍金在樓梯口，頭部朝下摔到最底層。他不僅失去知覺，甦醒以後甚至不知道自己是誰。同學們把他抬到高登的房間以後，讓他靠在沙發上。霍金睜開眼睛以後，第一句話是：「我是誰？」

「你是史蒂芬・霍金。」

兩分鐘之後，他終於記得自己是霍金，但是又問：「這是什麼地方？」

「大學學院。你剛才從樓梯上摔倒了。」

「……啊，我記起來了，我是一九五九年進入大學學院。」

然後，由遠到近，他記起一年以前、一個月以前、一個星期以前發生的事情。高登和其他人焦急地像對待突然失去記憶的病人那樣，不斷地提問，直到他可以回答的時候為止。

「記得星期日去酒吧喝酒的事情嗎？」

「記得星期一在河上划船的事情嗎？」

大約過了兩個多小時，他終於記起從樓梯上摔倒的事情。史蒂芬害怕這次摔倒影響自己的智力，幸好智力測試的結果很好，沒有任何後遺症。但是他的父母仍然不放心，希望他做進一步檢查。但是史蒂芬忙於去伊朗遊覽和上劍橋大學，一直沒有檢查，直到一九六三年才到醫院進行詳細檢查。

劍橋大學的博士

在牛津大學參加畢業考試摔倒以後，母親伊莎貝爾希望霍金在家裡休息，並且去醫院做一些檢查，但是他卻決定與一個朋友去伊朗遊覽。

霍金的父母不放心他獨自出遠門，又是去一個不同文化、不同傳統、不同宗教的國家。幸好，與他同行的朋友有豐富的旅行經驗，而且去過伊朗。朋友的父母也寫信給他們，讓他們放心。

到了伊朗以後，他寫了兩封報平安的信給家人，說他們玩得很愉快。在第二封信中說，他們即將離開伊朗首都德黑蘭，去一個叫做塔布里茲的地方，然後於某個確定的日子從伊斯坦堡搭火車返家。此後三個星期沒有收到他的信，這段期間在德黑蘭和塔布里茲之間發生強烈地震。霍金的父母從報紙上得到這個消息以後，簡直嚇壞了，立刻和相關部門取得聯繫，詢問傷亡情況。他們被告知，根據統計資料顯示，還沒有得到英國人傷亡的消息。在霍金沒有回到家以前，全家人處於惶惶不可終日的恐懼狀態，伊莎貝爾更是噩夢不斷。

上帝保佑，霍金終於安全歸來！讓人驚訝的是，地震期間他們一直在汽車上，路況不好，汽車顛簸得十分厲害，他和其他乘客竟然不知道外面發生地震！回到家以後，伊莎貝爾得知霍金在塔布里茲生病了，而且病得十分厲害，以至於只好在那裡下車到醫院診治。

一九六二年十月，霍金來到劍橋大學的三一學院。

劍橋大學

從倫敦搭火車向東北方行駛大約五十一英里，就會抵達馳名世界的大學城和科學城——劍橋。劍橋大學和牛津大學是英國人心目中永恆的驕傲，因為這兩所大學為世界科學（尤其是近代科學和現代科學）做出決定性的貢獻，人們只要信手從牛津和劍橋拈來幾位世界級科學家，就會發現他們直接參與現代科學的建造，並且做出不可否認的貢獻。在英語中，甚至有一個專有詞彙「牛橋」（Ox-Bridge，由牛津和劍橋兩個片語組合而成），將這兩所大學相提並論。

在古代，劍河上修建一座木橋，以便駐軍部隊相互聯絡和調動，「劍橋」由此成為一個鎮名。一二〇九年，這裡逐漸集結一些學者，並且在此傳道講學；後來，講學規模逐漸擴大，形成各個學院，這些學院組成的整體就是劍橋大學。

劍橋大學與牛津大學一樣，校園沒有圍牆，校舍散布全城各處。劍橋大學建校初期，沒有校舍，學生寄宿在市民家裡。一二八四年，建立第一所學院——彼得學院。如今，劍橋大學共有三十一個學院，一些比較古老和規模較大的學院沿著學院街連成一片，蜿蜒排列於劍河邊。

劍橋和牛津的風格迥然不同，如果牛津是雍容富麗，具有王者氣派，劍橋就是幽雅灑脫，頗具詩人風骨。在細雨霏霏的秋晨，劍橋大學像一幅西洋水彩畫般呈現在人們眼前，精雕細繪而線條秀美的建築群，有一種脫俗的韻味；大片的草坪、滿目的綠蔭，使人們強烈地感受到大自然的眷愛。最令人沉醉的，就是橫貫劍橋大學的劍河的兩岸風光。清清河水，汩汩而去；一葉扁舟，斜插長篙，停靠在岸邊；粗大的巨柳，把婆娑的枝條撒向河面，柔柔地婀娜飄擺，在水上拂起微微的漣漪……這一切都被雨幕籠罩著，所有色澤都似水彩般淡淡地化開。用原木搭建的木橋跨過淺流，那是劍橋人引以為榮的數學橋（Mathematical Bridge）。此橋建於中世紀，沒有用一顆釘子，是巧妙運用力學原理的典範。經歷幾百年風雨以後，數學橋在二十世紀重建，今天我們看見的它，外貌依稀當年，但是已經使用釘子。

劍橋的校舍，由於建築年代不同而風格各異。例如：建於十五世紀的國王學院是哥德式的建築風格，建於十九世紀的紐納姆學院是維多利亞時代的建築風格。在劍橋大學裡，有許多值得欣賞的樓館、亭院、橋廊。劍橋大學的雷恩圖書館是由英國最著名的建築師、聖保羅大教堂的設計者克里斯多佛·雷恩爵士設計的，那是他一生中最為人讚譽的傑作之一。十六世紀創立的聖約翰學院，院舍分為兩個部分，由一座有蓋有窗的廊橋連接。這座橋有一個詩意濃郁的名字——嘆息橋，是劍橋大學的景觀之一。據

劍橋大學——科學家的搖籃

大名鼎鼎的劍橋大學數學橋

說，此廊橋得名於威尼斯的嘆息橋，但是意義不同。在威尼斯，廊橋通往監獄，故此嘆息；但是在聖約翰學院，學生們嘆息什麼？難道是考試失利或是情場失意來到這裡發洩情緒？誰知道！

國王學院的教堂是建築群中最宏偉的，歷時九十九年建成，最令參觀者歎為觀止的是：莊嚴肅穆的扇形穹頂和記述《聖經》故事的彩繪玻璃。幽暗柔和的光線投射進教堂內，更增加它的高貴和神秘……

劍橋大學的三一學院，牛頓曾經是這個學院的學生。當年，他躺在蘋果樹下，看見蘋果墜落，因而發現地心引力的原理。這株蘋果樹還在嗎？有人說已經倒掉了；有人說就是院前那一株，然而是後來補種的。

劍橋大學最獨特之處是：學院制和導師制。美國式的大學下設有學院，學院下轄幾個相關的系所。可是，劍橋的學院不是介於大學和系所之間的機構，而是一個獨立的實體或「家族」。學院直接管理教學和考試，並且授予學位，教學上實行導師制，學生由導師挑選，教育方法強調以自學為主。學院負責學生的住宿、膳食、娛樂活動，以及對學生的個別輔導。

劍橋的學院制，造就劍橋教育的特色——個別輔導。學生除了到系裡聽課以外，學院還會為其指定一位指導教授和一位主任教師：前者負責學生學習上和生活上的問題，例如：如何選課、轉系，或是申請補助；後者負責學生的課業整體進展。還有一些輔導員，輔導學生學習每門課程。輔導員可以由其他學院的教授或是研究生擔任。這類輔導佔據學生大多數時間，因為每門課程每個星期至少有一次個別輔導，討論

輕輕的我走了，

三一學院庭院中「牛頓的蘋果樹」

上個星期分配的閱讀作業，或是分配下個星期的閱讀作業。可以不去上課，但是不能不去輔導，是否完全瞭解課程，見面以後一目瞭然。所以，任何學生看見輔導員都不敢敷衍。

劍橋大學的卡文迪許實驗室，可以說是世界上最有名的實驗室之一，在這個實驗室從事研究的物理學家中，竟然有二十多人獲得諾貝爾獎，難怪有人稱它為「諾貝爾獎的搖籃」！

這裡也是孕育文學家的地方，世界著名詩人多恩、拜倫、丁尼生成長於劍橋，浪漫派詩人華茲渥斯曾經在聖約翰學院學習。中國著名詩人徐志摩在二十世紀二〇年代遊學劍橋，於一九二八年寫下傳世名篇《再別康橋》（「康橋」是「Cambridge」的另一種中譯）：

正如我輕輕的來；
我輕輕的招手，
作別西天的雲彩。
那河畔的金柳，
是夕陽中的新娘；
波光裡的豔影，
在我的心頭蕩漾。
……
但我不能放歌，
悄悄是別離的笙簫；
夏蟲也為我沉默，
沉默是今晚的康橋！
悄悄的我走了，
正如我悄悄的來；
我揮一揮衣袖，

徐志摩筆下的劍河和河上的橋

不帶走一片雲彩。

這是中國詩人眼裡的劍橋，是以文字繪成的一幅內涵雋永、意境迷人的水彩畫。

不幸的事情發生了

霍金決定以宇宙學作為自己將來的研究對象，他覺得在當時物理學的兩個研究方向中，宇宙學對自己的吸引力最大，因為宇宙學已經有一個明確的理論框架——愛因斯坦的廣義相對論。另一個研究方向是基本粒子物理學（研究電子、質子、中子等次原子的物理學），他認為這門學科缺乏一個適合的理論框架，物理學家除了發現更多的粒子，並且把它們像植物學研究那樣進行分類，沒有什麼可以做的，因此他決定選擇宇宙學。

霍金原本在申請中表示，想要讓佛萊德・霍伊爾成為自己的指導教授。當時，霍伊爾是國際知名的天文學家，曾經於二十世紀六〇年代，與美國天文學家威廉・福勒提出恆星內部元素起源的理論。但是劍橋大學給霍金安排的導師不是霍伊爾，而是一位他從來沒有聽過的天體物理學家丹尼斯・夏瑪。剛開始的一段時間裡，霍金對這種安排很失望，甚至認為是一場災難。但是後來他發現自己錯了，夏瑪是一位很優秀的科學家，不僅可以隨時幫助他解決問題，而且可以激勵他，使他度過人生最可怕的難關。

霍金進入劍橋大學以後的情況很糟，就像進入牛津大學的時候一樣，而且更糟的是：在學習廣義相對論的時候，他發現由於自己在牛津大學不用功，數學基礎沒有打好，因此困難重重；再加上劍橋大學研究生的課業比在牛津大學的時候繁忙。在這種困難面前，霍金覺得無法跟上學習進度，甚至找一個適合的研究課題也很困難。夏瑪認為，為了使霍金走出困境，必須為他找到一個適合的研究課題，就可以激發他的巨大潛力。但是要為他找到一個適合的研究課題不是那麼容易，因為當時廣義相對論對於物理學家來說，還是一個十分陌生的理論，而且十分深奧，可以充分理解它已經不容易，想要找到一個研究課題更是困難。

就在這個時候，霍金的身體狀況令人擔憂，出現非常可怕的事情，幾乎毀掉霍金。但是誰也沒有想到，正是這個從天而降的巨大不幸，反而使得霍金遇到的困難開始化解。

進入劍橋大學以後，霍金覺得自己的手腳越來越不靈活，走路的時候無法走直線，就像喝醉酒一樣，東扭西歪；鞋帶掉了想要把它繫上，也無法做到；向酒杯倒酒，總是倒在酒杯外面，灑得到處都是。夏瑪不知道霍金的疾病，只發現這個聰明的學生有些口吃，不認為是什麼嚴重的問題。

在霍金寒假回家期間，他的父母終於發現他的疾病。有一次，他與母親一起去滑冰，他無故地摔倒，而且無論怎樣努力也爬不起來，他的父母堅持要求他去諮詢家庭醫生。霍金從小動作不能自如，所有球類

丹尼斯・夏瑪是霍金在劍橋大學時期的導師，從一九六三～一九七〇年，他是劍橋大學的教學講師

運動也不擅長，也許正是因為這個原因，他不願意參加體育運動。進入牛津大學以後，他迷上賽艇，成為舵手，有時候也划船，行為上的笨拙似乎減輕一些。正是因為好轉一些，他在牛津讀三年級的時候，對自己日漸笨拙的行為能力沒有在意，以為是考試臨近的時候心理上的原因所致。進入劍橋大學以後，情況似乎變得更嚴重，霍金也意識到問題的嚴重性，所以同意和母親一起去會見家庭醫生。

一九六三年一月中旬，剛過完二十一歲生日不久，霍金到一家醫院進行許多檢查。檢查要花費比較多的時間，所以一月下旬劍橋大學開學的時候，他還住在醫院裡。本來他可以住單人病房，但是他的社會主義思想原則促使他住進普通病房。普通病房裡除了他，還有一個罹患白血病的男孩。

檢查結束以後，醫生給他一些維生素，並且建議他回到大學繼續學習，最後的確診還要等待一段時間。霍金回到劍橋以後不久，診斷結果出來了：他罹患一種十分罕見的疾病，正式學名為「肌萎縮性脊髓側索硬化症」（ＡＬＳ）。在英國，這種疾病被稱為「運動神經元疾病」；在美國，這種疾病被稱為「盧・蓋瑞格症」，因為有一個著名的棒球運動員盧・蓋瑞格罹患這種疾病而去世。

霍金的母親認為，一定要向醫生問清楚，她可以為兒子做什麼。醫生告訴她，罹患這種疾病的病人會因為肌肉萎縮導致運動功能減退，並且可能癱瘓；也會感到說話和吞嚥困難，逐漸失去說話能力；最後，呼吸肌肉受到侵害，引起肺炎和窒息，死亡就會降臨了。在患病過程中，大腦不受侵害，因此思維能力和記憶力不會受到影響，而且這種疾病沒有任何疼痛的感覺。

醫生推測病人只能存活兩年半的時間，他說：「這是非常令人傷心的事情。這個如此優秀的青年，在他的生命巔峰時期遭遇不幸，真是令人惋惜。」

伊莎貝爾問：「我們還有辦法嗎？我們可以對他施行任何有效的治療嗎？」

「我毫無辦法。」

霍金的疾病確診以後，他的父親非常著急，不惜一切代價為兒子尋找治療方法。他到處收集關於ＡＬＳ以及可能治療它的資訊，在熱帶病研究所與同事們討論與ＡＬＳ類似的疾病。他甚至與美國病毒學家丹尼爾・卡爾頓・蓋杜謝克聯繫，這位科學家後來因為發現熱帶慢性病（庫魯病）病毒的起源和傳播機制，獲得一九七六年諾貝爾生理學和醫學獎。但是所有的努力都無濟於事，幾乎所有的醫生都說ＡＬＳ是不治之症，所有可以使用的治療方法都無法使病情舒緩。

法蘭克失去希望並且停止努力以後，找到霍金的導師夏瑪教授，對他表示：霍金沒有希望活到完成博士學業，在這種情形下，是否可以讓他用更短的時間完成學業？夏瑪教授說：「任何人也不可能在少於三年的時間內完成博士學業。」他知道霍金有非同一般的智力，但是作為導師，他不願意違反規定，也不願意自己的學生只是隨便應付就得到博士學位。

霍金知道自己罹患一種不治之症，並且在幾年之內就會結束生命，他覺得受到一個致命的打擊。就像所有得知自己罹患絕症的病人一樣，他不斷地向上帝發問：

「為什麼這種事情會發生在我身上？為什麼我要這樣悲慘地死去？」

但是沒有人可以回答這些問題。

他感到十分絕望，認為自己無法活到完成博士論文的時候。於是，他每天聽著自己喜愛的華格納音樂，試圖讓那些充滿神秘主義和具有超人力量的樂聲拯救絕望中的自己。霍金曾經說：

「一九六三年，我被診斷罹患運動神經元疾病之後，開始喜歡華格納的作品。因為他的樂曲風格和我的陰暗情緒相投……《尼伯龍根的指環》系列的四部歌劇，是華格納最偉大的作品。一九六四年，我和妹妹菲莉帕去德國拜律特觀賞這部歌劇。那個時候，我對《尼伯龍根的指環》不熟悉，所以系列的第二部《女武神》給我留下極其深刻的印象，這是沃夫岡・華格納執行製作的，舞台幾乎是全暗的……」

德國作曲家華格納，霍金終生喜歡的作曲家

他的同學德瑞克・波尼曾經寫過以下的回憶文字：

史蒂芬總是非常笨拙，但是我們不認為這是什麼嚴重的問題。他在牛津讀書的第三年即將結束的時候，有一次在宿舍從樓梯上摔下來。那個時候，也沒有人認為這是什麼不尋常的事情。

後來有一次，波尼到劍橋，本來想要在飯廳裡找人共進午餐，但是也許天氣太冷沒有找到人。這個時候，正好霍金進來，他慷慨地去買啤酒回來，然後放在桌子上。在倒啤酒的時候，他把啤酒灑出來許多。

霍金告訴波尼，自己在醫院裡住了兩個星期，進行許多檢查並且被診斷罹患疾病。他直截了當地告訴波尼，自己的身體逐漸失去功能，只有思維仍然是完好的，但是他無法和外界溝通。慢慢地，只有他的心臟、肺部、大腦可以運行，但是他的心臟和肺部也會逐漸失去功能，然後就會死去。

他還告訴波尼，這是不治之症，完全不可預見：可能在短期或是長期內穩定下來，但是永遠不可能變好，不知道會在六個月以內還是二十年以內死去。可是他罹患這種疾病的時候，比大多數病人年輕，他們懷疑他會更早而不是更晚死亡。波尼說：

「這個消息是晴天霹靂，但是我的反應對於霍金而言，已經無濟於事。我很清楚地知道，他沒有信仰，這使我更難過。因為我知道霍金會質問自己：『為什麼是我？為什麼罹患這種疾病？為什麼是現在？』他只能坦然接受發生在他身上的一切。據我所知，他從那個時候開始進行一些研究。」

但是，霍金沒有頹廢到像某些媒體渲染的那樣糟糕。對此，霍金有些不以為然。他在一九九三年出版的《霍金演講錄——黑洞、嬰兒宇宙及其他》一書中寫道：

……我也許無法活到完成博士論文。我覺得十分倒楣，就去聽華格納的音樂，但是雜誌上說我酗酒是過於誇張。麻煩在於，如果有一篇文章這樣說，其他的文章就會照抄，這樣可以引起轟動效應。似乎在印刷物上出現多次的東西必定是真的。

但是可以拯救他的人，還是他自己。過了一段時間，他終於從絕望中振作起來，也許與以下三個方面的因素有關：

其一，他在住院的時候，鄰床是一個罹患白血病的男孩。那個男孩最終死了，這是一件讓人傷心的事情。但是回憶這件事情的時候，霍金突然醒悟：「很明顯，有些人的命運比我更糟，至少我的情況還沒有使我覺得自己有病。我為自己難過的時候，就會想起那個男孩。」

其二，他在絕望的時候，經常被一些令人感到痛苦的噩夢打擾。有時候，這些噩夢使他從頹廢中驚醒。霍金曾經回憶說：「出院不久，我做了一個夢，夢見自己被處死。醒來以後，我突然意識到，如果自己的生命可以延續一段時間，還可以做出許多有價值的事情。我的一個深刻體驗是：一個人面臨早逝的危險，就會體驗到活下去是值得的。」

他甚至慶幸自己從事的是腦力勞動的研究，這樣一來，他罹患的疾病不至於使他中斷自己的事業。如果是實驗物理學，他的事業可能會就此終結。

其三，他終於振作起來而沒有被殘酷的疾病擊倒，是因為在這段期間，認識一位非凡的女性：潔恩・懷爾德——他未來的妻子。

一位非凡的女性

潔恩的出現到以後他們結婚，徹底改變霍金對生活的態度。他曾經說：

「因為我推測自己無法活到完成博士論文，所以看來研究已經沒有什麼意義。然而，疾病在以後的時間裡，似乎緩和一些。我開始瞭解廣義相對論，並且在研究上獲得進展。但是真正使我的生活改變的是：我和一個叫潔恩・懷爾德的女士訂婚，使我有活下去的目標。也就是說，如果我要結婚，就要有一份工作。」

一九六二年夏天，潔恩考完聖奧爾本斯中學的高級程度考試，她和好朋友黛安娜・金決定輕鬆一下，去城裡喝茶。她們出門走了不到一百碼，潔恩忽然看見街對面有一個奇特的身影：一個年輕人，長著亂蓬蓬的棕色頭髮的頭低著，踉蹌地朝著相反的方向行走。這個年輕人沉浸在自己的思緒中，沒有注意到街對面的女孩正在盯著他。潔恩覺得他是一個古怪的人，黛安娜說：「那是史蒂芬・霍金。」

潔恩對剛見到的這個年輕人有一種特殊的感覺，並且有一種奇怪的預感：很快會再見到他。後來，潔恩去西班牙遊覽，回來以後得知，被倫敦的西菲爾德學院錄取。寒假期間，黛安娜和自己的哥哥舉辦一個新年聚會，潔恩受邀參加。

在這次聚會上，潔恩第二次看到霍金，他正在向牛津大學的朋友講述發生在他身上的故事。這些有趣的故事吸引潔恩，她很有興趣地聽著。後來，潔恩回憶這次對自己的一生有重要意義的見面：

「我被這個獨特人物的幽默感和個性吸引。他的故事講得繪聲繪影，確實很有意思，尤其是他講那些笑話的時候，笑得一直打嗝，幾乎喘不過氣來。」

潔恩覺得霍金與自己的遭遇有些類似，在生活中遇到一些挫折。但是他樂於表達自己的見解，對自己的價值也有充分的認識。潔恩覺得霍金的氣質和他灰色的眼睛，有一種讓自己無法抗拒的吸引力。

幾天以後，潔恩收到霍金的請柬，一月八日是他二十一歲的生日，家人要為他舉辦一個生日聚會，黛安娜也收到同樣的請柬。她們到霍金家參加這次聚會，潔恩帶了一張唱片作為禮物，這是她第

潔恩・懷爾德，霍金的第一任妻子

一次與霍金的家人接觸。那個時候，潔恩只有十八歲，膽小怕事，一個人坐在角落裡，傾聽人們談話，陪伴她的是霍金的弟弟愛德華，他坐在她的膝上。

又隔了一段時間，潔恩和黛安娜以及黛安娜的朋友伊莉莎白，在一家經常光顧的咖啡館享受休閒時光。黛安娜突然問伊莉莎白：

「你們知道霍金的情況嗎？」

伊莉莎白說：「知道了，很糟糕，是吧？」

潔恩急忙問：「怎麼了？我什麼都不知道。」

黛安娜說：「他已經住院兩個星期，罹患一種可怕的疾病，可能導致癱瘓……他們認為，他也許只能再活幾年。」

潔恩聽了以後，感到非常驚訝。她簡直難以相信，一個如此年輕和自信的生命，竟然面臨死亡的威脅。潔恩心事重重地回家，無法擺脫霍金的影子和對他命運的擔心。潔恩的母親知道她喜歡霍金，平靜地對她說：

「你為什麼不為他禱告？這可能對他有幫助。」

潔恩家是虔誠的基督教徒，因此她接受母親的建議。

大約一個星期以後，潔恩在等去倫敦的火車，驚訝地看見霍金提著帆布手提箱，搖搖晃晃地從月台上走過來。更讓潔恩驚訝的是，他看起來似乎很快樂。見到潔恩，他顯然十分高興。在日光下，他滿臉的微笑，清澈透明的灰色眼睛，顯得特別動人。他的容貌中，有一種很特別的東西，也許是氣質，深深地吸引潔恩，而且讓她想起心目中的英雄——英國海軍上將納爾遜勳爵。

他們在火車上愉快地交談，潔恩提到聽說他住院的事情，他只皺了皺鼻子，沒有接這個話題；潔恩也覺得自己有些唐突，談論他的疾病實在太殘酷了。於是，他們又愉快地談起其他事情，好像一切都很好。他是回劍橋去的，潔恩到倫敦上學，分手的時候，霍金對潔恩說：

「週末我經常回家，可以請你一起去看戲嗎？」

「當然。」潔恩高興地回答。

後來，他們不斷地約會，感情日益加深。到了六月，霍金的身體狀況明顯惡化。有一次，他開車去潔恩家接她去劍橋參加舞會，潔恩把他介紹給她的母親，她的母親沒有表示一絲驚奇或意外。但是霍金瘋狂開車引起的顛簸，實在讓潔恩感到恐懼。

舞會結束回家以後，潔恩興奮地向母親講述舞會的情形，母親微笑著傾聽。潔恩說：

「我斷定，我實際上很喜歡他，只要不經常遭受他瘋狂開車的顛簸……我完全被他迷住了，被他明亮的藍灰色眼睛和顯出酒窩的微笑弄得心神不寧。」

每次與霍金分別，都會給潔恩帶來無窮的思念；每次短暫的重逢，總會給兩個人帶來衷心的愉悅。

霍金迷人的微笑，曾經感動很多人

一九六四年年底，潔恩又去西班牙訪問，因為她在大學學習的是西班牙文學，所以她需要體驗西班牙城鎮的生活。熬到回家的時候，她急切地想要見霍金。這次，潔恩發現霍金變了：除了要經常拄著拐杖走路以外，他的身體狀況似乎沒有明顯的變化，但是顯得極為消沉，失去往日的風采。他憂鬱、憤世嫉俗，經常沉默不語，或是長時間聽華格納的歌劇，試圖用華格納尖銳迴旋、節節升高和誇張的音符，宣洩內心潮湧般的騷動和怨恨，安撫脆弱敏感的神經。更令潔恩驚訝的是，他故意向她顯示敵意，似乎在盡力阻止他們之間的進一步交往。潔恩明白了，他由於絕望而處於痛苦的情感糾葛中。他不想繼續傷害年輕的潔恩，想要獨自承受自己的災難。潔恩明白霍金的痛苦，她也明白要與霍金分手，可是已經太晚了！她已經和他交往甚密，沒有辦法解脫了。

潔恩對霍金的愛是真誠、純潔的，甚至是崇高的。她認為，幫助自己心愛的人擺脫絕望，是上帝交給她的任務，是上帝對她的一次考驗。

由於潔恩的愛和溫情，霍金終於改變自己的絕望和沮喪，恢復對生活的信心，開始更自信和愉快地對待學習和他們之間的愛情，不再認為未來是毫無希望的一片漆黑。在兩位英國人麥可・懷特和約翰・格里賓寫的《霍金傳》中，他們認為，潔恩對霍金的生活產生極重要的作用。他們寫道：

毫無疑問，潔恩在這個時候出現是霍金生活的重要轉捩點。他們開始頻繁見面，兩人的關係也在發展。潔恩使得霍金克服自己的絕望，並且重新樹立生活和學習的信心。與此同時，霍金繼續緩慢而艱難地攻讀博士學位。

一九六四年十月的一個星期六晚上，在劍橋，霍金吞吞吐吐地低聲向潔恩求婚。當時，室外一片昏暗，小雨淅瀝不停，潔恩接受霍金的求婚。潔恩和霍金的生活和命運，由此發生徹底的改變，潔恩想要從事外交工作的想法，現在也被她拋到腦後。

潔恩也遇到許多打擊和不如意的事情，如果以為愛情只是一條色彩斑斕的彩虹，那就錯了。潔恩答應霍金的求婚之後，許多驚訝、疑惑、警告……不愉快的事情，都向她迎面襲來，想要躲開都不可能。

潔恩的好朋友黛安娜聽到她和霍金訂婚的消息，立刻驚叫起來：

「哎呀，潔恩，你要嫁到一個非常瘋狂的人家！」

霍金家確實有許多獨特的習慣，尤其在聖奧爾本斯這個知識份子極少的地方，法蘭克夫婦都畢業於牛津這樣的名牌大學，確實讓鄰居們感到他們的言行有些古怪而瘋狂。但是這一點，潔恩還可以適應，雖然霍金家的人的自信和不在乎別人的感受，也讓她覺得有些不舒服。

一九六五年二月的一個寒冷早晨，霍金熱切地期待心上人的到來，但不是為了談情說愛，正如潔恩後來所說：「其實，是指望我充分施展秘書的技能，為他打出一份工作申請單。」

不幸的是，潔恩在前一天晚上跳舞的時候，由於高跟鞋後跟在地板上滑了一下，她重重地摔在地板上。結果左手腕骨折，到醫院急診室用石膏將左手臂固定起來。由於固定得太緊，手指變成烏青色，只好在第二天早上把石膏拆掉再重新包紮。霍金看見潔恩的左手被石膏繃帶裹著的時候，不是表示同情和問候，而是由於潔恩可能無法打字而顯出震驚和失望。潔恩後來回憶說，霍金失望的表情完全打消自己想要得到任何同情的念頭。霍金，以及他的家人，似乎都是一心只有自己事業的人，並且認為其他人應該無條件服從這個「偉大」的目標；至於別人的感受，他們似乎從來很少關心。可以說，這從一開始就在他們的婚姻裡埋下隱患。但是要徹底明白這些，潔恩還需要時日。後來，霍金兩次婚姻的失敗，使他說出「我從來不知道女人在想什麼」。其實，他不是不知道，是他不想、不屑於知道這類事情，因為這類事情在他看來，不值得他去思考。這就是霍金家的特點，他們非常理性，不喜歡表現出親切、溫柔、嫵媚，認為這些情感會腐蝕理性。正是這種根深蒂固的家庭傳統，讓別人認為他們家是「非常瘋狂的人家」。

霍金十分沮喪地解釋，他一直希望潔恩為他打出一份申請書，申請得到凱斯學院研究員的職位，而且要立刻交出去。潔恩是一個可以理解別人和體諒別人的女人，所以她聽了霍金的解釋之後，不僅原諒霍金不體恤她的行為，反而為自己跳舞的時候摔傷手臂而感到愧疚，於是用沒有受傷的右手打出霍金需要的申請書。

對於這些摩擦，具有奉獻精神的潔恩可以用自己的寬容和博愛來化解。但是有一個恐怖的幽靈經常從隱藏的幕簾後面，偷偷向她投來陰沉和刻薄的眼光，讓她不得安寧。霍金的父親一再提醒潔恩：考慮到霍金的病情，一年對於他來說也許過於理想，無法保證他可以生存那麼長的時間。這種提醒也許是善意的，是在暗示什麼，但是對潔恩來說，這簡直太可怕了。無論她在什麼時候想要考慮和安排未來，這個可怕的惡魔、恐怖的幽靈，就會悄悄地阻止她，影響她的每個決定和反應。

她陷入無法解脫的恐怖和煩惱中的時候，總是依靠祈禱獲得需要的幫助和支持，是上帝和信仰給她勇氣和決心。

就在這個時候，霍金在研究上取得可喜的進展，他的成就也鼓勵潔恩，給她巨大的勇氣。

潔恩回憶自己與霍金從相識到最後訂婚的過程，曾經說：

「我想要找到生存的意義，起先我只是想要照顧他，但是後來我們成為戀人。」

訂婚之後，霍金覺得生活仍然是美好的，也有繼續生活下去的目標和勇氣，當務之急是完成博士論文，並且找到一份可以養家糊口的工作。從此以後，霍金擺脫以往那種懶散的生活作風，開始真正地用功。

愛情的力量可以化腐朽為神奇，這也許會使我們想起歌德在《浮士德》一書的結尾處的幾句詩：

不可思議的，
在此地完成，

永恆的女性，
引我們上升。

從大爆炸到黑洞

這一節，要講述一些關於宇宙學的基本知識。瞭解這些基本知識，我們才可以更好地理解霍金。當然，如果由於某種原因，你沒有時間或興趣看這一節，也可以跳過不看。

一個「白癡」才會回答的問題

牛頓力學建立以後，宇宙結構的早期模型基本上被淘汰。早期宇宙模型無論是東方或是西方的，幾乎都認為宇宙是有限的、有邊界的。但是，這種模型會立刻引出一個令人困惑、相互衝突的結論：有限有界，就表示存在「邊界以外」的空間，但是「宇宙」本身就是包括所有一切，沒有什麼東西可以在宇宙之外。

在科學不發達的古代和中世紀，人們為了解決這個問題，把「邊界以外」的空間劃歸上帝和諸神統治，不納入科學研究範圍。這個方法乾脆俐落，而且平穩地維持幾千年。

到了近代科學興起之後，這種神學的方法再也行不通，於是科學家開始殫精竭慮地思考這個古已有之的「有邊有界」的難題。

牛頓認為，宇宙是無限的，星體分布在有限的空間裡，而且從整體上看，宇宙是穩態的。由於牛頓的宇宙學建立在經典力學時空觀的基礎上，有許多困難他無法解決。當然，牛頓的功勞不可埋沒，因為他開闢以力學方法研究宇宙學的正確途徑。

經典宇宙學中，為宇宙是有限還是無限爭論幾百年，結果還是誰也說不清楚。愛因斯坦曾經開玩笑說：「宇宙學究竟是無限伸展的，還是有限封閉的？海涅在一首詩中，曾經給出一個答案：一個白癡才會期望有一個答案。」但是後來他大力研究這個問題，期望得到一個答案。當然，愛因斯坦絕對不會認為自己是一個白癡。

愛因斯坦做的「最大蠢事」

一九一七年二月，愛因斯坦在《根據廣義相對論對宇宙學所做的考察》一文中，大膽提出一個嶄新的宇宙模型：宇宙的空間是有限的，但是沒有邊界，而且在整體上，宇宙是靜態的。這個模型被稱為「愛因斯坦有限無邊的靜態宇宙模型」。

這裡有一個困難的問題：有限怎麼會無邊？從一般常識判斷，一個物體的體積是有限的，這個物體就有邊界，也就是說，應該是有限就會有邊。但是廣義相對論不這麼認為，廣義相對論中使用的幾何是黎曼幾何（Riemannian geometry），這種幾何學不同於我們在中學學過的歐幾里得幾何（Euclidean geometry）：黎曼幾何認為空間是可以彎曲的，因而存在一個有限無邊的體系。所謂「有限」，是指空間的體積是有限的；所謂「無邊」，是指這個三度空間不是一個更大的三度空間的一部分，它自身已經包括全部空間。

這個「有限無邊」似乎很玄奧，其實不是什麼新玩意兒。舉一個例子：在二度空間中，球面就是有限無邊的。我們沿著球面走，遇不到什麼「邊」，但是球面的總面積是有限的。亞里斯多德曾經認為，大地並非平坦無邊，而是一個「有限有邊」的球形，他以此代替那種認為大地是「無限無邊」的平面結構的觀點。我們只要把亞里斯多德二度空間的有限有邊體系，推廣到三度空間的有限有邊體系，就可以得到愛因斯坦的宇宙模型。這裡需要稍加注意：有限無邊的球面是一個二度空間的彎曲面，所以三度空間的有限無邊也應該是一個彎曲的空間。這個「彎曲」，實質上就離開歐幾里得幾何，進入黎曼幾何。

愛因斯坦仰望天空，想要回答白癡才會回答的問題

有限無邊的難題解決了，在愛因斯坦面前還有一個難題：按照他的重力場方程式，由於有引力，宇宙在整體上是不穩定的，只能由於引力的作用而不斷收縮，這個問題在牛頓引力理論中也曾經出現。但是人們從生活的常識判斷，宇宙在整體上應該是靜態的：宇宙既不擴大也不縮小，總是那麼穩定，處於恆態。為了滿足這種由常識判斷得出的穩態結論，德國天文學家諾伊曼和澤利格曾經建議，在牛頓的引力公式中加上一個「斥力項」。這樣一來，由於引力有斥力的平衡作用，宇宙在整體上就可以保持穩態。

愛因斯坦在自己的模型中遇到同樣的問題，也相信宇宙從整體上說是穩態的，於是依樣畫葫蘆，在自己的引力公式中引入一個「斥力項」（也叫做「宇宙項」）。

愛因斯坦以前對自己的理論（例如：狹義相對論和廣義相對論）有十足的信心，某些實驗結果對他的理論不利，他總是放心地說：「一定是實驗有問題。」最有意思的是，有人問他：「如果實驗結果不支持你的狹義相對論怎麼辦？」他幽默地說：「我只好為上帝感到遺憾。」

可是，對於這次提出的引力理論，他似乎缺乏信心，以至於論文寄出以後，擔心地對自己的朋友埃倫費斯特說：「對於引力理論，我又在胡言亂語什麼，它快要讓我處於進瘋人院的危險境地。」

後來事態的發展，充分證明愛因斯坦的擔心是有道理的。

愛因斯坦的論文發表以後不久，蘇聯數學家亞歷山大·弗里德曼從純數學角度，研究愛因斯坦的論文。他驚訝地發現，愛因斯坦在證明自己的宇宙模型過程中，犯下一個錯誤，並且立刻意識到，一個全新的宇宙模型正在呼喚自己誕生的權利。

經過一番研究，弗里德曼確信愛因斯坦在一九一六年第一次提出的重力場公式才是正確的，這個方程式本來可以預言宇宙會隨著時間膨脹或收縮，但是愛因斯坦為了保證宇宙是靜態的，人為地加入一個「宇宙項」，是一個十足的錯誤。

弗里德曼把自己的發現寫信告訴愛因斯坦，愛因斯坦沒有回信。後來，弗里德曼又託人向愛因斯坦轉告自己的意見，愛因斯坦才勉強同意弗里德曼的意見。

一九二二年，弗里德曼在德國《物理雜誌》發表自己的論文。在論文中，他證明愛因斯坦原來的重力場公式，允許存在一個膨脹的宇宙。弗里德曼的預言，可以說是科學史上最偉大的預言之一，開創一個嶄新宇宙學的紀元，一方面是因為預言的範圍涉及整個宇宙空間，另一方面是因為第一次打破自古以來的傳統觀點——宇宙從整體上說是靜態的。

直到一九三一年，愛因斯坦真正心甘情願地承認：這是他一生中做的最大蠢事。

在弗里德曼之前，荷蘭天文學家德西特也曾經提出一個正在膨脹的宇宙模型，但是在當時沒有引起人們的注意。

一九二七年，比利時天文學家勒梅特在廣義相對論的基礎上，再次提出膨脹的宇宙模型，這個模型被稱為「勒梅特模型」。最令人吃驚的是，勒梅特模型認為如果我們把時間反推回去，就可以想像各個星系越來越靠近，最後整個宇宙被擠進一個「宇宙蛋」或是「超原子」中。一場「大爆炸」把它炸開以後，幾十億年過去就留下現在我們觀測到的宇宙，它還在繼續膨脹。這個幾乎是十足瘋狂的想像，當時沒有人相信，但是由於愛丁頓的支持以及接下來要說到的哈伯觀測，這個瘋狂的想像竟然被大多數天文學家接受。

這真是「千鈞霹靂開新宇」！

宇宙在膨脹——第三次飛躍

美國天文學家哈伯剛讀大學的時候，對法律很感興趣，並且獲得這個方面的學位，也許他想要透過當律師躋身政界。但是不久，他的興趣突然轉向天文學。一九一四年至一九一七年，他在耶基斯天文台工作。第一次世界大戰期間，他曾經去法國服兵役。戰後，他轉到威爾遜天文台工作。在那裡，他可以用當時世界上最大的直徑（二·五公尺）的反射望遠鏡觀測螺旋星系。

一九二四年，哈伯利用有利的觀測設備進行大量觀測，並且根據理論推算，宣稱仙女座星雲距離地球大約八十萬光年（現在測定的是兩百二十萬光年），因而肯定在我們所處的銀河系之外。這是一個偉大的發現，因為當時人們還不清楚，在銀河系之外有什麼東西。後來，人們將銀河外的星雲稱為「星系」，我們所在的銀河星系只是無數星系中的一個。

哈伯最重大的研究成果還不是這個，而是一九二九年對星系的演化提出一種新的理論。一九一四年，美國天文學家斯里弗對星雲光譜進行多年研究之後，宣稱自己發現恆星的光譜線有一種紅移現象，但是斯里弗對這個現象沒有進行定量研究，也沒有做出理論分析。哈伯卻獨具慧眼，集中精力研究這個現象。

一九二九年，哈伯確定了：銀河外星系的光譜紅移，與星系和我們的距離大致上成正比關係，這被稱為「哈伯定律」。根據都卜勒定律，如果這種紅移量代表行星離開我們的速度（又稱為「退行速度」），哈伯定律就清楚地告訴我們，在宇宙整體的尺度（也稱為「大尺度」）上，星系是在向後退行，距離越遠，退行越快。

紅移現象的發現和哈伯定律的提出，是二十世紀天文學上最重大的發現。在天文史上，有些人稱之為第三次飛躍。因為，哈伯定律第一次揭示天體體系在大尺度上顯示的物理特徵。星系遠離我們而去，可以解釋為宇宙正在膨脹。最早這樣解釋哈伯定律的人是愛丁頓，他認為：由愛因斯坦廣義相對論而預言的宇宙膨脹理論，得到哈伯的證明，使得廣義相對論再次得到證實。從此以後，膨脹的宇宙成為天文學家和理論物理學家最熱門的研究課題，其研究的興旺之勢，至今不衰。

哈伯正在透過大型望遠鏡觀測天體

最令人驚歎的是，勒梅特和美國物理學家伽莫夫根據膨脹的宇宙，提出「大爆炸」宇宙理論。這種理論認為，宇宙剛開始是一個原始火球，最初溫度達到攝氏幾十億度。在原始火球裡，物質以基本粒子形態出現。在基本粒子的相互作用下，原始火球發生爆炸，向四面八方均勻地膨脹。在膨脹過程中，輻射溫度和物質密度迅速下降。在這段期間產生的各種元素，形成現在宇宙之間的各種物質。在膨脹降溫的時候，輻射物質慢慢凝聚成星雲，並且進一步演化成現在我們可以見到的各種天體。

大爆炸產生宇宙

德國哲學家康德曾經在《自然通史和天體理論》中，說過一段頗具文學色彩的話：

> 大自然這個火鳳凰之所以自焚，就是因為它要從自己的灰燼中恢復青春，得到重生。

根據古代神話傳說，鳳凰在年老以後，會跳入火中自焚。自焚以後，又會從灰燼中恢復青春。如果大爆炸宇宙是真的，我們的宇宙應驗古代神話的想像，在灰燼中再

俄羅斯裔的美國物理科學家伽莫夫

生！

但是，大爆炸宇宙理論可以被實驗證實嗎？是的，它不僅被證實了，還有兩個人因此獲得諾貝爾物理學獎。

伽莫夫提出大爆炸理論的時候，曾經預言：一百五十億年以前，溫度高達攝氏一百億度的原始火球爆炸以後，到了今天，這次爆炸還殘留10Ｋ（即十克耳文）的餘熱，成為宇宙背景的一種輻射。但是，當時伽莫夫認為這種背景輻射（background radiation）由於各種射線的掩蓋而無法測出。美國普林斯頓大學的物理學家迪克不同意伽莫夫的悲觀結論，他對伽莫夫的大爆炸理論做出進一步設想以後，認為來自宇宙的背景輻射有可能在實驗中發現。但是他與同事們做出許多努力，仍然找不到被稱為宇宙背景的輻射，使他大為失望。正在失望之時，他從美國貝爾電話實驗室的彭齊亞斯和威爾遜那裡得到驚人的好消息。

彭齊亞斯是猶太人，出生於德國慕尼黑。希特勒執政以後，他的家人像所有德國的猶太人一樣，受盡折磨，但是最終幸運地逃離德國，一九四〇年移居美國。一九五八年，彭齊亞斯獲得哥倫比亞大學的碩士學位。一九六一年，他到著名的貝爾電話實驗室任職。兩年以後，從加州理工學院獲得博士學位的威爾遜也來到貝爾電話實驗室工作。他們利用一架六公尺喇叭形反射天線進行無線電天文學研究，這架高靈敏反射天線原本是為了從「回聲號」衛星接收反射回來的訊號而製造的。一九六三年，衛星不再使用這架天線，於是他們對它進行改造，使它非常適合於區別微弱而均勻的輻射與強輻射電源。一九六四年五月，他們把天線指向遠離銀河系中心的廣闊空間，發現有某種原因不明的「雜訊」干擾。他們經過反覆測定，消除所有可能的干擾之後，發現這是一種無法消除的雜訊，其波長七・三五公分，相當於3.5K溫度的黑體輻射，其各向同性的程度極高，而且與季節變化無關。顯然，這種輻射不是來自任何特定的輻射源，而是一種來自廣垠宇宙的輻射。但這是一種什麼輻射？彭齊亞斯和威爾遜百思不得其解。

一九六五年春天，一次偶然的機會，彭齊亞斯得知普林斯頓大學的迪克等人正在進行這個方面的理論工作，但是在實驗上一籌莫展，他得知以後驚喜萬分，真是踏破鐵鞋無覓處，得來全不費功夫！

不久，兩個小組會師紐澤西州共同研究，於是謎團迅速解開。他們得出共識：這個相當於3.5K（後來修正為3K）的黑體輻射，就是伽莫夫爆炸理論中原始火球在大爆炸以後一百五十億年留下的殘餘輻射。這兩個小組同時在美國《天體物理學雜誌》發表文章，分別從理論

美國物理學家彭齊亞斯（左）和威爾遜在他們的喇叭形天線前

和實驗兩個方面闡述這個激動人心的偉大發現。

一九七八年，瑞典皇家科學院認為「彭齊亞斯與威爾遜的發現是一個具有根本意義的發現，使我們可以獲取很久以前在宇宙創生時期發生的宇宙過程的資訊」，於是將諾貝爾物理學獎授予他們兩人。可惜的是，伽莫夫於一九六八年因病去世，否則這項桂冠也會有他一份。

科學的進步，真是令人驚訝。十九世紀，科學家因為可以找到「太陽上的元素」——氦而激動萬分，到了二十世紀，在許多科學家頑強的探索下，人類的認識境界從太陽系擴大到幾百億光年的遙渺之處；在時間上，竟然可以獲取至少是一百五十億年以前的資訊！寫到這裡，讓人想起杜甫的兩句詩：

此曲只應天上有，
人間能得幾回聞？

彭齊亞斯和威爾遜卻把這首「天上樂曲」，毫不吝嗇地帶到人間。

我們這樣高度評價大爆炸理論，不是表示它已經完備無缺。實際上，這個理論還有許多問題有待澄清，許多不完備之處有待改進。所有這一切，需要時間進行修正、豐富、發展，甚至揚棄，代之以更新、更正確、更全面的理論，霍金就是在這個時期涉足宇宙學研究。

恆星演化和黑洞

這裡還要對「恆星演化」和「黑洞」進行簡單解釋。

大爆炸以後，星雲、恆星、銀河系、星系逐漸生成。但是，恆星實際上不是永遠不變的星球，我們說它「恆定不變」有兩個原因：一、歷史上曾經錯誤地認為恆星是恆定不變的；二、雖然後來正確地認識到恆星也有演變過程——從幼年到老年到死亡，但是由於這種演變很慢，以幾百億年計算，從人類的一生和人類社會的變化來看，恆星在幾千年甚至幾萬年的時間裡幾乎沒有任何變化，因此近似地看作是恆定不變的，沒有任何問題。

但是如果研究宇宙的歷史，我們絕對不能把恆星看作是恆定不變的星球。恆星在生成之後（如何生成是宇宙起源的問題，這裡不做詳談），要經歷一個從青年期和衰老期到死亡的進化過程。我們知道，星球自身的萬有引力會使星球向內收縮而變小，但是在青年期，由於星球內部原子核的反應十分強烈，產生的向外的推力可以對抗星球自身的萬有引力。隨著時間的推移，星球內部的核反應會逐漸減弱，最後這種向外的推力比萬有引力小，於是恆星開始向中心收縮，這種收縮稱為「坍縮」（collapse）。在坍縮過程中，恆星越來

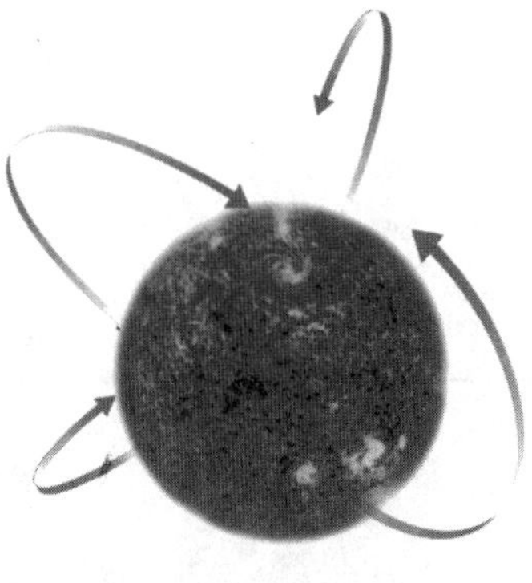

黑洞示意圖。黑洞本身不是一個洞，只是這種星球上的光線（帶箭頭的線），無法飛離這個星球，因此在這個星球之外，就看不到它

越小，恆星物質的密度越來越大。其間，根據恆星的大小，會經歷白矮星、中子星……還可以形成最奇怪的緻密星體——黑洞。對此，我們必須進行詳細介紹。

根據牛頓的萬有引力公式，在恆星表面的任何物質受到的恆星引力，與這個物質到恆星中心的距離成反比。由此可知，恆星越是坍縮，恆星表面物體受到的引力越大；受到的引力越大，這個物體想要逃離這顆恆星越困難。恆星收縮到一定程度的時候，這顆恆星表面連光輻射也被恆星緊緊吸住，無法逃離這顆恆星的控制。這個時候，這顆恆星就會變成一個黑洞。為什麼稱為「黑洞」？其實，它不是一個洞，它也是一顆星球，只是因為它上面的任何光線無法逃離，想要逃離的都會被它抓回來，因此在這顆星球以外所有的地方，看不見這顆坍縮的星球，不就像一個黑洞嗎？它把自己裹起來，與外界分開。

霍金：「我算過了。」

如果霍金認真起來，廣義相對論對他似乎不像以往那麼困難。就在這段期間，發生一件有趣的事情，使霍金這個默默無聞的博士生引起人們的重視。

在一次學術研討會上，英國著名的天文學家霍伊爾宣讀並且解釋自己關於「穩態理論」（steady state theory）的主要觀點和論據。這種宇宙論認為，宇宙是膨脹的，在膨脹過程中，星系之間的距離越來越遠，宇宙中的物質從無到有地創生出來，然後充滿宇宙空間。後來，這些創生出來的物質凝聚起來，形成新的恆星和星系，並且取代老死的星系，因此宇宙在任何時刻都和以前任何其他時刻極其相似，處於一種「穩定的狀態」。

霍伊爾是一位很會與報紙等媒體打交道的科學家，在公共場合中亮相以推銷自己和自己的理論，因而民眾都知道這位舉止得體的教授，也普遍相信他的穩態宇宙理論。

但是，當時還有一種與穩態理論不同的宇宙論，那就是大爆炸理論。這個理論反對霍伊爾的「無中生有」的觀點，認為由於宇宙在膨脹，因此在很久以前，宇宙中的物質彼此靠得很近，那個時候宇宙的密度比現在更大。支持大爆炸理論的科學家還推測，在很久以前的某個時刻，宇宙之間所有的物質曾經聚集在一起，構成一個密度為無窮大的點，大爆炸就開始於這一點。在霍金剛出生的時候，大爆炸理論被人們認為是無稽之談，十分荒謬；但是到了霍金成為博士的時候，大爆炸理論已經開始得到一些觀測的證實，接受這個理論的人逐漸增加。

但是霍伊爾仍然支持穩態宇宙理論，「大爆炸」是他在廣播節目中發明的詞語，他本來想要用這個「可笑」的詞語來嘲笑這種宇宙理論，沒有預料到自己發明的這個帶有貶義的詞語，成為一個成功理論的名稱，而且這個「大爆炸理論」最終擊敗自己的理論。

霍伊爾發言結束以後，像往日一樣，等待人們發表表示贊成和敬意的話語。但是他沒有預料到，一個默默無聞的博士生竟然站起來批評他的論文，這個博士生就是霍金。

霍金對霍伊爾的理論曾經進行研究，這其中有一些緣由。霍金與霍伊爾的博士生納利卡很熟，因為他們的辦公室緊挨著。當時，納利卡的任務是對霍伊爾的宇宙理論進行數學分析。劍橋大學有一種很好的風氣：博士生之間經常交流研究心得，從來沒有人秘密地研究或是不公開自己的觀點。就是在這種自由交流的時候，霍金終於找到自己第一個研究題目。霍金和納利卡交談的時候，發現納利卡的數學分析很有吸引力，不知不覺在這個方面花費許多時間，也得到一些成果。所以，霍伊爾的報告結束以後，霍金決定提出自己的研究心得。他一直在等待發言的機會，會議主席終於注意到他在舉手，也許主席心中會納悶：這個地位很低的博士生想要說什麼？

霍金掙扎著站起來，對霍伊爾以及其他聽眾說：

「你在計算中討論的那個量是發散的，你弄錯了。」

這個十分魯莽的舉動，使聽眾們非常驚訝，也激怒霍伊爾。霍伊爾問：

「你怎麼知道是錯誤的？」

霍伊爾確信自己可以輕易讓這個魯莽的年輕人認輸，他甚至沒有指望這個年輕人敢回答他的質問，但是霍金回答：「我算過了。」

一陣笑聲在室內響起，使得霍伊爾十分尴尬，因此他對這個不知天高地厚的年輕人怒不可遏。但是霍金很快就結束他們之間的爭論，因為他的數學計算簡單明確地證明：霍伊爾沒有經過證明的結論，確實是錯誤的，霍金是絕對正確的。從此以後，霍金有了一些名氣，許多人認為他會是一個非常優秀的物理學家，一個很有前途的研究員。

就在這個時候，夏瑪帶著自己的學生參加倫敦大學國王學院的學術講座。他認為，透過學術會議的討論，也許可以讓學生得到啟發，找到好的研究題目。國王學院應用數學系有一位非常知名的數學家——赫爾曼·邦迪，他和霍伊爾都是穩態宇宙理論的創始人。參加會議的人來自不同的大學，倫敦的伯貝克學院的羅傑·潘洛斯也來參加這個會議。

這個時候，霍金走路比較困難，必須拄著拐杖，即使這樣，他也掙扎著行走。他拒絕別人的幫助，要努力證明自己可以克服困難；他擔心如果接受別人的幫助，自己永遠離不開別人的幫助。許多人知道霍金的想法，所以在搭火車到倫敦開會的時候，忘記霍金落在後面。等到火車快開的時候，他們才發現霍金還沒有上車，向車窗外一看，霍金可憐的身軀還在月台上艱難地扭動。他的兩個同學發現如果不幫助他，他就無法去倫敦，於是立刻下車把他弄上火車。

這次學術會議是潘洛斯進行報告，如果霍金因為沒有趕上火車而無法出席這次會議，他的命運也許會有很大的改變。在這次學術會議上，潘洛斯報告自己最近關於奇點（singularity）的研究。奇點是宇宙中某些密度為無限大的點，根據愛因斯坦的廣義相對論，宇宙空間應該存在奇點。但是因為奇點的密度無限大，使得物理學家不相信有這樣的點存在。

但是，潘洛斯運用新的數學方法證明，恆星坍縮到一定的程度以後，在黑洞的中央會成為一個奇點。

在回劍橋的火車上，霍金還在思考潘洛斯的演講，在潘洛斯的演講中，似乎有什麼東西觸到他思想深處的某個地方，但是他無法理出頭緒。同伴們都在熱烈地討論，霍金沒有像往常那樣，興致勃勃地參加討論。他想要理清思緒，弄清楚到底是什麼東西讓自己處於潛在的激動中。突然，他似乎明白自己在想什麼，激動地對坐在對面的夏瑪說：

「如果把潘洛斯的奇點理論用在宇宙中，不僅用在黑洞中，不知道會發生什麼事情？」

正是這個突然閃現出來的念頭，使霍金有一個非常重要的博士論文題目，並且使他逐漸走上超級科學明星之路。

羅傑・潘洛斯，二十世紀五〇年代是夏瑪的研究生，後來是宇宙學領域中最出色的數學大師之一

夏瑪意識到霍金的想法很好，十分贊同把這個問題作為他的博士論文題目。但是要將奇點理論推及整個宇宙中，不是一個簡單的問題。非同尋常的困難刺激霍金的興趣和智慧，鼓起他無比的勇氣。霍金後來說：

「我一生中第一次開始努力工作。出乎意料的是，我發現自己喜歡這個工作。」

努力幾個月之後，霍金終於完成他的博士論文。這篇論文的精髓是得出一個重要的結論：「宇宙過去曾經有一個奇點。」評審論文的教授們認為，霍金的論文雖然有些粗糙，但是論文最後一章實在很出色，博士論文因此獲得通過。

接著，霍金申請成為凱斯學院的研究員，並且得到批准。這樣一來，他就有薪水了，條件是他必須繼續從事研究。霍金和潔恩計畫，如果霍金得到研究員的職位，他們立刻結婚。但是在申請過程中出現意外，差一點破壞他們的計畫。

事情的起因是：申請研究員必須有兩個推薦人，他的導師夏瑪是第一個推薦人，這不會有問題。夏瑪建議由邦迪教授作為另一個推薦人，霍金在國王學院舉辦的學術會議上見過邦迪，邦迪也知道這個魯莽的年輕人很有見地，曾經在一次會議上公開批駁霍伊爾，他甚至拿自己的論文與霍金討論。由於有這樣的交往，霍金同意夏瑪的建議。他利用邦迪在劍橋大學講課的機會，把自己的想法告訴邦迪。邦迪聽了以後，面無表情地看著霍金，然後說：「我會寫推薦信。」出於必要的尊重，霍金應該寫一封正式信函給邦迪，但是他初入社會，做事不免敷衍。他的姨媽住在邦迪的隔壁，他請求姨媽提醒她的鄰居，覺得不必再寫正式信函給邦迪。不料正是這個疏忽，幾乎釀成大禍。

赫爾曼・邦迪，倫敦大學國王學院著名的數學教授，穩態宇宙理論的創始人之一

申請書交出去幾個星期之後，凱斯學院通知霍金，已經按照霍金的建議寫信給邦迪，請他作為推薦人，為霍金寫一封推薦信。但是邦迪回信給學院，宣稱自己對霍金一無所知，讓霍金非常尷尬！如果這件事情發生在現在，霍金的申請一定會遭到否決，由另一個需要得到這個職位的申請人取代。幸好那個時候這種職位競爭沒有那麼激烈，霍金還有機會補救。

霍金收到這個令人尷尬的消息以後，立刻打電話給邦迪教授，夏瑪也立刻和邦迪取得聯繫，提醒他曾經答應為一位很有前途的研究員寫推薦信。邦迪很有可能忘記霍金的事情，因此立刻為霍金寫一封熱情洋溢的推薦信。也許是為了彌補自己的過失，這封推薦信寫得令人感動。此後，在霍金的研究生涯中，邦迪教授和他的夫人總是熱情地支持霍金的事業。

霍金的申請得到批准，他成為凱斯學院的研究員，在應用數學和理論物理系從事研究工作。

凱斯學院的全稱是「岡維爾與凱斯學院」（Gonville

應用數學和理論物理系，位於劍橋的銀街

and Caius College），位於三一學院的東邊，南鄰市政廳。凱斯學院有幾件事情值得一提：

一、這個學院有一個從中世紀就保留下來的有趣傳統：新生入學的時候，從「謙卑之門」進入學院；畢業的時候，從「榮譽之門」走出去；平時從「道德之門」進出。這其中的含意是：新生入學的時候，什麼都不太懂，因此要抱持對科學崇敬和謙卑的態度進入大學；平時應該注意和保持身心純潔，切勿讓世俗惡習染身；到了畢業的時候，學業有成，因而從榮譽之門離開，願每個學生未來成為學校的光榮，給學院帶來榮譽。從照片上可以看出，榮譽之門不高，顯得樸實而深沉。

二、這個學院有一位著名的生物化學和科學技術史學家李約瑟，他不僅對中國十分友善，並且編寫巨著《中國科學技術史》。一九一八年，李約瑟進入凱斯學院學習生物化學，一九二五年獲得博士學位。一九六七年，李約瑟出任這所學院的院長，成為霍金的頂頭上司，直至一九七六年才退休。

三、這個學院有一位當今世界上最有名氣的科學家，那就是——史蒂芬・霍金。

後來，霍金回憶這段難忘的生活，寫道：

「雖然我的未來總是籠罩在陰雲之下，但是我驚訝地發現，我現在比過去更享受生活，我在研究上取得進展。」

一九六五年，還有一件令人高興的事情：霍金申請並且獲得「萬有引力獎」。這個獎項是一位美國紳士捐助的，這位美國紳士認為，只要發現反引力，就可以治癒他的痛風。雖然沒有一篇論文可以減輕他的

凱斯學院的榮譽之門

痛苦，但是他慷慨捐助的獎金為許多正在奮鬥的物理學家提供切實的經濟幫助。霍金提交一篇參賽論文，希望得到獎金以舒緩家庭的經濟困難。但是，他認為錯過了郵寄時間，擔心因此無法獲獎。

幾個星期以後，他們幾乎忘記論文參賽的事情。忽然有一天，鄰居鄧納姆太太叫潔恩下樓接電話。霍金花了四便士，從劍橋打電話告訴潔恩：

「我的參賽論文在萬有引力獎的競賽中獲得鼓勵獎，獎金是一百英鎊。」

潔恩欣喜若狂地在廚房裡跳了一圈，鄧納姆太太看了覺得十分好笑，她不知道這個年輕女人在高興什麼。原本，潔恩心裡在打一個如意算盤：「我的父親在國民儲蓄金裡為我存了兩百五十英鎊，答應在我二十一歲生日的時候給我。我們有了這筆錢，再加上史蒂芬的獎金，就可以償還史蒂芬的透支，還可以買一輛汽車！」

那年夏天，他們經過多次選擇，最終看上一輛紅色的汽車：價格便宜，和他們錢包裡的錢相稱，也符合他們的需要。沒有想到的是，潔恩經過幾次嘗試，都無法獲得駕駛執照，最後才得到一個「臨時駕駛執照」。

潔恩幾次考駕照，都遇到一個脾氣暴躁、缺乏幽默感的主考官，他對潔恩似乎有某種成見。在一次考試以後，潔恩本來以為這次主考官應該感到滿意，但是他冷淡地評論：「你開車的時候無所顧忌，令人驚恐，非常接近速度限制；不像一個初學者，像一個心不在焉的駕駛員。」當然，他沒有讓潔恩通過。

後來，潔恩非常幽默地說：「具有諷刺意味的是，鑑於史蒂芬已有的駕駛技術，雖然他無法再開車，但是仍然持有駕駛執照，因此有他坐在我身邊，我用臨時駕駛執照開車，是法律允許的。一九六五年秋天，我終於通過可怕的駕駛考試，據說可能是因為我的主考官罹患胃潰瘍，住進醫院了。」

有汽車以後，潔恩的負擔減輕了。

初露頭角，新星升起

獲得有薪水的研究員職位，霍金和潔恩決定結婚。一九六五年七月十四日，他們登記結婚，伊莎貝爾——潔恩的婆婆笑眯眯地對潔恩說：

「歡迎你，霍金太太。從現在開始，這就是你的稱呼。」

七月十五日星期四，聖斯威遜節①，他們在三一學院的一個教堂裡舉行宗教婚禮儀式。

潔恩的父親當眾感謝霍金，把他的女兒從他的手中接過去。

新的生活由此開始。

從霍金訂婚到結婚，他的研究不斷取得成就和

潔恩・懷爾德和史蒂芬・霍金的婚禮照（一九六五年七月十五日）

突破，在國際物理學界的名聲越來越大。就在他們結婚以後的一個星期，即一九六五年七月下旬，霍金收到邀請，出席美國康乃爾大學舉辦的學術會議。

第一次出訪康乃爾大學

潔恩很快就有機會知道物理學家的生活方式，也進一步瞭解霍金的歡樂和執著。

他們在劍橋還沒有找到房子，只好預租正在建造的一組新公寓中的一間，然後就搭飛機去紐約。到了紐約以後，發生一件令他們非常生氣的事情。在紐約甘迺迪機場排隊等候檢查護照的時候，一位身材高大的空中小姐向他們走去，認真看著他們的護照，然後問：

「你們叫什麼名字？我們的名單上沒有你們的名字。」

「我是潔恩，他是史蒂芬。」

潔恩・懷爾德和史蒂芬・霍金的婚禮照

「你們多大了？」

潔恩十分吃驚，說：「我二十一歲，他二十三歲。」

「啊，對不起，我以為你們是沒有人陪伴的未成年人！」

過了海關，他們搭一架直升機經過紐約上空到拉瓜迪亞機場，然後搭飛機去紐約北邊的綺色佳。潔恩對紐約的第一印象不怎麼好，飛機穿過濃重的煙霧，在摩天大樓上方飛過的時候，她感覺那些大樓就像巨大的鋼刺時隱時現，似乎隨時會向飛機刺來。潔恩驚恐地想：「人們就在這個地獄般的環境裡居住和工作，簡直令人難以置信，我懷疑我們降落在一個現代的『大人國』裡。」

綺色佳坐落在紐約州中部的五指湖區，距離它的西北部約一百三十英里，就是聞名世界的尼加拉大瀑布。這所風景極為美麗的大學，置身在如此美麗的自然環境中，可以說是得天獨厚，佔盡風光。

康乃爾大學是一所私立大學，從一八六五年建校以來，已經成為美國的名校之一，它的農學院在世界上是最優秀的，化學系和數學系也相當出色。

---

① 聖斯威遜節是英國民間的節日之一。聖斯威遜是一位主教，於西元八六二年去世。西元九七一年七月十五日，人們把他的遺體移到教堂的時候，突然出現一場風暴，於是人們把每年七月十五日定為聖斯威遜節。

美國的遼闊，讓第一次到訪美國的潔恩感到驚訝，與歐洲各國相比，美國就像是一個「大人國」。但是美國人的自大和無知，也讓潔恩感到可笑。會議秘書幫助潔恩報到的時候，潔恩出於禮貌，客氣地問：

「你去過歐洲嗎？」

那位女士回答：「沒有。你知道，我不喜歡到沒有浴室的地方。」

潔恩吃驚地看了那位女士一眼，她明白再說下去也毫無意義。

讓潔恩十分高興的是，羅傑・潘洛斯及其妻子瓊帶著兩個小孩來了，瓊的母親也來了——為了幫助瓊照顧小孩。這樣一來，潔恩就有人可以聊天了。潔恩發現，做物理學家的妻子實在是不容易。物理學家的世界是高度理性的，而且由於二十世紀物理學迅猛發展，所以他們之間的競爭十分激烈。在這個圈子裡，他們的妻子在大多數情形下受到忽視。潔恩因為初次進入這個圈子，而且她不是安於做一個賢妻良母的女性，結婚以後繼續讀大學，在此後幾十年的艱難生活中，她還拿到博士學位，因此對於當一個物理學家的妻子，她的感觸很深。當時，她的感覺是：「物理學似乎以一些方式使物理學家的妻子做出犧牲……她們實質上已經成為寡婦——物理學的寡婦。」

物理學家，或是說霍金，到底要潔恩做出多大的犧牲，在一九六五年的時候，她還不清楚，她感到的只是康乃爾大學的後勤服務給他們帶來很多不方便。例如：他們住宿的公寓距離階梯教室有半英里遠，他們沒有適當的交通工具。對於身體正常的人來說，這不會成為任何困難，但是對於行走日漸不便的霍金來說，每次如果他想要趕上開會，簡直是一場艱難的奮鬥。當時，他還可以獨自行走，但是速度很慢。如果他靠在潔恩的手臂上走，就可以走得快一些。於是，潔恩愉快地承擔這個新的工作：扶著他到各處參加會議活動。

飲食成為另一個問題。他們還是依靠獎學金生活，無法負擔整天在食堂裡吃飯的費用。可是公寓的廚房裡沒有烹飪器具，甚至也無法泡茶。一位會議秘書知道她的困境以後，提出開車載潔恩去綺色佳的建議，到最近一家沃爾沃斯超市買一些烹飪必需的用具。於是，她生平第一次買了平底鍋、刀叉、杯子、盤子，在公寓的三樓臨時安家。

美國康乃爾大學美麗的校園風光

潔恩也遇到許多意料之外的困難，她在回憶中寫道：

那是我們婚後生活中第一次臨時安家，但絕非唯一的一次。由於那裡和西班牙不同，天氣悶熱潮濕，我買了一個電風扇，以便驅散高溫暑氣。布蘭登・卡特是史蒂芬在劍橋的同學，曾經參加我們的婚禮，給我們非常寶貴的幫助：他憑藉童年時期在澳洲叢林中生活的經歷，教導我用鐵罐煮水、在平底鍋裡煮茶的方法。那個鍋子也用來做炒蛋、麵食、烘豆，以及那幾個星期我們需要的其他食物。初次品嘗家庭生活的歡樂，多才多藝是不可缺少的。

但是霍金非常興奮，他喜歡這種具有挑戰性的學術活動，在這種激烈的較量中，智力最重要，行動不便是無關緊要的事情。他經常參加國際學術活動，使得國際科學界知道劍橋大學有一個年輕人叫做霍金，許多人認為這個年輕人將來前途無量。在學術會議期間，霍金與潘洛斯有充分的時間討論各自的觀點，並且開始在引力作用下恆星坍塌理論的合作研究。他們得出的數學方程式顯示，任何星體在引力作用下，最後必然形成一個奇點，這個奇點隱藏在黑洞中。霍金相信，這些方程式在時間上也可以倒過來，進而證明宇宙的任何膨脹模型必然從一個奇點開始，為大爆炸提供一個理論基礎。後來，他們合作寫作《時空本性》（The Nature of Space and Time）一書，這本書的第二章，就是潘洛斯寫的「時空奇點的結構」（Structure of Spacetime Singularities）。

霍金沉浸於爭辯的興奮中，潔恩感到十分無聊，每次有朋友到他們的宿舍拜訪的時候，她就會十分高興，希望在輕鬆的交談中瞭解美國、澳洲……但讓她沮喪的是，每次談話的結果多半變成客人和霍金的關於宇宙的持續辯論，他從來沒有注意到潔恩有多麼失望。

《時空本性》，一九九六年由普林斯頓大學出版社出版

幸虧在枯燥無味和千篇一律的生活中，一

對澳洲夫婦邀請他們在週末一起去觀看尼加拉大瀑布。

美國和加拿大接壤的東部地區是著名的五大湖區，伊利湖和安大略湖之間由三十四英里長的尼加拉河連接，伊利湖的水平面比安大略湖高出一百公尺。更讓人驚訝的是，在邊陲小鎮尼加拉鎮附近，尼加拉河有一個高達五十多公尺落差的斷裂口。在這個裂口處，洶湧的河水飛瀉直下，形成聞名世界的大瀑布。

霍金一行人到達公園停車場的時候，就聽到一百公尺之外瀑布的轟鳴聲。他們走到最適宜觀看瀑布的山羊島上，眼前宏偉壯觀的景色，使他們驚訝得說不出話。尼加拉河洶湧澎湃，迅猛地沖下懸崖，浪花飛濺，捲起千堆雪；山谷中響聲如雷，震耳欲聾。每個人面臨這種場景的時候，就會升騰起一股近乎朝聖般的激動心情。正如明朝詩人描繪的那樣：

> 雲間瀑布三千尺，
> 天外回峰十二重。
> 滿耳怒雷飛急雨，
> 轉頭紅日在青松。

他們的衣襟很快就被水花濺濕。沿著在伊利湖上架起的彩虹橋，他們搖搖晃晃地走到一河之隔的加拿大，從那個角度可以更全面地觀看瀑布。潔恩回憶說：

「我們被壯觀的景色迷住了，凝神觀望，流連忘返，直到短程飛機要起飛回綺色佳的時刻。」

下一個週末，又有一些物理學家邀請他們到安大略湖上航行。潔恩和霍金非常高興地加入航行隊伍，這次航行發生一些事故。

在和煦的微風中，小船起航了。小船到了一望無垠的湖面上，時空好像模糊了，他們似乎來到虛無飄渺的世界。

潔恩和幾個同伴跳進清澈的湖裡游泳，霍金舒適地靠在座位上，欣賞碧波萬頃、水天一色的風光，傾聽湖水輕拍船身的音樂。正如李白在《東魯門泛舟二首（其一）》中寫的那樣：

日落沙明天倒開，波搖石動水縈迴。
輕舟泛月尋溪轉，疑是山陰雪後來。

時間就這樣在悄然無聲中，不知不覺地過去。到了傍晚，他們忽然驚恐地發現，暮色從四面八方向他

尼加拉大瀑布，也稱「雷神之水」

們聚攏，煙波浩渺、雲水蒼茫，沒有陸地的影子。他們不免有些驚慌，有人提出發射信號彈求援，有人認為可以依靠風力漂到岸邊。落日沉入昏暗地平線的時候，他們終於疲倦地回到家中。

在會議最後一天晚上，霍金突如其來的疾病發作，使潔恩因為恐懼而驚慌失措。那天晚上，陶博教授夫婦邀請霍金夫婦到外面呼吸新鮮空氣，順便欣賞晴朗的夜空。潔恩和霍金高興地接受邀請，走出宿舍。潔恩和霍金坐在宿舍的台階上，抬頭望著懸掛在夜空中的月亮，它永遠以神秘的陰影，吸引地球上的芸芸眾生。與此同時，他們津津有味地聽著陶博夫婦介紹加州、舊金山、柏克萊大學……陶博的話，透露出他的想法：想要邀請霍金在方便的時候去柏克萊大學，共同進行學術上的探討。陶博教授是那所著名大學相對論研究小組的負責人。霍金表示，只要有機會，他願意去。

夜深了，有一些涼意，他們慢步走回房裡。霍金可能是受到風寒，突然劇烈地咳嗽，那種劇烈的程度和憋得無法喘氣的可怕場面，潔恩和陶博夫婦是第一次見到，驚恐得不知所措。後來，潔恩帶著害怕的心情，回憶那次驚恐的遭遇：

這種情況，我是第一次見到。他的疾病似乎被長期壓制，現在突然可怕地爆發。潛伏的幽靈從陰影裡走出來，扼住他的喉嚨，把他拋來拋去，就像甩布娃娃一樣搖動他，把他踩在腳下，他刺耳的咳嗽聲在屋裡迴響，直到窗戶啪嗒啪嗒作響，冷風回應驚慌失措的叫聲。史蒂芬在對手的折磨下狂暴又孤立無助，我不知所措。我站在那裡，驚恐萬分，又無能為力，對突然遭遇運動神經細胞疾病——在我們婚姻生活中，未曾露面的同伴——的可怕力量，毫無心理準備。

後來，在咳嗽稍微平息的瞬間，霍金向潔恩示意，要她捶打他的後背。潔恩如夢初醒，急忙走到霍金的背後，用力捶打他的後背，好像要盡快趕走那個無形又可怕的怪物。令人驚訝的是，那個怪物竟然在拍打之下迅速地逃逸，留下霍金精疲力竭地坐在那裡。潔恩和陶博夫婦在這場突然爆發的危險中，驚恐得目瞪口呆，安靜地站在霍金身邊，不知道說什麼才好。

對於潔恩來說，此後因為霍金不斷加重的疾病，她還會遇到更可怕的考驗，她沒有做好準備。這次突然的襲擊，只是對未來凶兆的一次警示。訪問柏克萊大學的想法，因為這場突如其來的襲擊，被拋得無影無蹤。

第二天，他們到紐約搭飛機，迫不及待地返回雖然狹小但是似乎可以應對自如又熟悉的環境中。

終於有了一個家！

美國給他們的印象有好有壞。它的遼闊、美麗、好客、富裕，給他們留下很深的印象，但是他們厭惡紐約崇尚的功利主義，它太粗俗；他們對貧富的巨大差距感到憤慨，對黑人低劣的境遇表示同情。也許他們會想起英國作家弗朗西絲・特洛勒普在她的《美國人的風俗習慣》一書中的嘲諷：

美國人一手高舉自由帽，一手鞭打黑奴；一邊對暴民鼓噪人權，一邊將世世代代生活在美洲、原本應該受到條約保護的印第安人逐出家園。

弗朗西絲曾經說：「我不喜歡他們，我不喜歡他們的原則，我不喜歡他們的舉止，我不喜歡他們的觀點。」

回到劍橋以後，潔恩和霍金為找一間棲息之地，費了好大的勁。在這個過程中，凱斯學院財務主管表現出來的冷漠和吝嗇，簡直讓他們驚愕和憤怒。他們在去美國之前，已經在一棟正在建造的公寓裡預訂一套房間，但是回來以後他們發現公寓雖然竣工了，房子卻已經全部租出去，沒有他們的份！

他們只好又去找財務主管。這個時候，霍金只有拄著拐杖才可以走路，因此只能在他的上班地點附近尋找住房。根據潔恩的回憶，在他們去美國期間，學院換了一個財務主管，他們「深入魔窟」拜訪原來那個財務主管的時候，高興地發現：「魔王」換了！新主管的態度比較和氣，不像原來那個主管總是厲聲打斷霍金的話。雖然新主管仍然滿臉陰鬱，但是總算吝嗇地擠出一絲同情的臉色，傾聽他們的要求。沉思片刻之後，主管陰鬱的臉上竟然露出一絲笑容，說：

「你們知道，學院的規定是不為研究員提供住房，但是鑑於你們的處境，我也許可以幫助你們……」

潔恩高興得心花怒放，等待主管給他們真誠的關懷和幫助。主管接著說：

「……哈維路招待所有一個空著的房間，這個房間一個晚上正常的收費是十二先令六便士，但是由於你們兩個人住這個房間，我們可以再加一張床，每天收費二十五先令，少收……」

他們聽了以後，立刻明白這個主管是另一種類型的魔鬼。他的苛刻和吝嗇，也許會讓他們憤怒地想起莎士比亞《威尼斯商人》一劇中的夏洛克。以他們的收入，根本住不起這樣的房間，但是他們沒有其他地方可以去，只能壓下心中的怒氣，接受這個「夏洛克」的「幫助」，並且發誓盡快找到適合的租房，以減少住在招待所的時間。

後來在各種交往中，潔恩逐漸發現：雖然學院高層冷酷無情、刻薄吝嗇，但是其他的學院服務人員，不管是清潔工、修理工、園林工、雜務工還是餐廳服務生，都非常友善；尤其是招待所管理人布萊克伍德太太，真是和藹可親。奇怪的是，這種友善的美德在高層官員中卻不多見。布萊克伍德太太的熱情和樂於助人的態度，讓潔恩十分感動，她不僅為他們加熱房間、清理床鋪，晚上送來茶和餅乾，早上送來早餐，甚至還提出幫潔恩洗衣服。可是潔恩沒有機會得到布萊克伍德太太更多的熱情幫助，因為他們沒有在招待所住多久就離開這裡。

事實上，他們只在那裡住了三個晚上，就在夏瑪的幫助下，在距離應用數學和理論物理系只有九十多公尺的地方找到一間住房。那間房子是另一個學院的，這個學院比較體貼員工，規定要幫助研究員解決住宿的困難。原本租了這間房子的研究員在郊區買了一幢房子，就把這間還有三個月租期的房子轉租給霍金。於是，霍金夫婦終於有了屬於他們自己的房子——小聖瑪麗巷十一號。

剛住進去的時候，由於房子裡沒有任何家具，他們只好從存摺裡取出一筆錢，買了一張床和其他必需的家具和食品。第一個晚上，潔恩興奮地在家裡做了第一頓晚飯，用箱子當作桌子，放上自己做的美味佳餚，還用雪莉酒慶賀他們的「好運氣」：至少在以後的三個月裡，他們不必擔心沒有遮風避雨的房頂。在舉杯的時候，霍金坐在借來的餐椅上，潔恩跪在白瓷磚地面上。

把家裡安頓好以後，潔恩回到倫敦西菲爾德學院完成最後一年的課程。每個星期一，潔恩必須與史蒂芬告別，讓潔恩感到痛苦。在結婚以前，她已經向父親做出保證：不會荒廢學業。這個時候，霍金還有能力照顧自己，再加上鄰居柴契爾夫人十分熱心，潔恩上學的時候，她可以順便照顧霍金。霍金每天回家以後，就會打

劍橋大學小聖瑪麗巷，霍金夫婦在這裡住了十年

電話給潔恩，講述當天的情況。

為了節省開支，潔恩只要回到家，就會幫助霍金打出那些關於宇宙學的論文。幸好科學論文不長，打起來費時不多；而且，她想到經過自己的手把宇宙起源的思想打成文字，揭開浩瀚宇宙奧秘的時候，就會產生一種敬畏和滿足之情。她也必須小心，否則任何一個錯誤，都會打亂宇宙的秩序，使宇宙起源的奧秘陷入可怕的混亂中。

除了打字那種單純的機械活動之外，潔恩還發現自己可以為霍金做一些事情，或是說貢獻。因此，她也感到頗為自豪。史蒂芬對英語文字的掌握不怎麼樣，他的文字中有許多「你知道」、「我的意思是」等囉唆的詞語，字裡行間也不注重語法。潔恩的父親是一個具有奉獻精神的文官，他的女兒從小受到精確運用語言的教育，因此非常重視語言的明快和詞彙的豐富。在這個方面，潔恩絕對勝過史蒂芬。這樣一來，潔恩就有機會給予他智力上而不僅是體力上的幫助。

潔恩得意地說：

「以我個人來說，我也把這個方面的工作看作追求自己事業的機會，要架起人文科學和自然科學之間的橋樑。」

十月初，一個星期六的晚上，霍金在凱斯學院的禮堂參加新研究員的就職儀式。霍金就職以後，有資格參加學院的管理機構會議，他發現學院高層鉤心鬥角的醜惡面目，由於他完全沒有人際交往的經驗，差一點捲入可怕的人事鬥爭中。

事情是這樣的：霍金就職以後不久，第一次參加學院的管理機構會議。那個星期五的下午，他還沒有瞭解事情發生的原因，就莫名其妙地捲入學院的權力鬥爭。他困惑不解的是，他似乎已經進入鬥爭的漩渦。這簡直就是英國作家史諾的小說《院長》中，關於院長職位的爭論在現實生活中的再現。小說與現實唯一的差別是：小說中的事情發生在史諾的學院，即基督學院中，霍金目睹的事情發生在凱斯學院中。生活中的事情難以置信地與小說如此相像，簡直讓史蒂芬感到害怕！他無法斷定正在發生什麼事情，只見管理機構一片混亂，人們大發脾氣，粗暴而猛烈地相互指責和攻擊。他之後才明白，原來是有人指責現任院長內維爾・莫特爵士（一九七七年獲得諾貝爾物理學獎），宣稱他利用職位偏袒自己的學生。新研究員的選票可能產生決定性的作用，霍金的選票也可能是決定性的一票，可是他幾乎不知道為什麼投票，因此他們的投票在很大程度上是隨意的，使得霍金產生一種不安的感覺。

幸好不久就換了院長，由李約瑟擔任院長以後，學院的權力鬥爭戲劇性地結束。李約瑟極不情願擔任這個職務，而且他還有編著《中國科學技術史》的重任在身。但是，他最終決定接受這個職位以後，就成為人們敬仰的學者，也成為霍金的研究事業最堅定的支持者之一。在他擔任院長期間，正好是霍金的研究事業迅猛飆升的時期。

一九六五年，是霍金開始獲得成功的一年。這年冬天，他以數學論文《奇點和時空幾何學》（The

李約瑟

Singularities and the Geometry of Space-Time）和潘洛斯共同分享亞當斯獎（Adams Prize），這是許多人夢寐以求的獎項，也是科學地位很高的獎項。霍金可以在二十三歲的時候獲得這個獎，讓他的同事羨慕和讚歎不已。夏瑪是一個對事業忠心耿耿的導師，他愉悅地告訴潔恩，霍金的前程有如牛頓當年的輝煌。潔恩聽了以後又驚又喜，她對夏瑪如此坦率和誠摯的讚揚十分感激。夏瑪不僅認識到霍金的才智，而且極力幫助霍金，為實現這個宏偉預想而無私地努力，他盡力讓霍金參加世界各地的重要學術會議。

一九六五年十二月，霍金和潔恩到美國佛羅里達州參加在邁阿密舉行的天體物理學會的學術會議。這一次，霍金用的是天體物理學家的頭銜，夏天到康乃爾大學開會的時候，霍金是相對論專家。後來潔恩還發現，霍金有時候還會成為應用數學家、宇宙學家、理論物理學家……她始終無法清楚地區分這些頭銜之間的差別，只知道他的頭銜與會議的名稱有關。

這年冬天，霍金經常劇烈地咳嗽，每次發作的時候，就會痛苦地擺動身體，無法喘息。醫生兩年以前可怕的預言，正在逐漸地逼近霍金。在這種情形下，離開濕冷的英國去邁阿密，對霍金不斷發作的咳嗽大有好處。伸向大海的邁阿密在北緯二十六度，雖然是十二月卻氣候溫暖，陽光明媚。

在邁阿密，每次霍金開會的時候，潔恩就會站在飯店的陽台上，看著在陽光下閃爍的歡樂沙灘，她覺得自己彷彿在夢中；有時候，她也會到海水裡游上一陣子。潔恩還驚訝地發現，他們住的楓丹白露飯店竟然是拍攝電影《〇〇七之金手指》的那個飯店！

在這裡，他們還有一場有驚無險的經歷。

有一天開完會之後，南非開普敦大學的喬治·艾利斯和新婚妻子、霍金和潔恩在海灘上度過一個下午。天邊圓盤似的紅色夕陽非常壯觀，對於在城市的人，無論如何也無法欣賞到。他們懷著興奮的心情，看著它緩緩西沉。這也許使他們想起瑞典作家班·古納爾詠歎落日的名篇：

我周圍的夜充滿幻景，天空在燃燒。我願意在這裡久留，遙望那些我曾經漫遊的森林，進而忘記自己是誰。

我轉向大海，看著太陽把我拋棄給暮色，如同藏在紫金色沙漠中的一顆金黃的穀粒，太陽在狹長而金黃的雲堆中微微閃爍，我似乎聽見一陣無邊的音樂緩緩飄過……

此刻，即使每一塊石頭都有一種意義……我準備忘記一切並且獲得新生的時候，有另一種不安變成我的不安——另一種安寧變成我的安寧……在森林邊，大海在夢中朦朧地運動，如同人們用燈去照沉睡者的臉……

直到傍晚六點，他們才依依不捨地離開海灘，可是飯店大門已經鎖上。他們很快發現想要返回飯店，唯一途徑是通過位於飯店一側的開著窗戶的廚房。但是困難在於：他們怎樣才可以使霍金通過這扇窗戶，因為霍金沒有拐杖，根本無法走路。

他們之中的一個先爬進窗戶，然後用手拉霍金。他被拉近窗戶的時候，他們發現有幾個清潔工在旁邊盯著他們。這些清潔工看到幾個行動可疑的人，正在把一個看起來幾乎沒有生命的軀體往窗戶裡拉，他們很有可能在想：這些人在做什麼傷天害理的事情？幸虧潔恩學的是西班牙語，她看出這些清潔工是西班牙裔的時候，立刻用流利的西班牙語對他們說明自己的困境。這些清潔工明白怎麼回事，非常友善地幫忙把霍金弄進飯店的廚房裡，甚至帶領他們回到自己的房間。

會議結束以後，艾利斯夫婦熱情地邀請霍金夫婦到德州度假。他們接受艾利斯夫婦的邀請，在德州待了一個星期。經過一段緊張的工作以後，放鬆一下實在非常舒適。他們坐著艾利斯家的汽車，進行一次長途旅行，德州山巒起伏的風光很吸引人，他們還在偏僻的沙漠酒吧喝冰啤酒。

奧斯丁是一個規模不大的大學城，在二十世紀六〇年代，被稱為世界上最聰明、最優秀的宇宙學家的大本營。霍金對這裡的研究水準和成果十分欣賞，甚至想要加入這個大本營，但是一次突發狀況讓他明白自己的危險處境。

一個星期日的下午，霍金和潔恩去看望一個朋友。在路上，他突然重重地跌倒在地，還咳出一些血。

一九七三年，霍金與喬治・艾利斯合作，出版重要著作《時空的大尺度結構》一書

霍金被這一跤嚇壞了，他最擔心的不是自己的生命還有多長，而是自己的大腦是不是受到損傷，這會直接影響他正在進行的研究；至於以後的命運，不是他理性的大腦應該考慮的。一個人如果不用充滿活力的東西充實自己的生活，灼人的痛苦就會伴隨他度過生命的每一刻。只要大腦不受損傷，他就會讓自己的生命發出光輝。

雖然是星期日，他們還是很快就請來醫生，當然費了好多口舌。檢查的結果是沒有出現嚴重的問題，霍金和潔恩鬆了一口氣。透過這次經歷，潔恩深有感觸地說：

「對於健康的人和成功的人來說，美國是一個好地方，但是對於掙扎求生又體弱多病的人，對於並非由於個人過失卻因為出身或膚色而無法自助的人，美國是一個無情的社會，這裡殘酷地證明達爾文的『適者生存』理論。」

霍金在如此嚴重的疾病打擊下，可以保持清醒的頭腦和旺盛的精力，讓潔恩和他身邊的人感到驚訝。他很少沮喪，總是抓緊所有可以利用的時間，思考宇宙起源之謎，甚至去醫院看病也不是心甘情願的。他慶幸自己選擇一個適合自己身體狀況的工作，他曾經說：

「選擇理論物理作為研究對象是我的運氣，因為這是我的病情不會成為嚴重阻礙的少數領域之一。而且幸運的是，在我的疾病越來越嚴重的同時，我的科學聲望越來越高。這表示……我可以只做研究，不必講課。」

如此樂觀而理智地對待自己的不幸，需要何等的智慧和奉獻精神！樂觀的人總是看到上帝對自己非常眷愛，看到自己擁有別人沒有的長處；悲觀的人埋怨上帝對自己不公平，對已經擁有的視而不見，無法充分利用自己的優勢。霍金的生活態度對每個人都是最好的啟示。

從奧斯丁回國以後，他們住進小聖瑪麗巷六號，而不是十一號。這是一座破舊的三層樓房，房東答應每個星期租金四鎊，這個租金霍金支付得起，而且關鍵的好處是，他們可以一直住到自己有能力買房子為止。這種安全感很吸引人，他們不必再為住房而傷腦筋。但是住在這裡也有缺點，他們必須粉刷和裝修這座舊樓房，否則不宜入住。潔恩幽默地說：「要使我們相信那個房子是一個理想之家，確實需要非常豐富的想像力。」

不進行裝修絕對不能住進去，可是他們沒有錢支付專業人員的裝修費用，因此勇敢而可愛的潔恩只好自己動手。一位鄰居是曾經參加第一次世界大戰的老兵，他路過六號的時候，把頭伸進大門裡，看見潔恩提著盛有白色油漆的桶子在粉刷牆壁，大聲對潔恩說：

「喂，你看起來身體單薄，可是你一定很堅強！」

潔恩站在梯子上，自豪地笑起來。後來，潔恩的弟弟和父親也來幫她粉刷；鄰居老兵自己掏錢為潔恩請來一個身材粗壯的工人，他用這種不尋常的慷慨行為表示對潔恩的欽佩和尊重。

一九六六年初，這個破爛不堪的十八世紀的小屋，神奇般地煥然一新，變得非常適合居住。霍金和潔恩的臥室在二樓，剛開始住進去的時候，霍金上樓沒有多大困難，後來隨著疾病的加重，上樓成為對他來說非常困難的事情。霍金固執地認為，自己不能輕易向疾病屈服。他堅持認為，每次屈服就是表示：自己會失去一種生活能力，所以他拒絕別人，包括潔恩的幫助。後來，他每次要花費十五分鐘才可以把自己的身體拖到二樓，但是他仍然不輕易放棄自己的努力。潘洛斯回憶說：

「有一次，我在霍金家裡，看著他艱難地爬上樓梯走進臥室，大概用了十五分鐘。他拒絕接受別人的幫助，這不完全出於固執，還因為他把爬樓梯看作是一種物理治療。」

對此，潔恩可以理解，但是她作為家庭主婦，也有她的苦衷。她說：

「……史蒂芬的日常起居開始需要更多的照顧。他可以自己拖拉著上樓，但是非常緩慢，腳步不穩，又不願意坐輪椅。我理解他的態度，他把輪椅等外界的幫助，看作是向疾病低頭屈服。但是，他對疾病

一九六六年一月，霍金夫婦在小聖瑪麗巷六號門前留影

的頑強抵抗也令人不安：如果他可以實事求是而非意氣用事地對待疾病就好了，我們就可以生活得更輕鬆。」

在這個特別的家庭，有時候會發生意想不到的不愉快事件——其中有一些只是出於敏感。有一天，霍金想要向學院申請一筆借款，他和財務主任交談的時候，潔恩在辦公室與滿頭白髮的財務助理克拉克討論一個敏感的問題：「克拉克先生，我們都知道史蒂芬的生命可能非常短暫，多半不會符合獲得退休金的條件，為什麼你們在幾個星期以前寄一份劍橋大學的養老金申請表給他？寄那些申請表給他，是不是有些殘酷？他看了那些申請表以後，厭煩地把它們推到一邊，不想考慮未來的安排。別人可能熱切期待未來，可是他有未來嗎？」

克拉克聽了以後搖搖頭，似乎無法理解潔恩提出的問題，他的白眉毛不停地抖動，明亮的藍眼睛盯著潔恩說：「啊，我只是執行給我的指示。我得到的指示是向所有的新研究員寄出申請表，因為他們有權利享有大學的養老金。你的丈夫是新研究員，因此有權利像其他人一樣，享有大學的養老金。他要做的就是在申請表上簽名，確定他的權利，不需要進行任何身體檢查。」

後來潔恩理解到，他們只要簽名就可以解決這個問題，並且可以保證得到以前從來沒有想到的東西——保險。沒有這種經歷的人，也許不容易理解他們的某些「敏感」反應。

有一天，霍金高興地告訴潔恩，他突然想到一個好方法，既可以賺錢，又可以提高自己的數學程度。

我們之前說過，霍金曾經不重視數學學習，讀研究所的時候，只有基本的數學基礎。現在，他和傑出的數學家羅傑・潘洛斯一起工作，感到自己處於十分不利的地位。於是，他決定自學數學課程，同時給凱斯學院的大學生上數學輔導課，由此既可以得到報酬，又可以通過劍橋大學數學榮譽學位考試。他的計畫開始不久以後，他在數學上取得的進步超過他的學生，令他非常生氣的是，他發現那些學生不夠努力。其中有一個學生是劍橋大學網球隊隊員，他在網球場上的時間超過研究數學的時間。

他和布蘭登・卡特一起去聽大學生的數學課，尤其是聽彭布羅克學院院長威廉・霍奇爵士講授的課程。後來，他們發現霍奇爵士只給三個人講課：霍金、布蘭登和另一位同事雷・麥克利納恩。經過這段時間的學習，霍金的數學有飛快的提升，在研究中基本上可以應用自如。

霍金的身體開始需要一些治療，和他相比，懷孕的潔恩的健康狀況還算正常。霍金的父親從醫學雜誌上得知，定時服用維生素片有益於神經系統，每個星期注射一支針劑也可以增進神經系統的健康。維生素片可以依靠醫生的處方來獲得，但是每個星期的注射就成為一個問題。由於診所在劍橋的另一邊，霍金認為，在那裡花費一個上午等候注射，等於浪費時間，實在得不償失。有一天注射以後回家，霍金的不滿已經無法控制，聲稱以後再也不去。幸虧他們從診所回來的時候，遇見柴契爾夫人，她正在小巷裡清掃路面和人行道，看見他們滿臉沮喪，大聲地問：

「親愛的，發生什麼事情，這樣不高興啊？」

潔恩立刻說明他們的苦惱，柴契爾夫人提出一個解決方法：「這件事情很容易解決！我們可以請查莫斯護士下班回家的時候，順路來為霍金先生打針。」

柴契爾夫人擁抱霍金夫婦，然後和查莫斯護士聯絡。在柴契爾夫人的遊說下，查莫斯護士同意在完成學院診所的工作之後，到霍金家為霍金打針。

後來，霍金的手指開始變形，除了簽名以外，已經無法寫作。醫學界權威人士建議霍金進行定期物理治療，以保持關節舒展和肌肉靈活。這樣一來，就出現一個與打針類似的問題。他們到劍橋郊區的新醫院——阿登布魯克醫院進行物理治療，但是物理治療結束的時候，霍金生氣地宣布：再也不願意為等候治療而浪費時間。這一次，夏瑪教授幫忙說服物理研究所從慈善基金中提供資助，請私人物理治療師威利斯小姐每個星期到家裡為霍金進行兩次物理治療。

查莫斯護士和威利斯小姐盡量減少給霍金日常工作造成的不便，使他可以和其他同事工作同樣長的時間。實際上，雖然霍金早上到辦公室的時間可能比同事們晚一些，但是他晚上工作到很晚。他用很長的時間沉思，週末經常默默地坐在那裡，沉浸在思考中，就像羅丹的「沉思者」一樣，他在思考支配宇宙起源的方程式，訓練自己的大腦記憶很複雜的定理，不藉助筆墨紙張。柴契爾先生開玩笑說：霍金思考的東西是「天體力學」。如果霍金在街上從他的身邊經過而沒有和他打招呼，他就會說：「我想，那個年輕人正在忙著思考他的天體力學吧？」

霍金不和別人打招呼是經常發生的事情，再加上他不想耗費力氣參與禮節性的拜訪和閒聊，因此冒犯一些敏感的鄰居、朋友、親戚。為此，潔恩只好向他們道歉：「我的丈夫必須全神貫注，以保持身體平衡。」

在研究取得進展和疾病不斷加重的過程中，在歡樂與挑戰中，霍金和潔恩在一九六七年五月二十八日晚上十點，迎來他們的第一個兒子，比預產期提前兩個星期。霍金非常激動，以至於他把這個好消息告訴朋友的時候，竟然激動得說不出話，那個朋友驚恐地以為潔恩已經死於難產。

長子被取名為羅伯特。潔恩十分欣慰，一是在羅伯特急忙來到人世的兩個月之前，她終於獲得倫敦大學的學士學位，艱難地完成自己對父親的承諾；二是羅伯特出生的那一天，英國帆船運動員環球航行歸來，獨自駕船進入普利茅斯港，瘋狂的民眾在碼頭歡呼他們的英雄歸來。

羅伯特給潔恩帶來的歡樂令她陶醉，她在回憶中寫道：

他出生幾分鐘以後，就被放在我的臂彎裡。他看起來有些紫紅色，毫不在意地觀察周圍的環境，好像以前曾經看過這一切。我的婆婆對第一個孫子的預言是：「一個未來的教授。」護士再次把他抱給我的時候，他已經從出生的磨難中恢復過來，現出健康的顏色。他的兩隻藍眼睛特別明亮，嵌在端莊俊秀的臉上，面色紅潤，耳朵尖尖。他沒有頭髮，只是在頭頂的旋處和耳朵上有些淺色的絨毛，手指上有細小的指甲，緊緊地抓住我伸開的手指。

就像許多沒有經驗的母親一樣，潔恩要學習如何才可以瞭解兒子的需求。有一天，潔恩給兒子餵奶，換了尿布，把他放在嬰兒床裡。午後的空氣暖洋洋的，在晴朗的天空下，他看起來舒適愜意，昏昏欲睡，潔恩肯定他至少會睡一個小時。她抑制住自己的瞌睡，爬到頂樓去收拾書籍和卡片，把它們攤在桌子上。她坐下以後，樓下就傳來刺耳的哭聲。她匆忙下樓，把他抱起來，給他餵奶，又換了尿布。潔恩感覺他不是很餓，就把他輕輕地放在嬰兒床裡，又回到樓上。結果又是坐下以後，就聽到同樣的哭聲。那天下午，這種情景反覆出現多次，直到最後，潔恩才意識到兒子不餓也不睏，他只是想要和別人交流。潔恩幽默又無奈地說：

「他在出生一個月的時候，就開始參與寫作論文：我努力寫作的時候，他也幫忙，在我膝上扭來扭去，咯咯地笑個不停。不管以前我對把母親的身分和某種研究工作結合起來懷有什麼幻想，那天下午發生的事情，把這一切都打破了。」

原來，潔恩在分娩以後的一個星期，就希望自己可以恢復正常的生活，沒有意識到九個月的懷孕期和分娩帶來的創傷會耗費自己那麼多的精力。她也沒有意識到，餵養嬰兒是一件如此耗費精力和時間的事情。晝夜不分地照顧嬰兒的需要，使得潔恩終日昏昏沉沉，總是打盹。

但是，霍金的事業不能稍有停頓，他正在籌劃七月去美國西雅圖的巴特爾紀念研究所參加暑期班。又睏又累的潔恩得知霍金的計畫以後，毫不猶豫地同意他的計畫，認為他們三個人——潔恩、霍金、嬰兒，沒有理由不在太平洋岸邊過七個星期的生活。沒有經驗的潔恩天真地相信，他們的嬰兒只是吃奶和睡覺，沒有想到在機場出現非常尷尬的事情。

一九六七年七月十七日上午，在潔恩的憂心忡忡的父母的幫助下，他們在倫敦機場辦理登機手續。航空公司為霍金及時提供輪椅，服務人員推著他直接通過海關和護照檢查處，送到登機室。潔恩抱著羅伯特，背著裝滿旅途用品的行李，和父母匆忙告別，緊緊地跟在輪椅後面。那一天，是夏季裡最熱的一天，登機室的通風系統發生故障，結果熱空氣從外面撲進來，登機室成為一個「地獄」。更糟糕的是，廣播宣布他們要搭乘的航班延誤了。

他們坐在悶熱的登機室裡等待，羅伯特喝完瓶子裡稀釋的果汁，那瓶果汁原本應該是他在去西雅圖的路上喝的。廣播接連兩次宣布，請航班延誤的乘客到櫃檯領取贈送的食物。潔恩把羅伯特放在霍金的膝上，排隊領取免費的三明治。她回來看到眼前的情景，驚得目瞪口呆。羅伯特仍然安全地坐在父親的膝上，甜蜜蜜地笑著，舒適地靠在霍金的胸前。霍金用手臂接著他，但是臉上露出非常痛苦的表情。一股黃色尿水順著他的褲子流下來，流進他的鞋子裡，他只能束手無策地坐在輪椅上無法動彈。潔恩大聲尖叫起來，丟掉三明治向霍金父子跑去。

霍金與兒子羅伯特和潔恩的父親

尖叫聲引來穿著綠色制服的護士，她把羅伯特抱到育嬰室，為他清洗，把清洗霍金的任務交給潔恩。正在忙得不可開交的時候，擴音器傳來通知，他們必須立刻登機。護士非常鎮靜地接通機場中央控制台，告訴他們必須等待這三位乘客。他們總算搭上飛機，但是霍金只能穿著那條髒褲子，到達開會的地方，他的苦難終於結束。後來，那條褲子雖然被洗過燙過，已經十分漂亮，但是霍金不願意再穿。

在這次會議上，由於霍金深遠的洞察力，對複雜概念的直覺把握，想像多維數學結構的能力，以及非凡的記憶力，使得他在科學家的群體中受到高度的重視，他的聲望如日東升。

一九六九年，霍金被凱斯學院的一個特殊研究職位——科學名人研究職位聘用，任期六年。霍金毫不遲疑地接受這個職位，從此以後，他有固定的工作和穩定的收入，潔恩也可以比較輕鬆地安排家庭生活。

一九七〇年十一月二日上午八點，霍金家的女兒露西出生了。羅伯特很高興有一個妹妹，潔恩和露西從醫院回家的那一天，羅伯特從幼稚園回來，興奮地衝到屋裡，大聲叫嚷：

「寶寶在哪裡？寶寶在哪裡？」

他看見放在地毯上的妹妹，立刻衝過去俯身親她一下。

爭論和失敗中的偉大發現

霍金的事業和家庭不斷有好消息傳來的時候，他的身體情況卻越來越糟。一九六九年，霍金走路越來越慢，邁出的步伐越來越小，也越來越搖擺不定，給潔恩帶來很大的困擾，因為羅伯特與他的父親相反，跑得越來越快。羅伯特在前面跑，一會兒不見蹤影，讓她感到不安；霍金必須由她扶著，慢慢地搖晃著前進。後來，霍金在學術上又獲得獎項，他們買了一輛汽車，潔恩可以開車把霍金送到辦公室或是課堂附近。每次停車以後，羅伯特就會衝出汽車，穿過彎曲的道路跑進教室，坐在最後一排。於是，出現一個有趣的場景：羅伯特出現以後，學生知道霍金再過五分鐘就會走進教室。

在霍金的研究成果引起科學界重視的同時，人們沮喪地發現，由於肌肉萎縮症的不斷發展，霍金的身體嚴重地受到疾病的折磨。但是他絕對不會向疾病屈服，這就是他對待生活的態度。潔恩說：

「史蒂芬對自己的疾病不做任何讓步……我絕對不會退出他的生活。」

這就是多年以來，儘管霍金遭受常人難以想像的痛苦，卻可以頑強生活下去的原因；也是潔恩可以克服許多人們無法想像的困難，努力讓家人過著正常生活的原因。

到了二十世紀六〇年代末期，霍金最後的抵抗失敗了，他不得不做出讓步：同意用輪椅代步。坐輪椅對霍金和潔恩而言，都是重大的變化。對霍金來說，坐上輪椅，表示他終於面對現實，承認身體給自己帶來的不幸；但是，他沒有因為自己的某種放棄而消沉和沮喪，反而十分快樂，覺得自己可以更方便地到各處走動。對潔恩來說，她照顧霍金的負擔總算減輕了。對於後來疾病的發展，霍金曾經在回憶中寫道：

直到一九七四年，我還可以自己吃飯，並且上下床。潔恩想盡辦法幫助我，並且在沒有外界幫助的情形下，帶大兩個孩子。然而，此後情形變得更困難，我們讓我的一個研究生和我們同住。報酬是免費住宿，以及我對他研究的高度重視，他幫助我下床和上床……這樣一直持續到一九八五年我罹患肺炎為止。我必須進行氣管切開手術，從此我需要全天候護理。

兩個小孩出生並且長大的期間，正是霍金被疾病日益蠶食他的肌肉，使他可以運動的部位越來越少的時候。與此同時，霍金關於黑洞的研究，奇蹟般地取得令人驚愕的進展，他也被譽為「宇宙的主宰者」。這與霍金先天的記憶力和罹患疾病以後的鍛鍊有很大關係。霍金的研究涉及的數學問題日益難以對付，那些闡明黑洞物理學的方程式極其複雜，他的病情使得他不能用紙筆，也不能用打字機，迫使他把所有方程式記在大腦裡。後來，他不用心算就可以在大腦裡處理這些方程式。久而久之，關於霍金的記憶力就有許多傳言。他的一個朋友說：

「在最近一次的研討會上，人們看到霍金在黑板上寫滿像五線譜一樣複雜的數學公式，就會想到霍金似乎就像莫札特在自己的頭腦中創作和演奏交響樂一樣。我想，所有參加會議的人都會同意我這個比喻。」

確實，具有超常的記憶力是霍金的優勢。約翰・博斯洛在他的《超越黑洞：史蒂芬・霍金的宇宙》（Beyond the Black Hole：Stephen Hawking's Universe）一書中詳細敘述一件事情，充分展示霍金把所有方程式記在大腦裡的本事：

霍金的一個學生告訴我，有一次他開車送霍金去倫敦參加一個物理學會議，霍金提起多年以前他在讀過的一本書上發現一個錯誤，他還記得錯誤出現的頁碼。

一位為霍金工作的秘書說過另一件事情：「有一次，霍金依靠記憶口述四十頁紙的方程式，二十四小時以後，他還記得口述的時候的一個錯誤。」

羅伯特出生以後不久，霍金要與他的同學喬治・艾利斯合寫一本宇宙學方面的書，主要是敘述經典的宇宙學，不準備涉及他們最新的研究成果。他們分配各自的寫作任務，總共花費六年的時間才完成。開始寫這本書的時候，霍金的手已經僵硬得不能寫字，只好把自己要寫的東西口述給艾利斯。

一九七三年，他們終於完成《時空的大尺度結構》。就在這個時候，劍橋大學出版社準備出版一套學術著作，於是這本書順利地在一九七三年出版。這個著作不僅奠定霍金在學術上的重要地位，而且受到歡迎，直到今天，仍然是宇宙學專業中的經典之作。這一年，霍金三十一歲。

這本書寫得非常深奧，如果不是宇宙學方面的專家，絕對看不懂。某些專業研究者如果偏重於實驗研究，也看不懂這本書。有一天，霍金到倫敦皇家天文學會進行報告，在回家的路上，遇見無線電天文學家約翰，約翰告訴他：

「我買了一本你的書。」

「是嗎？你看了以後有什麼意見？」

約翰聳著肩膀說：「我原本以為可以看到第十頁，但是讀到第四頁就讀不下去，太深奧了，看來我只好放棄了！」

在寫這本書的同時，霍金還在與潘洛斯繼續研究黑洞。霍金晚上上床睡覺的時候動作相當緩慢，不僅是因為他的肌肉僵硬，也是因為他的注意力經常不由自主地轉移到正在研究的問題上。

在女兒出生以後不久的一天晚上，他上床的時間比往日更長，直到第二天，潔恩才知道其中的原因。原來，他的大腦中突然不斷地浮現出黑洞幾何圖形，使他把宇宙學和一門古老的物理學理論——熱力學結合起來，黑洞有時候會相互碰撞，就像兩個星球會相互碰撞一樣。他和潘洛斯已經證明，兩個黑洞相互碰撞以後，會合併為一個黑洞，而且合併以後表面積不可能變小，幾乎總是大於原先兩個黑洞表面積的總和。這個結果總是在霍金的大腦裡遊蕩，它們化成幾何圖形，忽而重疊，忽而分離，讓霍金感到心蕩神移，無法自抑。突然，他想到熱力學中的第二定律。

熱力學是研究熱的傳遞和蒸汽機效率的物理學分支。熱力學中的第二定律，是指一個封閉的系統，內部的「沒有秩序的運動」會越來越嚴重。例如：把一滴紅墨水滴進一碗清水中，這滴紅墨水會散布到清水裡，使水變成淡紅色。想要使淡紅色的水再變成一碗清水和一滴紅墨水，幾乎是不可能的，說明系統的無序運動（即紅墨水散布到清水裡）只會自動增加，絕對不會自動減少。物理學家喜歡為自然現象取一些奇怪的學術名稱，讓許多人覺得十分討厭，覺得容易理解的自然現象被物理學家弄得艱難深奧。但是，物理學家也有自己的苦衷，他們為了精密簡練地表述自然現象，只好為一些自然現象取一些專有名詞。物理學家把紅墨水在水裡的「無序運動的程度」稱為「熵」，熵越大，越沒有秩序。這樣一來，以上的自然現象被物理學家敘述為：

「一個封閉系統裡的熵只會增加。」

這就是熱力學的第二定律。

霍金在上床的時候想到的，就是把黑洞的「表面積只會增加」與封閉系統的「熵只會增加」結合起來。這是一個偉大的發現，在他之前，從來沒有人想到熱力學和黑洞有關聯。霍金曾經說：「我對自己的發現如此激動，以至於當天幾乎徹夜未眠。」

第二天早上，霍金立刻在電話中把這個想法告訴潘洛斯。後來，霍金發現的這個規律被稱為「面積定律」（Law of Areas）。

有一個同事開玩笑地說：「這就像打開現今最時髦的轎車車蓋，卻突然發現裡面有一台老蒸汽機在運轉！」

一九七三年初，霍金和潘洛斯開始用熱力學作為模擬方法，希望找到一個模型來研究黑洞的性質。因為黑洞的行為太奇怪，不借用一種現成的模型來研究，人們幾乎不知所措。在思維方法中，這種方法稱為「類比法」。但是，無論是霍金還是潘洛斯，他們只是借用熱力學的一些方法進行類比，不知道熱力學定律可以用在黑洞理論中。霍金更沒有想到，自己會因此與一位美國物理學家發生激烈爭論，爭論的焦點就是熱力學定律是否可以用來研究黑洞。這次爭論讓霍金嘗到失敗的滋味，但是因為可以迅速發現錯誤，使得他對黑洞理論有巨大而帶有原創性的突破。

這場十分有趣的爭論，是由一個叫雅各・貝肯斯坦的物理學家引起的。當時，貝肯斯坦在著名物理學家惠勒手下做研究。

用「黑洞」來稱呼一種特殊的天體，據說是惠勒在一九六九年提出的。在此之前，科學家為這個奇異而看不見的天體取名的問題爭論不休，有些建議取名「凍星」，有些建議取名「坍縮星」，甚至還有人把它稱為「史瓦西奇點」。有一天，惠勒躺在浴缸裡的時候，突然想到一個絕妙的名字：黑洞。在一次會議上，他以快刀斬亂麻的方式宣布：

「我為這個東西找到一個偉大的名字，讓我們叫它『黑洞』吧！」

但是這個廣為流傳的傳言其實不確切，惠勒在他的自傳中曾經澄清這件事情。現在摘錄如下，以正視聽：

一九六七年秋天，美國太空總署（NASA）的戈達德太空研究所的行政主管卡努多邀請惠勒參加研討會，討論在英國發現的令人振奮的脈衝星的新證據。他們發現的脈衝星究竟是什麼星體？是振動的白矮星，或是自轉的中子星？惠勒在發言中主張，物理學界應該考慮脈衝星的中心，可能是一個「引力坍縮的物體」。他還指出，我們不能總是說「完全引力坍縮的物體」，我們需要一個簡短而容易記住的詞彙。

有一個聽眾這樣問：「稱為黑洞如何？」在此之前，惠勒也進行幾個月的思索，希望可以想出一個好名稱。在床上、在浴缸裡、在車上，只要有片刻時間，他就會反覆尋思。現在，突然冒出這個好名稱，正中他的下懷。幾個星期之後，惠勒於一九六七年十二月二十九日，在紐約希爾頓飯店的舞廳舉行的會議上，正式使用這個名稱，並且在一九六八年春天發表的演講中，正式肯定它。

有趣的是，美國著名物理學家費曼得知這個名詞之後，嘲弄惠勒一番，他認為這個名詞含有其他意思，覺得惠勒不正經。費曼是一個無時無刻不在開玩笑的人，所以不能當真。

事實上，在後來的幾個月裡，全世界的物理學家愉快而熱情地採用這個名稱，只有法國抵制幾年，因為「黑洞」在法語中有淫穢的含意（費曼的嘲弄可能與此有關）。

普林斯頓大學物理學教授惠勒

貝肯斯坦在研究黑洞的時候，決定把熱力學的一些定律用在黑洞的研究中。他的博士論文利用精妙的數學方法證明：黑洞的「表面積」可以直接作為黑洞的「熵」的量度。由此他在論文中宣稱：熱力學概念對於黑洞確實是適用的。

這件事情也許會使我們想起一個發生在一九〇〇年的故事。十九世紀和二十世紀之交的時候，經典物理學出現巨大危機，許多新的發現（例如：X射線）似乎推翻所有已經建立的物理定律和理論。這個時候，德國物理學家普朗克斬釘截鐵地說：

「除了熱力學定律絕對不能違背以外，其他的理論和定律都可以重新審查！」

後來，現代物理學在艱難奮鬥中逐步建立以後，人們果然發現，現代物理學在任何時候和任何地方絕對不能違背熱力學定律。貝肯斯坦可能是根據這個原則，在博士論文中大膽地提出：可以用熱力學來研究黑洞。

這裡還有一個有趣的故事，與貝肯斯坦的導師惠勒有關：

有一天，貝肯斯坦走進惠勒的辦公室。惠勒說：「雅各，我把一個熱杯子放在一個冷杯子旁邊的時候，總是感到很不安。我讓熱從一個杯子移到另一個杯子，增加宇宙的無序度，我犯下的罪過在時間的長廊中會不斷地迴響。可是，如果有一個黑洞在附近經過，我只要把這兩個杯子扔進去，就可以把我的犯罪證據完全銷毀乾淨，是嗎？」

雅各看起來有些困惑，當時沒有回答。過了幾天，他告訴惠勒：「不，你沒有銷毀犯罪證據。黑洞把你所有發生的事情記錄下來，所以黑洞的熵，也就是無序度增加。因此，你的犯罪證據會永遠被保留，絕對不會被銷毀。」

幾個月以後，貝肯斯坦帶著自己的論文出現在惠勒的門前。他對惠勒說：

「黑洞視野的面積，不只與黑洞的熵相似——實際上，它就是黑洞的熵（其數值位於一個比例常數範圍內）。」

在惠勒的研究生涯中，他身邊的研究生經常提出一些「瘋狂」的想法，讓許多人搖頭。聽了貝肯斯坦的介紹以後，他說：

「你的想法相當瘋狂，因此有可能是對的，你去發表吧！」

後來，事實證明貝肯斯坦的結論是正確的，這個結果給他的導師惠勒帶來極大的快樂。尤其是貝肯斯坦的正確觀點經過證明，是建立於自然界的量子特徵上。

但是，貝肯斯坦的這個結論，卻激怒霍金。

霍金為什麼被激怒？原來，在相對論物理學看來，黑洞的溫度是絕對0℃，這是為什麼？因為沒有任何東西，包括光和熱，可以從黑洞裡逃逸出來，既然如此，黑洞的溫度只能是絕對0℃。否則，熱作為一種能量，就可以從黑洞裡逃逸出來。

霍金和布蘭登・卡特合寫一篇文章，指出貝肯斯坦的「致命缺陷」：既然黑洞的溫度是絕對0℃，黑洞就不會有熵；如果黑洞有熵，黑洞的絕對溫度不可能是0℃。

霍金認為貝肯斯坦的結論是極其荒謬的，雖然他利用熱力學的方法模擬黑洞碰撞以後到底發生什麼，但是錯誤地認為把熱力學定律用在黑洞研究上是非常荒唐的。霍金說：

「我對貝肯斯坦非常生氣。我寫文章批評貝肯斯坦，部分動機是不高興貝肯斯坦濫用我的『面積定律』。」

大多數物理學家贊成霍金的意見，發表論文反對貝肯斯坦的意見。當時，貝肯斯坦只是一個小人物，霍金已經很有名氣，但是貝肯斯坦沒有因為霍金的名氣和眾多科學家的反對而退縮。他認為把熱力學應用於黑洞研究上，將會產生重大的影響，激發黑洞研究走上光明大道。一九七三年，他發表名為《黑洞熱力學》的論文，霍金和他的朋友們立刻回應一篇題為《黑洞力學的四個定律》的論文，毫不留情地反駁貝肯斯坦。

對此，霍金的導師夏瑪回憶說：

「對於黑洞和熱力學之間的這些相似，霍金起初只是覺得好奇，但是貝肯斯坦斷言，它們具有真正的熱力學性質。因為史蒂芬・霍金和詹姆斯・巴丁以及布蘭登・卡特在一九七三年寫了一篇非常重要的文章，他們把這篇文章命名為《黑洞力學的四個定律》，而不稱為《黑洞熱力學的四個定律》，所以你可以瞭解他的思想變化。他們探討的是相似性，但是強調這不是真正的熱力學，而且他們有充分的理由這樣說。因為那個時候人們普遍認為，一個熱的黑洞仍然不能輻射，一個熱體不能輻射，熱力學就會失效，所以這些類比並無深意。」

劍橋大學和普林斯頓大學的這場爭論持續一段時間。後來，貝肯斯坦回憶說：

「在一九七三年那些日子裡，經常有人告訴我走錯路，我只能從惠勒那裡得到安慰。他說，黑洞熱力學是瘋狂的，但是也許瘋狂到達一定程度之後就會行得通。」

後來的事實證明是霍金錯了，熱力學中的熵確實可以用在黑洞研究上，而且霍金還把黑洞看作是一個純粹的熵，像一條饑餓的鯊魚一樣四處遊蕩。但是，貝肯斯坦使用的研究方法也有問題。

在經歷這場激烈爭論和許多思考以後，霍金決定另闢新路，想要深入研究二十世紀另一個偉大理論——量子力學，從這個方面進行思考，也許會找到更適合的突破口。他請朋友馬丁・里斯找來一本量子力學方面的書，里斯把這本書拿到霍金面前，翻到霍金需要的那一頁，霍金坐在那裡幾個小時，一動也不動地看書，沒有人知道他的大腦翱翔在何方。里斯覺得霍金的身體越來越差，看到霍金坐在那裡的時候不免擔心，偶爾去看看他是否出現什麼問題。

霍金對於人們過多關心他的疾病，過分強調他身體的殘障頗為不滿。他不願意隨時去思考死亡的事情，他甚至說：「殘障對我來說，只是給我一個絕好的機會，讓我坐著思考自己喜歡的事情。」

一九七三年九月，霍金有機會去莫斯科。莫斯科的雅可夫・澤爾多維奇的身邊，有一群相對論專家正在探討黑洞的量子力學問題，霍金想要從他們那裡得到一些教益。澤爾多維奇小組有一個嚴肅而有些口吃的年輕人叫亞歷山大・斯塔羅賓斯基，他提出一個驚人的想法。他認為，黑洞如果像恆星那樣旋轉，就會噴出基本粒子。但是，霍金這個時候已經不認為這種想法是瘋狂的，因為他和潘洛斯曾經討論類似的情形。但是霍金不喜歡斯塔羅賓斯基的方法，他決定自己重新進行計算。

事實上，這次拜訪和討論對霍金產生非常關鍵的作用，美國宇宙學家基普・索恩曾經在回憶中談到一些事情：

一九六九年，澤爾多維奇意識到旋轉的黑洞應該發出輻射，這種輻射應該是廣義相對論和量子力學的結合或是半結合的產物。澤爾多維奇還相信，輻射基本上是由黑洞的旋轉能量產生，因此旋轉黑洞發出的輻射會使黑洞的旋轉變慢，然後輻射會停止。

澤爾多維奇告訴索恩，他相信這種輻射一定會發生，但是他的廣義相對論的基礎不足，無法證明它。索恩認為澤爾多維奇發瘋了，所以他們打了一個賭。澤爾多維奇認為，經過仔細計算，黑洞輻射將是事實，索恩認為這不會發生。

一九七三年，索恩和霍金離開莫斯科的時候，已經很清楚旋轉黑洞必須發射這種輻射，所以索恩輸了一瓶白馬牌蘇格蘭酒給澤爾多維奇。

基普・索恩，美國加州理工學院的理論物理學教授

霍金到莫斯科以前，不知道澤爾多維奇的想法，他知道以後，澤爾多維奇的解釋無法讓他完全信服，他決定用自己的方式來思考。回到英國以後，霍金埋頭計算兩個多月，結果發現：黑洞不只是「蒸發」，而是像發瘋的火山一樣，向外噴射物質和輻射。而且，在這種「黑洞輻射」的過程中，黑洞會失去能量和物質，越變越小。黑洞越小，就會越熱，輻射活動就會越劇烈，縮小得越快，最後就會像節日上放的煙火一樣爆炸，放出大量射線和粒子。結論是：黑洞遲早總是要爆炸的。

剛開始，霍金有些懷疑自己過於「瘋狂」的結論，因此沒有勇氣告訴別人。但是到了一九七三年底，反覆計算的結果，讓他認為自己的「黑洞輻射」理論是對的，於是在一九七四年一月告訴里斯。里斯知道以後，正好遇到夏瑪，他臉色發白，渾身顫抖地對夏瑪說：

「你聽說了嗎？一切都不同了，霍金改變了一切。」

「你說什麼？」夏瑪問。里斯向他解釋霍金的發現：由於量子力學的效應，黑洞像熱體一樣輻射，所以黑洞不再是黑的！這樣一來，使得熱力學、廣義相對論、量子力學有新的統一，「這將會改變我們對物理學的理解」！

夏瑪聽了里斯的介紹以後，雖然也覺得難以讓人相信，但是他滿懷興奮地說服霍金，讓他於二月在牛津附近拉塞福-阿普頓實驗室的會議上，把這個研究結果公諸於世。在會議之前，霍金沒有忘記告訴潘洛斯。後來，霍金在吃生日大餐的時候，潘洛斯打來熱情的電話給霍金。他顯然非常興奮，不停地說著，以至於霍金的食物完全冷了。霍金遺憾地說：「那是我非常喜愛的鵝肉，所以很可惜。」

霍金聽從夏瑪的建議，參加會議。輪到霍金發言的時候，他搖著輪椅上講台，一架投影機把他含糊不清的話語投射在螢幕上，講述他如何用量子力學得出自己幾個月以來的研究結果：黑洞不黑，黑洞也要向外輻射能量和物質。也就是說，以前認為的黑洞只吞噬它周圍的物質，絕對不會向外釋放任何物質，就算質量幾乎為零的光也不會放走，現在看來是錯誤的，原來「黑洞不黑」。

霍金回憶說：「就在會期逐漸接近的時候，整個問題變得越來越清楚。所以，我發表演講的時候，已經完全相信這個結果，但是很多人不相信。」

確實有很多人不相信。據說，霍金演講結束以後，出席會議的人都驚呆了，聚精會神地思考霍金的驚人發現，會場一片寂靜，一根針掉在地上也可以聽見。過了一會兒，會議主席約翰・泰勒教授忽然從座位上站起來，大發雷霆，宣稱霍金所說是一派胡言：

「太荒謬了！我從來沒有聽過這麼荒謬的話。我只能宣布會議立刻結束，我別無選擇！」

說完之後，泰勒竟然拉起坐在他身邊的同事，憤怒地走出會場。霍金沒有想到會引起這樣可怕的反應，他驚呆了，坐在輪椅上不發一語。後來在餐廳吃飯的時候，潔恩還聽見泰勒對他的學生氣勢洶洶地嘟噜。潔恩覺得這位教授實在不怎麼樣，為了學術上的問題，有必要生這麼大的氣嗎？忽然又聽見他氣急敗壞地說：「我們必須把那個論文弄來！」

潔恩把自己聽見的話告訴霍金，霍金只是聳聳肩，什麼也沒有說。

泰勒很快就「弄到」霍金的論文，是霍金自動送上門的。牛津會議結束以後，霍金立刻把自己在會議上宣讀的論文寄給《自然》雜誌，這篇論文正好是泰勒審稿，因此無法刊登是必然的。霍金只好請另一位與爭論沒有關係的教授審稿，論文才可以在一九七四年三月一日的《自然》雜誌上刊登出來。在這篇論文中，他嚴密地表述黑洞輻射的新發現。論文原本是用一個肯定性的題目：《黑洞不黑》，《自然》雜誌在發表的時候，卻含糊地以《黑洞爆炸？》為題，這個題目無法展示霍金的特有性格。即使如此，這篇文章還是引起一場激烈的爭論。抱持對立觀點的人認為，霍金這次是在亂說話。約翰・泰勒和保羅・戴維斯聯合起來，在一九七四年七月五日的《自然》雜誌上進行反駁，文章題為《黑洞真的會爆炸嗎？》並且堅決地回答：「不」！但是不久，泰勒和戴維斯也被說服了，並且承認他們錯了，霍金是對的。在此後的幾個星期裡，全世界的物理學家都在討論霍金的新發現。許多人認為霍金

英國理論物理學家泰勒，一九七四年時為倫敦大學國王學院數學教授

的新發現，是近幾年以來理論物理最重要的進展，夏瑪興奮地說：

「霍金的論文，是物理學史上最漂亮的論文之一。」

後來，泰勒對自己的行為進行辯解：「我曾經說，我不滿意霍金的說法。但是我覺得這是科學爭論的一部分，你必須妥協。我為自己可以參與其中而感到高興，這才是其中的樂趣。你知道，如果所有人坐下來說：『啊，真是不錯』，但是心中仍然有疑惑，那不是對科學負責的態度。但是除了那次質疑他以外，我並非反對派。」

泰勒的話很有道理，但是讓人覺得有一種文過飾非的味道。

從此以後，霍金發現的由某些黑洞發出的輻射，被稱為「霍金輻射」。

最年輕的皇家學會會員

霍金的論文具有非同一般的重要價值，象徵物理學的統一理論取得重要的進展。二十世紀初期，物理學領域出現兩個重要的理論，一個是研究宇宙宏觀結構的相對論，它是愛因斯坦提出的；一個是研究原子微觀結構的量子力學，它是普朗克、愛因斯坦、波耳、狄拉克、薛丁格、海森堡、包立前後兩代人才努力鑄就的。在霍金以前，許多物理學家，包括愛因斯坦，試圖把這兩個理論結合起來，但是都失敗了。霍金在三十二歲的時候，透過黑洞這個媒介，把宇宙宏觀結構和原子微觀結構結合起來，為推動相對論和量子力學的統一，邁出非常重要的一步。雖然還有許多艱難的工作要做，但是這一步是關鍵的一步。難怪他的導師夏瑪說，霍金的論文是「物理學史上最漂亮的論文之一」。

從此以後，人們開始稱霍金為「當今的愛因斯坦」，是「宇宙的主宰者」……霍金成為當今科學界最耀眼的科學明星之一。一九七四年三月中旬，霍金和潔恩得到消息，霍金將要被選為英國皇家學會會員。皇家學會的會員資格，是英國科學家的科學生涯中至高無上的榮耀，在聲望上僅次於諾貝爾獎。在三十二歲就可以獲得這個殊榮，實在是非常罕見的事情。

三月二十二日晚上，霍金的學生隆重地把他和潔恩以及兩個孩子，一起請到凱斯學院，慶賀他即將成為皇家學會的會員。夏瑪在學生們的歡呼聲中發表熱情的演講，他在歷數霍金的所有成就之後說：

「即使沒有皇家學會會員這個頂級的榮譽，霍金的成就已經充分說明：我對他的信任是正確的。我提議：為我們的史蒂芬乾杯！」

輪到史蒂芬・霍金答謝。那個時候，他已經完全適應在公共場合發表演講，但是宴會太突然了，他沒有時間準備演講內容。雖然聲音有些小，他緩慢而清晰地談論自己的研究過程，以及自己來劍橋以後的近十年裡走過的不尋常道路。他感謝丹尼斯・夏瑪教授的支持和鼓勵，感謝朋友們出席宴會。他在演講中，使用自己慣用的「我」，而不是「我們」。

他的演講受到人們的熱烈歡迎，掌聲不斷響起，但是他犯下一個不可原諒的錯誤。他在通篇演講中，只提到自己的奮鬥，忘記提到潔恩的幫助和激勵，完全沒有提到潔恩為他做出的犧牲。這也許是霍金在熱烈的氣氛和興奮中的疏忽，但是潔恩極度失望，在熱烈的掌聲中，她拭去眼角的淚水。沒有人注意到潔恩的淚水，即使有人注意到，只會認為那是因為激動而流出的眼淚。

潔恩在回憶中痛苦地說：

「我雙手摟著兩個孩子，在房間的一邊等待他轉身對我們微笑，點點頭，說一句簡單的話，以肯定我們九年婚姻生活取得的家庭成就。在熱烈的氣氛和興奮中，可能只是由於疏忽，他沒有提到我們。他在掌聲中結束演講，我拭去失望的眼淚。如果史蒂芬忘記我們，忘記我為他做的一切，忘記他的思緒在宇宙漫遊的時候我的事業萎縮在狹窄房屋的四壁內，忘記他感到自豪的兩個漂亮孩子，他認為這一切與這個場合的科學意義無關嗎……既然他的酒杯裡盛滿成功，那些成功甚至是身體健全的科學家不敢夢想

霍金在辦公室與唐・佩奇討論問題

的，難道他不能從中勻出一小滴讓我品嘗嗎？」

事實上，潔恩為了維持這個家庭正常生活，付出別人難以想像的代價。她要照顧兩個孩子，還要照顧霍金的起居，沒有人可以幫助她。在其他正常的家庭裡，妻子總是可以得到丈夫的幫助，但是在她的家庭裡，她不僅無法得到幫助，還要隨時幫助霍金。她多麼希望有人幫助她度過越來越困難的生活，多麼希望霍金可以接受別人給予的幫助！

但是在一九七四年以前，霍金多半會堅決拒絕別人的幫助。他的這種態度，潔恩也可以理解，她明白霍金拒絕提到疾病。這是支撐他的支柱，也是他的「防禦工事」的重要組成部分，如果承認健康狀況帶來的壓力，他的勇氣也許就會消失。她更清楚，如果霍金每天想到起床的時候艱難的掙扎，以及他經常遇到的常人難以想像的困難，就會使他精神崩潰，但是她也希望霍金可以承認自己的實際狀況，承認病情正在惡化的事實。如果霍金可以接受別人給予的幫助，就可以減輕她日趨無法忍受的沉重負擔。

每天晚上和週末，霍金會像羅丹的「沉思者」那樣，用右手托著頭，低頭沉思幾個小時，進入另一個世界，對潔恩和在他身邊玩耍的孩子視而不見。這個時候，潔恩會感到惶惑，有時候忍不住輕聲地問他：「你在想什麼？」但是這樣的問題無法得到霍金的回答，潔恩就會焦慮不安，擔心他有什麼狀況。或許在輪椅上難受？也許身體不舒服？是不是因為她有事不能和他一起參加會議而感到不愉快？也許是他對日益惡化的身體狀況感到沮喪，造成無法忍受的壓抑？

他的每件個人瑣事，包括穿衣和洗澡，以及一些大的動作，都需要潔恩的幫助，潔恩要把他從輪椅上、汽車上、浴室裡、床上抱來抱去。食物必須切成碎塊，讓他可以用湯匙吃下去，否則會嗆到而引起劇烈的咳嗽，因此吃飯經常耗費很長時間。家裡的樓梯，現在也成為一個主要障礙。他還可以挺直站立——但是要依靠別人在後面扶住他。由於霍金有名氣，經常到許多國家開會或是參加活動，但是出門的困難只有潔恩才知道，所以她希望他可以減少出門。為此，在潔恩的內心深處，產生一種愧疚感。更讓人難過的是，霍金的言語開始變得不清楚，他們的交流變得更困難，潔恩感到十分茫然。

這一切，使潔恩陷入焦慮不安和沮喪絕望。她說：「與所有不幸落入黑洞的過客一樣，我像一條橡皮筋被自己無法控制的情感力量拉長、拖曳、撕扯。」

潔恩曾經向醫生訴說自己的情況，他只能同情地搖搖頭，因為他對不願意接受幫助的人無計可施。但是他和霍金討論，建議找男護士上門服務，這樣至少可以幫助霍金洗澡。有一個和藹可親的男護士願意上門服務，但是只能在下午五點來。霍金認為，這樣會嚴重妨礙自己的工作，因此這個計畫很快夭折了。

潔恩無可奈何地說：「只有發生奇蹟，才可以解決我們面對的問題。我無法指望從大彌撒的濃濃香氣中得到一個奇蹟。」

後來，潔恩想到一個很好的方法：請霍金的學生和他們住在一起，他們幫助霍金上下車、穿衣、洗澡，報酬是提供免費住宿以及霍金對他們學業的關注。潔恩把這個想法告訴霍金，霍金本能的反應是：反對！但是經過認真討論以後，霍金承認如果沒有人幫助，自己無法去美國。最後，霍金同意潔恩的建議。潔恩立刻把這個想法告訴卡爾和德阿夫，他們經過認真考慮以後也同意了，認為這樣做對彼此都有利。

這件事情確定以後，潔恩的心情好多了，從此有人幫助她照顧霍金。

一九七四年五月二日，星期四，在倫敦卡爾頓大廈皇家學會講堂裡，舉行隆重的會員入會儀式。新會員被介紹以後，走上講台，在入會簿上簽名。輪到霍金的時候，會場突然安靜下來，有人把簿子從講台上遞下來，霍金坐在輪椅上，慢慢地簽上自己的名字。交出入會簿以後，霍金揮了揮手。

人群之中，突然爆發一陣熱烈的掌聲。霍金的臉上浮現出歡欣的微笑，潔恩也不由得熱淚盈眶。

輪椅上的「黑洞的主宰者」

成為英國皇家學會會員以後，霍金在科學界的聲望大為提高，邀請他到國外講學的研究機構日益增加。這個時候，潔恩還沒有從霍金在皇家學會演講的時候帶給她的傷害中解脫出來。

其實，霍金不是有意傷害潔恩，多半是由於彼此在性格上明顯的不同所致。霍金，甚至霍金家族，認為表達情感（例如：感謝、憤怒……）和表達對別人的欣賞，是一種軟弱的表現，是失去感情控制的表現，是否定自身價值的表現。潔恩也許可以接受這些，因為她也是一個堅強的人，否則不會和霍金結婚。讓她無法接受的是，霍金家族的人很少用慷慨表示親切，他們對這種表示感到羞愧，也許還會覺得庸俗！潔恩沒有霍金家族那種超乎常人的堅強品格，她雖然可以理解，但是感情上無法接受。

潔恩在這次事件之後曾經說：

「我知道這是一場美好的聚會，被忽視只是一件小事。我戴著一副堅強的面具，因為我知道自己沒有哭的權利，高雅的行為舉止禁止任何情感的迸發。」

就在這個時候，加州理工學院寄來邀請函，邀請霍金下一個學年作為訪問學者去美國。對於潔恩來說，這就像一場及時雨，可以由此調整情緒和感情。

加州理工學院和它的英才們

加州理工學院位於美國加州，在距離這個州的洛杉磯不到十二英里，有一個城市叫做帕薩迪納，這所學院就在這個城市中。有一位作家這樣形容帕薩迪納：

甚至帕薩迪納的空氣也截然不同，溫馨柔和，瀰漫鮮花的芳香。風景如同用蠟筆畫出的一幅色彩絢麗的圖畫：天空呈銀灰色，地上遍布橙黃、淡紫、乳白、淺棕的色澤。它坐落在紫紅色的聖蓋博山腳下，富足、精緻、寧靜，是洛杉磯的有錢人們在市郊的休閒勝地；它被稱為「百萬富翁村」，看起來名不虛傳：蜿蜒的街道兩旁點綴棕櫚樹，有陽台的平房隨處可見，西班牙式的別墅掩映在林蔭深處，園丁剪刀的喀嚓聲和灑水器的嘶嘶聲，使周圍更顯得安詳靜謐。與波特蘭崎嶇的道路、陰暗的杉林、刺骨的冬雨相比，帕薩迪納簡直像是天堂。

在加州理工學院，教授們每天會針對獨特的想法和新奇的發現進行熱烈辯論。正是因為這種激動人心的氣氛，許多科學家的思想在這裡開出鮮豔的花朵。二十世紀三〇年代，愛因斯坦在這裡發展自己奇妙的思想；「科學奇才」費曼在這裡震驚科學界；記憶力可以與霍金媲美的蓋爾曼，在這裡提出夸克理論；兩次獲得諾貝爾獎的「怪傑」鮑林，在這裡建立自己在科學與和平事業上的功勳。

索恩想要讓霍金來陽光明媚的帕薩迪納，這樣他們可以針對宇宙學的最新發展進行討論和爭辯。索恩提出非常優惠的條件，霍金當然不會拒絕。首先，學院付給霍金的報酬，超出美國一般的生活水準；其次，學院提供一套免費住房，非常寬敞，而且家具齊全；第三，學院提供一輛汽車和一輛電動輪椅，可以使霍金得到最大程度的獨立性，不必依賴別人就可以到處行走，甚至霍金需要的物理治療已經安排妥當，孩子就讀的學校也安排就緒。考慮到潔恩照顧霍金有困難，索恩也邀請霍金的學生卡爾和德阿夫到加州理工學院。

一九七四年，霍金夫婦在美國加州的住宅：南威爾遜街五三五號

霍金十分滿意這種安排，答應到加州理工學院訪問。潔恩也十分高興，因為她與霍金在情感上有裂痕，現在需要一種變化，這種變化也許可以彌補他們之間的裂痕，帶給他們一個新的視野，一種新的動力。

一九七四年八月二十七日，霍金和家人以及兩個學生搭飛機到達洛杉磯。加州的一切，讓潔恩和兩個孩子驚訝：高大的棕櫚樹、巨大而鋥亮的轎車、四通八達的公路、高聳入雲的摩天大樓。最讓潔恩高興的是他們住的房屋，不僅漂亮高雅，而且舒服自在，有可以讓露西陷進去出不來的沙發，有可以充分滿足需要的浴室，所有事物是那麼和諧宜人，他們在英國從來沒有享受過這種奢華。

他們住的房子正對著校園，因此霍金距離他的辦公室很近，而且他得到電動輪椅，高興得像小孩得到玩具一樣，立刻興奮地操縱它。從外表看來，它與以前的輪椅差不多，但是它移動起來更快，使他可以去任何想要去的地方。當然，也有許多不便的地方，遇到台階和路上的障礙，只能請別人抬過去，由於電動輪椅需要兩個凝膠電池，加上輪椅本身和霍金，每次要兩個人才可以抬得動。但是有兩個學生陪伴，潔恩就可以從這些沉重的事務中解脫出來，帶著兩個孩子到海灘上玩，可以從圖書館借閱《理查三世》和《瑪麗皇后》等自己感興趣的書籍。

潔恩認識一位新朋友——休斯太太。潔恩認為休斯太太「是一位很有洞察力的人」，而且非常關心她和兩個孩子。所有人不停地稱讚霍金的勇氣和才華的時候，只有她對潔恩說：

「在霍金的背後，一定有一個同樣勇敢的人在支持他，否則他不可能獲得如此偉大的成就。」

潔恩聽了這句話以後，感動得無言以對。霍金肯定也明白這一點，但是他被家族傳統的「堅強的外殼」罩住，覺得說明這一點實在庸俗，而且沒有必要。潔恩沒有霍金的這種品格，而且覺得這種品格實在是荒謬——她正好需要霍金向她表示這一點。

霍金在加州理工學院過得十分高興和滿意，因為他的宇宙學研究必須涉及微觀世界，所以他經常參加關於量子力學和基本粒子的學術講座，尤其是費曼和蓋爾曼的講座，他更是十分重視。費曼在一九六五年因為量子場論的建立獲得諾貝爾物理學獎，蓋爾曼因為提出夸克理論於一九六九年獲得諾貝爾物理學獎。使霍金感到奇怪的是，這兩位諾貝爾獎得主不知道為什麼面和心不和，似乎有難以調和的衝突。

有一天，霍金去參加蓋爾曼的講座，內容是基本粒子物理學的最新研究成果。蓋爾曼發現費曼也在聽眾中的時候，他竟然用單調無味的語氣念講稿，讓聽眾覺得驚訝，因為蓋爾曼平時講課

美國物理學家蓋爾曼，一九六九年諾貝爾物理學獎得主

美國物理學家費曼，一九六五年諾貝爾物理學獎得主

十分生動，而且富有激情。費曼聽了十分鐘以後，起身離開。讓霍金感到驚訝的是，蓋爾曼嘆了一口氣，然後說：

「唉，現在我們開始進入正題。」

接著，蓋爾曼生動活潑地敘述最新研究成果。霍金覺得不可思議，回家以後把這件事情說給潔恩聽，潔恩也覺得難以理喻。

喜歡打賭的霍金

有些科學家喜歡打賭，這些打賭的故事非常有趣。

霍金雖然每天只能坐在輪椅裡，頭也只能斜靠在肩上，不能說話，只能依靠電腦和語音合成器與別人交流。但是，他有非同一般的活力，不僅在輪椅上使自己成為世界上最著名的科學家，而且非常喜歡開玩笑，尤其喜歡打賭。在加州理工學院，他遇到一個也喜歡湊熱鬧的物理學家索恩，於是霍金與索恩之間進行三次「豪賭」。

天鵝星座X-1雙星裡有沒有一個黑洞？

一九七四年十二月，他們第一次打賭，打賭的內容是：在天鵝星座X-1雙星裡，是否有一個黑洞？索恩認為有，霍金認為沒有。為此，他們寫了一份賭狀：如果索恩贏了，霍金就要訂購一年的《閣樓》雜誌給他；如果霍金贏了，索恩就要訂購四年的《私家偵探》雜誌給他。

霍金曾經解釋自己為什麼要打這個賭，他說這是一種「保險策略」。其實，他們都相信在天鵝星座X-1裡有一個黑洞，霍金只是由於喜歡熱鬧，熱衷於惡作劇，才會打這個賭，以緩和研究所帶來的過於緊張的氣氛。他得意地說：「如果索恩輸了，我的關於黑洞的研究就是浪費時間，毫無價值，但是可以得到四年的《私家偵探》雜誌，聊以自慰；如果索恩贏了，我的研究就獲得成功，而且是一個激動人心的成就，我也樂於給索恩一些安慰。」

這次打賭，索恩贏了，以後一年中，他按時收到《閣樓》雜誌。其實，這次打賭是雙贏：霍金的黑洞理論取得勝利，索恩免費收到《閣樓》雜誌。據說，這次打賭引來索恩夫人的「不滿」，可能是因為賭注不公平：一年的雜誌對四年的雜誌，霍金太狡猾了！也有一位學者認為，索恩夫人之所以「不滿」，是因

Whereas Stephen Hawking
has such a large investment in
General Relativity and Black
Holes and desires an insurance
policy, and whereas Kip Thorne likes
to live dangerously without an
insurance policy,
Therefore be it resolved that
Stephen Hawking bets 1 year's
subscription to "Penthouse" as agai
Kip Thorne's wager of a 4-year
subscription to "Private Eye", that
Cygnus X1 does not contain a
black hole of mass above the
Chandrasekhar limit. Conceded Stephen Hawking

一九七四年十二月，霍金和索恩第一次打賭寫的賭狀

為《閣樓》雜誌「是一本模仿《花花公子》但是更大膽更暴露的色情雜誌」。

宇宙中是否有「裸奇點」？

一九九一年九月二十四日，索恩和霍金第二次打賭，打賭的內容是：宇宙中是否有「裸奇點」？所謂「奇點」，一般被看作是一個點，我們熟知的物理學定律在奇點失效。「裸奇點」顧名思義，就是裸露的奇點，沒有任何東西包圍它，即不藏在視界內的奇點，也就是在視界外的奇點。霍金認為，奇點只能存在於黑洞中，不可以「裸露」，但是索恩不這樣認為。這次打賭，索恩把同事約翰・普雷斯基爾拉進來了。

賭狀中寫道：

> 霍金堅信裸奇點是應該被經典物理學定律禁止的討厭東西，普雷斯基爾和索恩認為裸奇點是可以脫離視界遮蔽的量子引力體，整個宇宙都可以看到。有鑑於此，霍金提出打賭，普雷斯基爾和索恩接受……

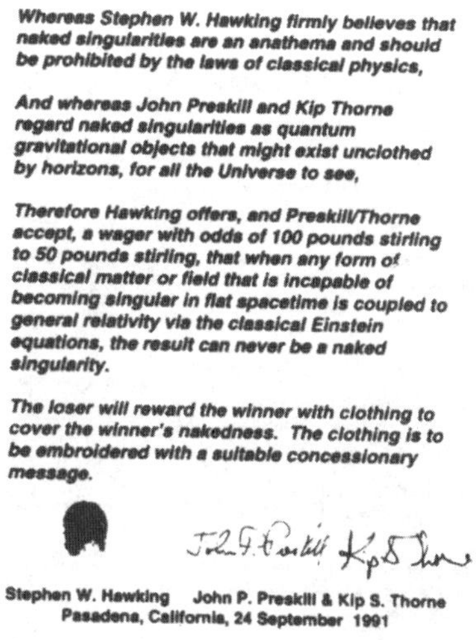

Whereas Stephen W. Hawking firmly believes that naked singularities are an anathema and should be prohibited by the laws of classical physics,

And whereas John Preskill and Kip Thorne regard naked singularities as quantum gravitational objects that might exist unclothed by horizons, for all the Universe to see,

Therefore Hawking offers, and Preskill/Thorne accept, a wager with odds of 100 pounds stirling to 50 pounds stirling, that when any form of classical matter or field that is incapable of becoming singular in flat spacetime is coupled to general relativity via the classical Einstein equations, the result can never be a naked singularity.

The loser will reward the winner with clothing to cover the winner's nakedness. The clothing is to be embroidered with a suitable concessionary message.

Stephen W. Hawking　　John P. Preskill & Kip S. Thorne

Pasadena, California, 24 September 1991

一九九一年九月二十四日，霍金與索恩和普雷斯基爾的賭狀。這個時候，霍金已經無法用手寫字，只能在賭狀上蓋手印如果霍金輸了，要給索恩和普雷斯基爾一百英鎊；如果霍金贏了，索恩和普雷斯基爾要給霍金五十英鎊。而且，輸家還要買一件蔽體的衣服給贏家，衣服上要繡上適當的認輸字樣。

結果，又是索恩贏了。但是，霍金輸了以後不服氣，拒付一百英鎊，並且說：「因為措辭不小心，我已經輸過一次。」然而，他還是給索恩和普雷斯基爾「遮蔽裸體」的T恤，上面寫著「自然界憎恨裸奇點」（Nature abhors a Naked Singularity）。可見霍金沒有真正認輸。根據索恩回憶：「遺憾的是，我必須告訴你們，史蒂芬的話（即自然界憎恨裸奇點）大失風度！他在T恤上印了一個披著毛巾的女孩。我的妻子和史蒂芬的妻子看見這件T恤嚇了一跳，但是史蒂芬說話向來是沒有遮攔的。」霍金也承認，他們「很不滿意我輸給他們的T恤」。

霍金為什麼認輸？原來，他是在電腦類比的實驗面前認輸的。但是霍金沒有真正被說服，因此一九九七年二月五日，霍金再次向索恩和普雷斯基爾發起挑戰。霍金認

霍金給贏家的T恤上印的圖案

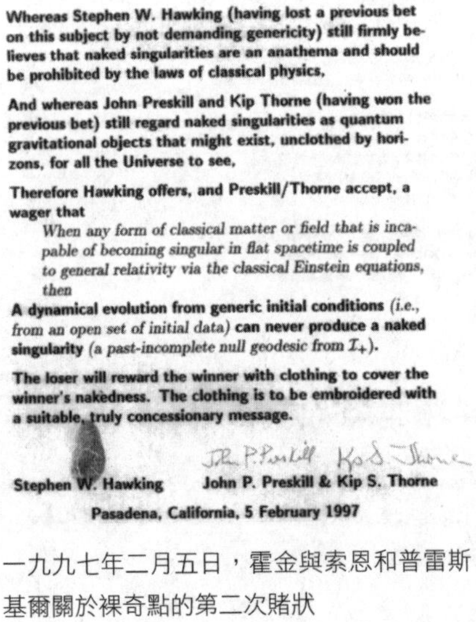

Whereas Stephen W. Hawking (having lost a previous bet on this subject by not demanding genericity) still firmly believes that naked singularities are an anathema and should be prohibited by the laws of classical physics,

And whereas John Preskill and Kip Thorne (having won the previous bet) still regard naked singularities as quantum gravitational objects that might exist, unclothed by horizons, for all the Universe to see,

Therefore Hawking offers, and Preskill/Thorne accept, a wager that

When any form of classical matter or field that is incapable of becoming singular in flat spacetime is coupled to general relativity via the classical Einstein equations, then

A dynamical evolution from generic initial conditions (*i.e., from an open set of initial data*) can never produce a naked singularity (*a past-incomplete null geodesic from* $\mathcal{I}_+$).

The loser will reward the winner with clothing to cover the winner's nakedness. The clothing is to be embroidered with a suitable, truly concessionary message.

Stephen W. Hawking　　John P. Preskill & Kip S. Thorne

Pasadena, California, 5 February 1997

一九九七年二月五日，霍金與索恩和普雷斯基爾關於裸奇點的第二次賭狀

為：在「特殊情況」下，裸奇點可以形成；在「一般情況」下，裸奇點還是被禁止的。

這個賭局目前還沒有最後結果，但是香港大學李啟明博士（普雷斯基爾的學生）說，索恩這次沒有把握贏，他曾經公開承認，自己和普雷斯基爾可能會輸。李啟明博士也說：「我也覺得他們會輸。」

「黑洞戰爭」——黑洞資訊悖論

一九九七年，霍金再次打賭。霍金認為，黑洞無法向黑洞外釋放任何資訊，如果一個星體最後坍塌成為一個黑洞，這個星體的大量資訊就會從此完全消失，這就是有名的「黑洞資訊悖論」（Black hole information paradox）。

「黑洞資訊悖論」（有些人稱為「黑洞悖論」）被認為是霍金發動的一場「黑洞戰爭」，幾乎所有著名的宇宙學家都加入這場「戰爭」。這次「戰爭」最終導致關於空間、時間、物質本質的思考模式發生深刻的變革。

開始發動這場「戰爭」的時間是在一九八一年初，但是這個思想產生於一九七四年。一九七四年，霍金發現「黑洞不黑」這個驚天理論。也就是說，黑洞如果形成之後，就會開始輻射出能量，黑洞的能量會隨之同時損失，這種輻射被稱為「霍金輻射」。

但是在發現「霍金輻射」之後，霍金遇到麻煩。霍金認為，由於黑洞輻射，黑洞中的物質會全部轉化為熱輻射並且輻射出來，但是熱輻射不會帶出什麼資訊，所以他曾經悲哀地說：「我把書籍、筆記本、電腦……扔進黑洞以後，最後它們都是以熱輻射的形式從黑洞輻射出來，這些物體性質方面的資訊就會永遠地消失！」

也就是說，落入黑洞的物質的資訊會從宇宙中消失，資訊不再守恆。但是理論物理學家大多相信「資訊守恆」，堅信這個理論的基石不會被破壞。但是以霍金（和索恩）為代表的相對論專家認為：資訊不一定守恆。

在一九七六年的一篇論文中，霍金指出：「黑洞輻射不含有任何黑洞內部的資訊，在黑洞損失殆盡之後，所有資訊都會消失。」根據量子力學的定律，資訊不可能被徹底抹掉，於是與霍金的說法產生衝突。因此霍金認為：黑洞的引力場過於強大，量子力學的定律不一定適用。但是他的這種解釋，無法讓學術界信服。有一位物理學家直言：「我不相信霍金的理論，儘管我不知道他的計算到底錯在哪裡。」

一九八一年初，霍金來到美國加州的海港城市舊金山，在沃納・艾哈德的公寓頂樓裡，參加艾哈德研討會培訓中心（簡稱ＥＳＴ）的會議。參加這次會議的主要有美國史丹佛大學物理系教授李奧納特・色斯金、荷蘭物理學家特・胡夫特（一九九九年獲得諾貝爾物理學獎）和霍金等人。色斯金回憶說：「在沃納的公寓頂樓裡，讓我記憶最深刻的不是特・胡夫特，而是我第一次遇到史蒂芬・霍金。霍金在那裡投下炸彈，發動黑洞戰爭。」

所謂戰爭，就是霍金再次聲稱：「資訊在黑洞蒸發中消失。」更糟糕的是，霍金似乎在他的計算中證明這個觀點。

直到一九九四年，在英國劍橋大學的艾薩克・牛頓數學研究所的演講中，霍金仍然堅持自己的觀點。他在演講中說：

一個天體坍縮而成黑洞的時候，大量的資訊就消失了……根據量子力學，黑洞發出輻射並且損失質量。最終它們似乎完全消失，帶走它們內部儲存的資訊。我要論證這個資訊確實是消失了，不會以某種形式恢復。我將要證明，這把一個新的不可預測性引入物理學中，它超出與量子力學有關的通常的不確定性……許多研究量子引力的人——幾乎包括所有從粒子物理進入這個領域的人——本能地反對關於一個系統的量子態的資訊可能消失的概念。但是，他們證明資訊可以從黑洞中取出的努力並未成功。我相信，他們最終會接受我的看法，即資訊消失了，正如他們不得不承認黑洞發出輻射這個看法一樣。

如果霍金的想法是正確的，大自然就有更大的不確定性。正是因為這一點，所以科學界有這樣的故事：

愛因斯坦：「我不相信上帝會玩擲骰子的遊戲！」

波耳：「你怎麼知道上帝不擲骰子？」

霍金：「上帝不僅擲骰子，有時候還會把骰子扔到找不到的地方。」

一九九七年二月六日，普雷斯基爾提出相反的觀點，他認為黑洞可以釋放隱藏在其內部的資訊。為此，在二月七日，霍金和索恩聯合起來與普雷斯基爾打賭：黑洞是否可以釋放它的資訊？賭注是一本《棒球百科全書》。這次打賭，霍金因為已經不能簽名，所以在賭狀上蓋的是他的手印。

在二〇〇四年的記者招待會上，霍金宣布他的看法有所改變，並且會在都柏林的會議上，報告自己的結論。國際物理學界感到驚訝和不可思議，他們幾乎焦急地等待這次國際會議。

第十七屆廣義相對論和重力國際會議在愛爾蘭首都都柏林舉行。二〇〇四年七月二十一日，霍金在會議上宣布：黑洞的演化符合因果律，沒有失去資訊，他輸掉這場打賭，並且送給普雷斯基爾一本《板球百科全書》。霍金說：「我在英國很難找到一本《棒球百科全書》，只能用《板球百科全書》代替。」

霍金宣布：

「我的看法改變了，我的最新研究終於解決自己的謬誤：不管如何，資訊似乎確實從黑洞裡滲出……我想，我已經解決理論物理學的一個問題。自從我三十年以前發現黑洞輻射以來，它一直困擾我。」

記者已經得知霍金要在二十一日的會議上宣布重大消息，因此那一天去聽他演講的人，不僅有出席會議的六百多位物理學家，還有幾十位記者。會議舉辦人彼得羅斯・弗洛里德斯在霍金演講以後開玩笑地說：「儘管可以相信光速比資訊傳遞得更快，但是這個說法用在霍金身上似乎成為悖論，因為霍金進行演講的消息以比光速更快的速度傳遍世界。」

讓人驚訝又有趣的是，與霍金同屬一方的索恩不同意霍金「單方面宣布失敗的意見」，認為這件事情不能霍金自己決定；普雷斯基爾直接表示，自己沒有聽懂霍金的報告，不知道為什麼自己突然贏了這場打賭。

索恩和普雷斯基爾這樣說有一定的道理，因為霍金宣布認輸的時候沒有採用全像原理，而是採用傳統的量子場論方法，在索恩和普雷斯基爾看來是不可思議的。他們認為，只有採用特・胡夫特和色斯金提出不久的全像原理，才有可能證明黑洞資訊悖論的謬誤。

霍金在劍橋大學的同事吉本斯也說：「霍金的新理論或許可以解決黑洞資訊悖論，但是還有待同行的檢驗。」

普雷斯基爾（左）、索恩（中）與霍金

許多物理學家謹慎地認為，霍金可能會提出一些令人興奮的想法，但是年逾花甲的霍金是否可以徹底解決黑洞資訊悖論這個非常複雜的問題，他們大多表示懷疑。

為什麼？因為想要徹底解決這個問題，首先要解決引力量子化的問題，這又是因為與黑洞資訊悖論密切相關的是黑洞蒸發的最終結局。黑洞半徑收縮到普朗克長度的量級，時空幾何自身的量子漲落變得重要，只有量子引力理論才可以揭示黑洞的最後命運。

引力量子化是二十一世紀物理學的最大難題，儘管許多物理學家為此絞盡腦汁和發揮想像力，但是沒有人知道什麼時候才可以解決引力量子化的問題。

因此可以說，黑洞資訊悖論是一個沒有得到最終結果的謬誤。

但是無論如何，之後霍金承認：「上帝沒有把骰子擲到我們看不見的地方。」

霍金的宗教觀，以及為伽利略平反

在加州理工學院期間，霍金的病情緩慢地惡化，他的雙手逐漸不聽使喚。在這種一般人難以忍受的情形下，他仍然堅持探索宇宙的奧秘。

除了全心全意思考宇宙之謎以外，霍金總是在力所能及的情形下抵抗疾病的發展，有時候這種抵抗給人們悲壯的感受。霍金就是這樣，以別人無法想像的堅強，克服自己遇到的困難。別人希望他用上帝的愛憐來鼓舞自己的時候，他毫不猶豫地拒絕。他根本不相信上帝，他就是自己的上帝，那個《聖經》中的上帝，無法拯救他。潔恩卻是虔誠的教徒，她說：

「如果沒有對上帝的信仰，我不可能在這種境況中生活，我不可能嫁給史蒂芬。如果沒有信仰，我會缺乏樂觀的精神來幫助自己度過困難，也不可能繼續生活下去。」

她希望霍金也可以成為虔誠的教徒，但是潔恩只要提到宗教信仰的時候，霍金就會微笑不語，意思是說：「我不會信仰宗教，你不必說服我。」

霍金的觀點與愛因斯坦相似，他曾經說：

「我們只是一顆行星上的一些微不足道的生物，這顆行星圍繞一顆普通的恆星轉動，這顆恆星處於一個星系的邊緣地帶。宇宙中有一千億個這樣的星系，所以難以相信上帝會關心我們，或是注意我們的存在。」

潔恩認為霍金之所以有這樣的宗教觀，部分是因為他的身體狀況：「隨著年齡的增長，一個人的視野就會更開闊。我想，他心中的觀念與其他人的觀念不同，這是由於他的狀況和環境——他是一個幾乎完全癱瘓的天才——沒有人可以瞭解他的上帝觀或是他與上帝的關係是怎樣的。」

許多哲學家和科學家也發表與霍金非常相似的言論，最為人所知的就是愛因斯坦，但是他們沒有像霍金那樣癱瘓。有些人聲稱霍金沒有資格對宗教發表意見，因為他對宗教一無所知。潔恩也說：「他把任何東西都歸結為理性的、數學公式，認為那才是真理……他沒有資格談論宗教。」

但是要具有什麼資格才可以談論宗教？難道那些火燒布魯諾和審判伽利略的人就有資格談論宗教嗎？從霍金的一些談話中，人們似乎可以認為他不全然否認上帝的存在，只是認為上帝的能力有限，因而限制人們對於上帝的依賴性。他曾經說：「愛因斯坦曾經問了一個問題，『在建構宇宙方面，上帝有多少選擇？』如果無邊界模型是正確的，上帝在選擇初始狀態方面沒有任何自由，他依舊有權力選擇宇宙遵守的規律，但是在這一點上，也許確實沒有多少選擇……」

在加州理工學院，霍金遇到索恩的一個博士生佩奇。佩奇是一個虔誠的教徒，他相信理解宇宙的奧秘可以揭示上帝的偉大，但是上帝比宇宙學更偉大。佩奇說：「從猶太教和基督教的觀念出發，與其說上帝是宇宙的初始，不如說上帝創造和支撐宇宙。宇宙是否有起始的問題，與它是否被創造這個問題無關，正如一位畫家畫的一條線是否有起點和終點，或是一個圓而沒有終點這個問題，與這條線是畫出來的這個問題無關一樣。」

佩奇是一位助人為樂的人，從一九七六年到一九七九年，他在劍橋大學霍金手下從事研究。有一段時間，他幫助霍金起

美國宇宙學家佩奇，他是一位熱心虔誠的教徒

床和吃飯。他試圖用自己的宗教信仰影響霍金，但總是受到霍金善意的嘲諷。佩奇在回憶的時候寫道：

我經常在七點十五分或是七點半起床，沖一下澡，讀《聖經》和禱告，然後在八點十五分，幫助霍金起床。我經常在吃早餐的時候告訴他在《聖經》裡讀到的內容，希望對他多少有一些影響。

但是佩奇失敗了。有一次，他向霍金講述一個《聖經》裡的故事：耶穌遇到一個瘋子，這個瘋子被一群魔鬼附身。這群魔鬼見到耶穌以後，要求耶穌把他們從這個人身上轉附到一群豬身上，這樣一來，可以挽救這個瘋子。耶穌答應了，讓這群魔鬼轉附到一群豬身上，最後這群豬瘋了，跑到懸崖邊跳到海中。這個故事的意思是：耶穌挽救了這個瘋子。但是霍金聽了這個故事以後，立刻提高嗓門對佩奇說：

佩奇抱著他的小兒子與霍金在霍金的書房裡

「啊，保護動物協會的人，一定不喜歡這個故事！」

還有一次，佩奇向霍金講述另一個故事：末日來臨的時候，有兩個人正在田裡工作，上帝會讓一個人上天堂，另一個人留下；還有兩個人在床上，上帝會讓一個人上天堂，另一個人留下。

到了吃早餐的時候，霍金正經地對佩奇說：

「兩個人在吃早餐，一個人上天堂，另一個人留下。」

佩奇對霍金的「冥頑不靈」和善意嘲諷，只能聳著肩膀，無可奈何。

這位堅決不信仰宗教的人，在訪問加州理工學院期間，竟然到梵蒂岡接受教宗頒發給他的獎章，而且授獎的時候出現動人的一幕。

那個時候，教宗是保祿六世。保祿六世是一位思想開放、在政治上很活躍的人，而且心地很好。他曾經呼籲：「永遠不要有戰爭。」「酷刑像流行性的傳染病一樣。殘忍而不人道的酷刑，用以作為逼供的手段，我們應該堅決制止這種行為！」

一九七五年，保祿六世決定把「庇護十一世教宗金質科學獎章」頒發給霍金。也許梵蒂岡覺得宇宙大爆炸的學說，與《聖經》的創世說一樣，很有吸引力。在授獎的那一天，霍金準備上台領獎的時候，出現感人的一幕。霍金坐著輪椅，無法走上頒獎台，只好請幾個人把霍金和輪椅抬上去，準備抬起霍金的時候，保祿六世說出讓人們感到驚訝的話：

「等一下!應該是我下去。」

教宗是宗教的至尊，信徒如果可以吻到教宗的鞋子或衣擺，就會幸福得如醉如癡，從來沒有見過教宗走到一個不信仰宗教的人身邊，真是聞所未聞、見所未見的事情。

在人們的驚愕中，教宗走下頒獎台，把獎章掛在霍金的脖子上。霍金沒有想到教宗會如此禮賢下士，所以感動地說：「我實在不敢當。」

保祿六世說出感人肺腑的話：「我從台上下來，和你做出的努力相比，實在微不足道。」

霍金在授獎儀式上受到的禮遇，是一個有歷史意義的事件。教會與天文學和宇宙學一直存在嚴重的衝突，可以回溯到布魯諾和伽利略的時代，他們因為提出和證明地球繞著太陽轉而觸怒教會，結果布魯諾在羅馬鮮花廣場被燒死，伽利略被宣判有罪，雖然因為有人說情而沒有被處死，但是被軟禁在家裡，直到孤苦伶仃地死去。後來的事實證明，布魯諾和伽利略是正確的，教會犯下令人遺憾的錯誤。霍金非常渴望教會可以為伽利略平反，甚至因為伽利略曾經受到不公平的對待，不想來梵蒂岡領獎。他說：

「由於伽利略的事情，我拿不定主意是否接受這個獎章。我抵達羅馬領獎的時刻，堅持要看梵蒂岡圖書館保存的審判伽利略的記錄。」

霍金向教會表示，伽利略受到錯誤的懲罰，應該為這位過世三百三十三年的科學家平反。潔恩雖然是一個虔誠的教徒，但是非常支持霍金的正義行為，她高興地對朋友們說：

「伽利略去世以後三百三十三年，終於出現一個擁護者。史蒂芬需要對與會者發表演講，並且準備利用這個機會，提出一個特別的請求——恢復伽利略的名譽。我相信，宗教法庭庭長統治的日子一去不復返！」

雖然霍金最後決定領取這個獎章，也為教宗保祿六世的高尚行為所感動，但是霍金聽到保祿六世宣布他獲獎的原因，心中一定感到滑稽和可笑。教宗這樣說：

「我們年輕的朋友史蒂芬．霍金博士，在一九七〇年證明大爆炸，在科學上已經接近證明上帝的存在。所以，宗座科學院理所當然地願意把庇護十一世教宗獎章頒發給傑出的霍金。」

輪椅的故事

霍金的生命力極其頑強，像他這樣由手腳不能動到後來無法說話的殘障者，竟然利用自己的輪椅，玩出許多花樣，表現高度的幽默感。在這個世界上，這樣有生命力的人恐怕少見。

在霍金行動不便以後的很長一段時間，他不願意用輪椅代替行走，寧願讓潔恩扶著他走到辦公室。他有一種恐懼的想法，認為如果使用輪椅，就表示承認身體的殘障，他覺得這是在情感上和精神上無法容忍的。但是隨著疾病的加重，他最終只好妥協而坐上輪椅。

有輪椅代替行走，他發現輪椅可以給自己帶來很大的好處，他可以更容易地到處走動。後來有電動輪椅之後，他感到更自由，帶給他的痛苦感受也減少了。

不久，霍金成為技藝出眾的輪椅駕駛員。一位新聞記者看到霍金在街上駕駛電動輪椅橫衝直撞之後，在一篇報導中寫道：

他飛馳著衝到街上。開足馬力的時候，輪椅可以保持很高的速度，霍金喜歡以最高速度行駛。他不知道什麼是害怕，簡直像箭一樣地衝到馬路中央，他認為任何過往的車輛都會停下來讓他。他的助手們非常緊張地衝到他前面，試圖減少危險。

有一次，霍金到比利時布魯塞爾開會，會議結束以後，準備搭飛機回英國。但是送他去機場的司機迷路了，他們到達機場的時候，飛機已經準備起飛。說時遲那時快，只見霍金駕駛輪椅，呼呼地全速飛馳，終於在飛機起飛以前幾分鐘登上飛機。

霍金曾經得意地吹噓自己是技術高超的駕駛員，奇怪的是，他高速行駛的時候沒有付出什麼代價，但是在沒有行駛的時候反而發生幾次危險。

有一次，他坐著電動輪椅遇見一個朋友，就停下來與他說話。這個時候，一輛卡車開過來，司機沒有看見輪椅，也沒有看見坐著輪椅的霍金，結果卡車撞倒輪椅。這位世界上最出名的科學家被拋到馬路上，在大多數情形下，這是一場災難性的事故。幸運的是，身體孱弱的霍金竟然只受到輕傷，臉被劃破一些，肩膀有些疼。醫生勸他多休息幾天，但是他不聽，過了四十八個小時又回到辦公室，要求助手把論文和書籍架在他面前放好，繼續工作，這就是霍金的個性。

還有一次，霍金參加一個授獎儀式，在頒獎台上，霍金安詳地坐在輪椅上。這個時候，主持授獎的艾倫・霍奇金爵士（一九六三年獲得諾貝爾生理學和醫學獎）穿著黑色禮服，戴著金色徽章，散發出親切而謙遜的笑容。他走到霍金的身邊，緊緊握住霍金的手，歡迎他的到來。他的話還沒有說完，霍金的輪椅迅即旋轉起來，他們和輪椅一起向主席台邊上旋轉過去。在危險即將發生的時候，霍金的助手迅速衝到輪椅旁邊，把輪椅的操縱桿拉下，避免一場可怕的災難。事故的起因是：霍奇金爵士不知道霍金的那隻手是用來控制輪椅的，由於他非常熱情地握手，輪椅突然啟動，然後快速旋轉。

有一次，輪椅卡在電梯門中間，幾乎動彈不得，與霍金高速行駛有一定的關係。

一九八九年六月，霍金到牛津大學主持很有名氣的哈雷講座。霍金由一位物理學教授陪同，準備搭乘電梯到一樓的講堂，牛津大學副校長和牛津市的名人以及六百位學生正在那裡等待霍金。

霍金看見電梯門開著，立刻加足馬力向電梯門衝去，想要讓那位教授見識自己衝過狹窄電梯門的高超技巧。那位教授正在考慮電梯門太窄，輪椅可能無法進去，霍金突然衝到前面，他驚恐地想要阻止霍金，但是已經來不及，他驚訝地發現霍金竟然不偏不斜地通過電梯門。

他鬆了一口氣的時候，麻煩出現了：霍金的輪椅還是被撞歪了，卡在電梯裡無法動彈，電梯門又在後面自動關上，兩個輪子就被門卡住了。

陪同的教授急壞了，六百多個人正在等待霍金！霍金臨危不亂，急忙給控制輪椅的電腦下達指令，想要改變輪椅的方向，但是輪子卡得太緊，無法奏效。幸虧陪同教授的手很長，把手從電梯門縫中伸進去，碰到開關，把門打開。門打開以後，霍金立刻使輪椅改變方向。危機解除了，霍金沒有受傷，對那位教授頑皮地笑起來。

除了以上一些關於輪椅的驚險故事以外，還有許多與輪椅有關的有趣故事。

霍金的手腳不能動，後來也失去說話功能，就會把輪椅當作自己的附屬器官來使用，作為表示自己個性和情感的方式。他無法在生氣的時候向別人揮手或喊叫，想要依靠電腦發出的聲音來表示自己的想法，但是那種聲音永遠是相同的聲調和節奏，無法表示自己的喜怒哀樂，於是他嘗試使用輪椅來表示。

霍金著名的咧著嘴的笑

如果他發現有人與他談話的時候言不及義或是十分愚蠢，就會覺得這是在浪費他的時間，於是急速旋轉自己的輪椅，氣憤地迅速離開。

有一次，霍金的學生約翰・博斯洛忘記霍金的殘障，向他談起一次網球比賽，談得起勁的時候，他看見霍金不發一語地駕駛輪椅離開房間，在外面等待博斯洛把話題轉移到物理學上。博斯洛後來說：「和一個癱瘓的人談論打網球的事情，確實考慮不周。但是也說明一個眾所周知的事實：霍金不是一個喜歡打交道的人。」

這還算是客氣的！如果他被惹惱了，還會駕駛輪椅輾過別人的腳趾，據說這是他特別喜歡做的事情。為了防止腳趾被輾過，他的研究生都要練就反應靈敏的能力，迅速改變腳的位置，否則輾上去很不好受。他的一個學生說：「霍金最大的遺憾是沒有輾過柴契爾夫人①！」

霍金對於核子武器憂心忡忡，一九八一年，他在富蘭克林學會接受富蘭克林獎章的時候曾經說：

「哺乳動物的進化用了四十億年的時間，人類的進化用了四百萬年的時間，科學技術和文明的發展用了四百年的時間；在剛過去的四十年裡……人類真正有可能發現一個完全統一的理論，以描述宇宙中所有的事物。然而，所有這一切可能在四十分鐘以內，由於一場核子災難而毀滅。而且，無論是偶然的還是有意的，那種災難發生的可能性很大。」

---

① 柴契爾夫人，第四十九任英國首相，一九七九～一九九〇年在任。

後來，在牛津大學舉行的宴會上，霍金和潔恩遇見參加宴會的歐洲聯軍最高司令羅傑斯將軍①。霍金想要向羅傑斯將軍表示自己的憂慮，但是怎樣才可以接近這位將軍？霍金又發揮自己使用輪椅的招數：羅傑斯將軍結束用餐準備離開的時候，霍金抓住機會，駕駛輪椅迅速衝到他身邊，攔住他的去路。羅傑斯將軍非常驚訝，驚愕地盯著坐在輪椅上的霍金。潔恩立刻走過來，先表示歉意之後，再把霍金的想法（也是潔恩的想法）告訴將軍。將軍開始顯得有些尷尬，還是體諒而認真地傾聽潔恩的陳述，然後彬彬有禮地表示，自己也非常關心這件事情，並且開始與蘇聯討論核子武器數量的問題。

除了用輪椅表示自己的憤怒和不滿以外，霍金也善於用輪椅表現自己的歡樂。

一九八八年春季，霍金著作的《時間簡史》在美國書店受到歡迎。出版社為了促銷以及向霍金表示敬意，舉行一次宴會，霍金被邀請到美國，在宴會上發表簡單的演說。那天的宴會上，他精力充沛地會見各界人士，甚至因為多喝了酒而顯得有些醉意。在回飯店的路上，潔恩和霍金的護士很緊張，害怕霍金在興奮中把輪椅弄進河裡。

①伯納德・羅傑斯（一九二一～二〇〇八），美國將軍，曾經擔任美軍總參謀長和歐洲聯軍最高司令等職。

到達飯店以後，他們穿過大廳的時候，霍金發現附近的舞廳正在舉行舞會，於是堅持說上床睡覺的時間還沒有到，駕駛輪椅依循音樂的聲音闖進舞會，並且隨著樂隊的節拍，駕駛輪椅跳起舞來，很晚才回到房間睡覺。

還有一次是參加皇家學會的聚會，會議主要內容是：接受查爾斯王子為名譽會員。在會議中，新任皇家學會主席恭維查爾斯王子對學會的貢獻，並且提到與王子同名的查理二世創建皇家學會的事情。這些都說得順理成章，也沒有任何問題，但是他接著說：「查理二世的兒子詹姆士二世，繼續為皇家學會做出貢獻。」

聽到這裡，霍金笑起來了，那個時候他還可以說話，只是聲音不能很大。他用自己可以發出的最大聲音對潔恩「耳語」：「他弄錯了！詹姆士二世是查理二世的兄弟，不是他的兒子！」

正式會議結束以後，霍金玩得很開心，還為查爾斯王子表演輪椅轉圈，用輪子躍過王子鋥亮的皮鞋。後來，在劍橋大學的晚宴上，他也在坎特伯里大主教面前表演這種技術。

在二十世紀八〇年代初期，霍金的疾病不是很嚴重

霍金坐著輪椅在沙灘上，可惜他無法與孩子們在水中嬉戲

的時候，他在閒暇之時最高興的事情，就是運用自己駕駛輪椅的技巧，和孩子們一起玩。他可以與孩子們玩捉迷藏的遊戲，讓他遺憾的是，他無法和孩子們玩其他的遊戲，例如：打板球和棒球。有時候，霍金和家人到海邊沙灘上，也無法與孩子們在水裡嬉戲和奔跑。

有一次，《星期日泰晤士報》的記者問霍金：「你曾經因為殘障而消沉嗎？」霍金回答：「沒有，我不會去想自己的殘障，還是按照自己想要做的去做，這樣使我有一種成就感。」

「疾病給你帶來的最大遺憾是什麼？」記者又問。

「不能和孩子們玩體育遊戲。」

「黑洞的主宰者」

霍金和潔恩離開劍橋去加州理工學院的時候，他們就知道，等他們回到劍橋的時候，就會離開小聖瑪麗巷六號。這個房子太小，已經無法容納人口不斷增加的家庭，而且上樓對霍金來說越來越危險，並且逐漸變為不可能。所以，他們在離開劍橋之前，已經找到一間房子，在他們離開期間，房子要進行一些改造和裝修。

這次解決住房問題比較容易，因為霍金已經是世界知名的科學家，許多人邀請他進行訪問，甚至希望他長期留在美國，並且保證為他提供優越的條件。劍橋大學和凱斯學院擔心霍金被其他大學搶走，所以潔恩到學院交涉房子的問題，沒有受到任何刁難。潔恩在回憶中寫道：

這次與凱斯學院打交道的時候，不必惴惴不安。因為霍金接連獲獎，學院急於討好他，不可能再粗暴和冷淡地對待我們。在六〇年代，我們很年輕，沒有名氣，必須為生存而掙扎，經常受到粗暴和冷淡的對待。

一九七五年夏秋之交，他們從美國回來以後，在九月搬進新居。

新居在劍橋西路五號，他們住一樓。這樣一來，霍金的輪椅進出方便，而且不必再為上樓煩惱。二樓

劍橋西路五號的新家

從另一個門進出，住的是學生。這裡有足夠多和寬敞明亮的房間，供全家人和一位學生居住。新居有廚房和浴室，還有一個很大的客廳，可以供聚會之用。新居的後面還有一個花園，可以讓羅伯特練習打網球。而且，這裡地理位置很好，露西上學很方便；距離霍金上班的應用數學和理論物理系也不遠，駕駛輪椅大概十分鐘就可以到了。

潔恩對這個房子十分滿意，他們在這裡住了十六年。潔恩說：「可以住在那個房子裡，是我們的運氣好。」

所有的房間都是寬敞明亮的，高大的玻璃窗外是英格蘭式的草坪，草坪上栽種精選的紫杉和柳樹，還有一棵巨大的紅杉、一棵加州的紅木、一棵彎曲的蘋果樹。夏天，潔恩在蘋果樹枝上掛上吊床、鞦韆、爬繩，她和孩子們可以在樹下盡情地玩耍和休息，傾聽樹上鳥窩裡羽毛未豐的畫眉鳥歡叫。即使在最寒冷的冬天，花園依然那麼美麗，令人著迷。潔恩經常獨自站在窗邊，戀戀不捨，不願意離開。

最早住進霍金家的學生是伯納德，後來是佩奇。學生的責任很重，他們要像保姆一樣照顧霍金，還要做秘書的工作，幫忙安排旅行，擬定講座日程，有時候還要臨時照顧孩子，以及做家庭事務工作。

伯納德．卡爾是最早住進劍橋西路五號的研究生

佩奇從加州理工學院來到霍金家以後，很難習慣霍金的工作方式。這不奇怪，霍金由於疾病給自己帶來的不利條件，已經養成一般人沒有的習慣：在頭腦裡解決複雜的數學問題。但是由於他們接觸的時間很多，相互交流的機會也很多，所以佩奇覺得收穫很大。佩奇說：

「我發現這是一種很好的鍛鍊。在三年的時間裡，我是一個博士以後，我和霍金住在一起，許多時間和他一起上下班。走在路上的時候，我不可能記下什麼。有時候，他問我一些問題，我要努力在頭腦裡考慮出結果。在頭腦裡解決問題的時候，必須抓住問題的實質，努力省去無關緊要的細節。」

但是，也有令人十分尷尬的時候。這些學生必須把霍金從輪椅抱上床，或是從床上抱到輪椅上，幫他脫衣和穿衣。這也許不算什麼，讓人難堪的是，他們要把一絲不掛的老師抱到浴缸裡，甚至還要幫助潔恩為老師洗澡。

研究生伯納德回憶這件尷尬的事情，曾經說：

「學生把自己的教授抱到浴缸以後，很難對自己的教授有敬畏之感！」

卡爾的感受應該也是真心話。幸好，霍金已經習慣由別人幫助自己，對自己的隱私只能不去關注，否則又能如何？

由於霍金在黑洞研究上取得的驚人成就，使得他獲得「黑洞的主宰者」、「黑洞之王」的美譽。令人驚訝的是，像黑洞這麼困難的宇宙學專門課題，到了二十世紀七〇年代以後，竟然成為一般人談論的話題，又要歸功於霍金。許多偉大的科學家，例如：愛因斯坦、波耳……他們都有偉大的發現，但是他們過分專注於自己的研究，忽略向民眾通俗地介紹自己的研究。愛因斯坦提出相對論的時候，竟然有傳言說：「世界上只有三個人瞭解（廣義）相對論。」結果，一般人不敢接觸相對論，物理學家也敬畏三分，妨礙相對論的普及和發展。因此，諾貝爾物理學獎得主錢德拉薩卡說：「這種過分離奇的傳言，延緩人們更早地認識和發展相對論。」這些傳言不是愛因斯坦傳出去的，但是如果他可以像霍金這樣，在民眾和媒體面前通俗地宣傳相對論，人們至少會早二十年接受相對論。那個時候的傳播媒體沒有現在這樣發達，也是相對論難以普及的原因之一。

到了七〇年代中期，霍金逐漸成為媒體的焦點人物，他的名字經常出現在報紙上，他的形象也開始出現在關於黑洞的影片中。一九九七年，英國廣播公司（ＢＢＣ）播出一個節目《宇宙的主人》，不僅反映霍金為研究黑洞付出的努力，並且報導他的個人生活和身體狀況。

剛開始，潔恩擔心電視台會用生硬的科學方法，把霍金拍攝成一個邪惡的人，一個像科學怪人①那樣的人，但是後來潔恩發現自己多慮了。看了這部影片以後，她覺得這是科學家紀錄片中最好的一部，即使是科學的內容，也像抒情詩一般流暢和優美。關於霍金的生活分為兩個部分，一個部分是他在學院工作的情景，那是在系裡拍攝的，內容包括他與學生們進行研究和討論，以及解釋他最近的新發現；另一個部分是在家裡拍攝的，背景是兩個孩子在夏天鮮花盛開的花園裡玩耍。

那年冬天，這部影片在世界各地上映。在影片中，展現霍金堅強不屈、在嚴重殘障面前不氣餒、不向困難妥協的頑強精神。這個自強自立的形象，立刻感動世界各地的觀眾，霍金不僅成為「黑洞的主宰者」，也成為媒體上的明星！

一九七四年三月，霍金成為英國皇家學會會員之後，獎賞和榮譽接踵而來。除了之前提到的庇護十一世獎章以外，他又獲得皇家天文學會授予的愛丁頓獎章，皇家學會授予的休斯獎章等五個獎章或獎金，都是表彰他在黑洞領域做出的巨大貢獻。一九七八年，為了表揚他在大統一理論上的貢獻，他獲得愛因斯坦獎，這是物理學界最有名的獎項之一，也是霍金到那個時候為止得到的最高學術榮譽獎。

有些人開始談論，這位三十六歲的物理學家可能會獲得科學最高榮譽獎——諾貝爾獎。但是直至今日，霍金還是沒有得到諾貝爾獎，儘管他已經是「黑洞的主宰者」，是世界上最有名的科學家之一。為什麼霍金沒有得到諾貝爾獎？諾貝爾獎的頒發有一個原則：一個發現被實驗證實以後，這個發現才可以獲得諾貝爾獎。一九〇五年，愛因斯坦提出相對論以後，他已經是世界上最有聲望的科學家，但是一九二一年

---

①科學怪人是英國詩人雪萊的妻子瑪麗·雪萊寫的一部科幻作品中的主角，是一個邪惡的令人厭惡的怪人。

才獲得諾貝爾物理學獎，而且獲獎的原因不是因為發現相對論——諾貝爾獎評審委員會認為，相對論還沒有得到可靠的證實，愛因斯坦是因為光電效應理論而獲得諾貝爾物理學獎。

霍金研究的黑洞和宇宙大爆炸，無法用實驗證實，所以他沒有獲得諾貝爾獎。但是，除了諾貝爾獎以外，他獲得越來越多的獎勵。二〇一三年三月，霍金獲得基礎物理學突破獎，這個獎項是目前世界上獎金最高的獎項，獲獎者可以得到三百萬美元。這個獎項是俄羅斯億萬富翁尤里・米爾納於二〇一二年七月捐資設立的國際物理學獎，與諾貝爾獎不同的是，它以那些理論上的進步為目標，可以授予理論尚未被實驗證實的物理學家。

一九七五年，霍金得到第一個正式職位——高級講師，這樣一來，他就有資格配備一個秘書。新來的秘書是費娜小姐，她以高效率的工作，為霍金服務許多年。而且，她來到陰沉而單調的應用數學和理論物理系以後，為系裡帶來清新的活力和愉快的氛圍。過了兩年，正如許多人預言的那樣，霍金升任為重力物理學教授，劍橋大學和凱斯學院已經充分認識到霍金在學術上的重要地位。

霍金坐在牛頓的畫像前

這裡還有一段故事：自從一九七七年以後，英國甚至全世界科學界開始關注霍金和他的成就。這位著名的科學家、皇家學會的會員、研究黑洞的明星已經在電視上出現，他的照片經常被刊登在報紙的明顯位置。但是，劍橋大學似乎沒有注意到這些事實，還沒有給霍金一個教授職位。有些比較溫和的說法認為，劍橋大學並非沒有注意到霍金的成就，也許他們認為霍金是一個嚴重殘障的科學家，活不了多久，所以不願意給他教授職位。

到了一九七七年三月，劍橋大學終於決定給他一個特別為他設置的「重力物理學教授」的職位，只要他留在劍橋，這個職位就是他的。同年，凱斯學院特別授予他教授研究員的職位。

霍金在牛津大學的指導教授羅伯特·伯曼推薦他為牛津大學的榮譽研究員，伯曼在給評審委員會的信中寫道：

> 近期的《名人錄》記錄他的一些成就，但是《名人錄》無法跟上他獲獎的速度，他得到的榮譽不止這些。
>
> 我想不出我們的學院曾經培養哪些比霍金更優秀的科學家，如果可以更多地顯示我們與他取得的成就密切關聯，將會給我們帶來榮譽（外界總是認為他完全是劍橋大學培養造就的）。
>
> 也許，請求考慮一個不到三十五歲的人擔任榮譽研究員會使人們感到驚訝。在此，我提出兩個理由。首先，他的傑出才華應該作為例外來考慮，我們不必等到人們普遍以為他是一個聞名於世的人物才這樣做。事實上，關於黑洞的每篇文章和每次演講都提到霍金，他的著作——《時空的大尺度結構》，是每位

宇宙學家期待的「聖經」。

其次，霍金罹患嚴重的疾病，並且被束縛在輪椅上，逐漸嚴重的癱瘓會使患者的壽命變得很短，他的身體狀況很可怕，但是他的心智正常。我不希望我們要等到他得到諾貝爾獎的時候才有所行動。

伯曼原本認為，必須為自己的推薦提出更充分的理由。然而，他沒有想到的是，在第一次會議上，自己的推薦在沒有人反對的情況下通過。

就像霍金的傳記作者懷特和格里賓驚歎的那樣：「一個十六年以前在牛津大學只知道在公共場所亂塗亂寫，而且喝酒的時間比學習的時間更多的懶漢，已經取得巨大的成就！」

盧卡斯教授

又過了兩年，一九七九年的秋天，霍金被任命為劍橋大學最令人羨慕的「盧卡斯數學教授」(Lucasian Chair of Mathematics)。

為什麼這是一個最令人羨慕的教授職位？盧卡斯數學教授的職位，是一六六三年由亨利・盧卡斯捐贈一百英鎊而設立的。一六六九年，偉大的牛頓曾經擔任這個教授職位。從此以後，這個教授職位成為劍橋大學聲望最高的教授職位之一。霍金的學生吳忠超先生參加霍金在一九八〇年四月二十九日的就職典禮，他在《從牛頓到霍金——劍橋大學盧卡斯教授評傳》一書《中譯本序言》中寫道：

在劍橋大學的歷史中，有兩個世界上最崇高的職位，它們是盧卡斯數學教授和卡文迪許物理教授，這兩個職位展現劍橋大學偉大的科學傳統。首任盧卡斯數學教授是牛頓的恩師艾薩克・巴羅；牛頓曾經擔任第二任盧卡斯數學教授；第十一任是電腦的先驅查爾斯・巴貝奇；第十五任是保羅・狄拉克（量子力學的創立者之一），他的貢獻包括：狄拉克方程式、量子場論、反物質、量子統計、路徑積分、磁單極、廣義函數。卡文迪許物理教授由馬克士威首任，此後曾經由瑞利、湯姆森、拉塞福、布拉格、莫特擔任。

史蒂芬・霍金是現任盧卡斯數學教授，他是繼愛因斯坦之後重力物理的最高權威，也是除了牛頓之外最著名的盧卡斯數學教授。霍金在經典重力的框架中，證明奇性定理和黑洞面積增加定理；在量子力學的框架中，提出把廣義相對論、量子力學、熱力學結合起來的黑洞輻射場景。他的無邊界設想，解決千年以來困擾人類包括牛頓的第一推動力問題，即宇宙創生問題。

最有意思的是，霍金原本對這個職位沒有什麼興趣。他的前任詹姆斯・萊特希爾爵士在一九六九年上任以前，公開表示希望獲得這個職位。但是霍金不同，萊特希爾引退以後，他不僅沒有主動申請，並且表示不願意接受這個享有盛名的職位。當時，霍金是劍橋大學的重力物理學教授，也是凱斯學院的教授研究員，他認為盧卡斯教授職位不會帶來多少經濟收入，不如利用這個職位招徠校外有學識的科學家。應用數學與理論物理系主任喬治・巴徹勒宣布霍金獲得這個職位的時候，霍金甚至表示「非常失望」。一九九八年，他對採訪者說：

「我只是一個臨時替代，只是由於我做出的成績滿足盧卡斯教授職位的標準。許多人覺得我不會在任很久，他們就可以找到更適合的人選。可是我很抱歉，讓各位選舉人失望了。我已經在盧卡斯教授職位上做了十九年，再活十一年直到退休年紀，看來也不是問題。當然，在時間方面，我還是不敵在任長達三十七年的狄拉克和在任五十四年的斯托克斯。」

然而，就是這個因為「壽命可能不長」而當選的「臨時替代」，到二〇〇九年，在盧卡斯教授職位上做了三十年。

在劍橋大學，所有教授在接受任命的時候，都要在一本冊子上簽上自己的名字。霍金擔任盧卡斯教授一年以後，學校官員發現霍金沒有在冊子上簽名，立刻把簽名冊送到霍金的辦公室，請他簽名。霍金顫抖地寫上自己的名字，顯得很激動。他大概沒有想到，這是自己最後一次的簽名。

二〇〇三年，霍金在《從牛頓到霍金——劍橋大學盧卡斯教授評傳》一書的前言中，回憶這個教授職位的重要人物和發展：

迄今已經有十七位教授據有這個職位，因為他們之中許多人的創造性成就，這個職位已經成為最著名的數學職位之一。職位設立數百年以來，劍橋成為最偉大的數學研究中心，直到今天還是這樣。一九九二年成立的艾薩克・牛頓數學研究所，是國內也是國際的訪學研究所，吸引聯合王國和海外的數學家前來，進行長期的互動研究。

艾薩克・牛頓利用職位的條件，獨自思考如何改革劍橋的數學教育。他希望讓學生獲得良好的幾何學與力學基礎，進而確立以數學為基礎的自然觀。他沒有把這項改革進行到底，可是他的十八世紀繼任者做出一些改變，這些改變把劍橋推到十九世紀數學自然哲學中心的位置。大概從一七四八年開始，數學榮譽學位考試變得更全面而徹底，考生以成績排序，分出等級。一七七二年引入筆試。學校官員把牛頓《數學原理》和《光學》的英文本用作固定教材。……

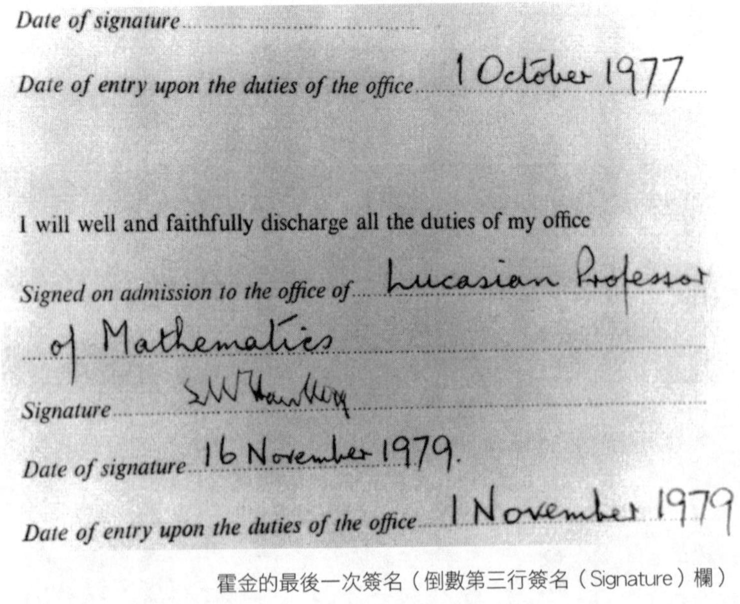
Date of signature

Date of entry upon the duties of the office 1 October 1977

I will well and faithfully discharge all the duties of my office

Signed on admission to the office of Lucasian Professor of Mathematics

Signature S W Hawking

Date of signature 16 November 1979.

Date of entry upon the duties of the office 1 November 1979

霍金的最後一次簽名（倒數第三行簽名（Signature）欄）

保羅・狄拉克擔任這個職位三十七年。其間，基礎物理再次成為盧卡斯任職者關注的焦點。他當仁不讓，把量子力學與狹義相對論結合起來。就像他的前任牛頓一樣，狄拉克炮製出最偉大的物理學教科書之一，就是大名鼎鼎的《量子力學原理》。一九三三年，狄拉克獲得諾貝爾物理學獎，那是他當選盧卡斯教授的第二年。

正是由於牛頓、巴貝奇、狄拉克和其他盧卡斯教授的成就，劍橋的數學才可以繼續佔據世界舞台的中心。透過他們的研究論文和教科書，他們的講座和他們的畢業生，盧卡斯教授激勵一代又一代的數學家進行最高程度的工作。現在，艾薩克・牛頓數學研究所牢固地建立起來。有艾薩克・牛頓數學研究所，有盧卡斯教授打下的堅實基礎，劍橋大學將會繼續無愧於世界數學中心的地位。

霍金在出任盧卡斯教授職位的時候發表就職演說，題目是《理論物理已經接近尾聲嗎？》。這個預言式的演說，到二〇二〇年已經過去四十年，現在審視霍金的這個演說，很有意思。

在霍金之前，科學家多次預言物理學已經全部完結，沒有什麼事情可以做。例如：十九世紀末期，普朗克決定在大學讀物理系的時候，他的老師十分驚訝。這位老師說：「許多物理學家認為，物理學的大廈已經建成，再研究物理學已經沒有價值，浪費自己的才華。」普朗克沒有聽從老師的建議，結果他對現代物理學的發展做出很大的貢獻，創立量子力學。量子力學從建立到現在，已經過去一個多世紀，還有許多問題沒有弄明白，普朗克老師的預言被證明是錯的。

到了二十世紀二〇年代末期，為量子力學做出重要貢獻，並且獲得諾貝爾物理學獎的德國物理學家玻恩，可能忘記二十多年以前物理學家預言失敗的教訓，再次預言物理學已經完結。他說：

「盡我所知，物理學將會在六個月以內完結。」

玻恩的膽子很大，竟然預言半年以內就可以完結物理學的發展，可惜他的預言又被證明是錯的。

又過了五十多年，霍金成為世界上最著名的物理學家之一，他對自己和朋友們在研究黑洞理論上取得的成就大喜過望，於是對物理學研究的終結有過於樂觀的態度。但是，霍金接受前人的教訓，所以在演說中說：「在做出這類預言的時候，必須十分謹慎。」但是他仍然大膽地預言：

「儘管如此，我們這幾年取得大量的進步，而且正如我描述的，根據謹慎樂觀的估計，我相信某些讀了這篇文章的讀者，在他們的有生之年，可以看到一套完整的理論。」

霍金不像玻恩那樣，說什麼半年之內就會完結之類的話，他把話說得很圓滑，沒有說多少年就會完結，而是說讀了文章的讀者在他們的「有生之年」……這個預言的時間太長，人們無法判斷是否可能，可是到演講結尾的時候，他仍然無法抑制自己的歡悅心情，冒失地宣稱：

「到二十世紀末期，也就是二十年之後，由於速度更快、精準度更高的電腦出現，物理學領域中的許多重要問題都會得到解決。那個時候，物理學家就沒有事情可以做。」

他幽默地說，那個時候他會過得很好，因為二〇〇九年他就要退休了。聽眾笑了起來，很欣賞他的幽默。距離他不遠的潔恩，也聽見這句話，但是她沒有笑。後來她說：

「聽眾喜歡這個玩笑，可是我不知道有什麼好笑的。」

現在，我們再看霍金的預言，發現他和那些喜歡預言的先輩一樣，又失敗了！

到一九九七年，他已經是媒體上的明星，經常在電視上出現。這年年底，已經快到預言實現的日子，他發現實現十七年以前的預言遙遙無期，於是他在電視節目上承認，一九八〇年的預言「是錯誤的，過於樂觀」。但是他仍然不甘沉默，於是再次預言：二十年以後，一定可以把「主要的」問題全部解決。

霍金的這個預言絕對不會實現，從他經常喜歡「開玩笑」來看，他也許只是逗著玩？有可能。

透過這個故事，我們可以明白一個古今不變的真理：再聰明的天才，再偉大的人物，也會犯錯，有時候還是可笑的錯誤。英國學者保羅・戴維斯有一本科普著作《關於時間——愛因斯坦未完成的革命》，這本書的第十章第五節為《霍金最大的錯誤》，其中談到霍金研究「時光倒流」，作者寫道：

然而……他不是從星光的變化入手，而是從量子宇宙學的角度來研究時間逆轉。在霍金式的宇宙模型中，宇宙起源於一次大爆炸奇點，膨脹到最大體積，然後對稱地收縮，直到在最後的擠壓奇點中湮沒自己。霍金……把量子力學應用於這個宇宙模型的時候，初看起來，好像量子力學定律會自動強迫宇宙進行時間對稱性的演化，不僅在它的整體運動上，而且在微觀的細節上也是如此。然而，霍金後來承認這個理論曾經是他犯下的「最大錯誤」。一九九一年九月，在西班牙舉行的關於時間之箭問題的研討會上，霍金勇敢地向與會者解釋自己過去是怎樣誤入歧途。

儘管霍金公開承認這個錯誤，魔鬼還是從瓶子裡跑出來。詹姆斯・哈妥和加州理工學院的諾貝爾獎得主默里・蓋爾曼認識到：假如對量子力學的規則稍做修改，霍金的錯誤就可以被改正，並且時間完全對稱的宇宙確實可以存在。蓋爾曼和哈妥不認為宇宙必須如此，只是指出它或許是這樣的。

英國哲人塞繆爾・斯邁爾斯說得很好：「從未犯過錯誤的人，絕對不會有所發現。」想要對人類做出貢獻，就不要迷信前人，要以自己的智慧，找出前人的錯誤或是不足之處，提出自己的見解和理論。

科學永遠不會終結，它會向人們提出永恆的挑戰。

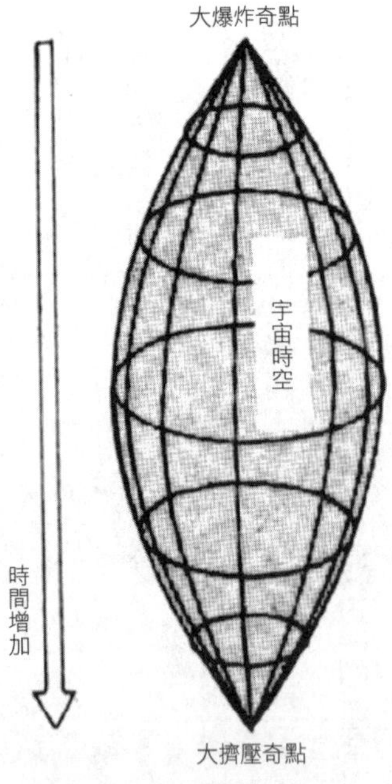

從大爆炸奇點到大擠壓奇點示意模型圖（時間完全對稱，即時間可以向增加的方向流，也可以向反方向倒流）

霍金爵士與他的《時間簡史》

中國詩人杜甫在詩中唱道:

安得廣廈千萬間,大庇天下寒士俱歡顏,風雨不動安如山!

德國詩人歌德說:

最幸福的人就是可以感到別人的功績,視別人之樂如自己之樂的人。

杜甫和歌德的這些話,曾經感動很多人。

一九六一年一月二十日,美國總統甘迺迪在就職演說中,曾經說過一句感動無數美國人的話:「我的同胞們,不要問你們的國家可以為你們做什麼,應該問你們可以為你們的國家做什麼。」

霍金深刻瞭解這個道理,所以他是一位偉大的科學家,也是一位非凡的社會運動家,為回報社會給他的榮譽，盡自己的一份力量。

為殘障者的權利而奮鬥

霍金雖然不願意被別人稱為「殘障者科學家」，但是由於他親身體會到殘障者的痛苦和受到的限制，以及受到的忽視甚至蔑視，使他懷著強烈的願望向社會呼籲：關注殘障者的權利。剛開始，由於他人微言輕，而且想要改變頑固的陳舊觀念並非一朝一夕的事情，所以他的呼籲和建議沒有受到重視。但是霍金不是一個輕易妥協的人，他的頑強表現在他的科學研究中，也表現在他與不關心殘障者權利的社會陋習和官僚主義政府的鬥爭中。

霍金使用電動輪椅，行動方便許多

霍金自己承受的許多不便，使他感覺到劍橋大學以及英國社會普遍忽視殘障者的權利。於是，他開始爭取殘障者的權利，與劍橋大學甚至英國社會進行一場曠日持久的鬥爭。

剛開始的交鋒是應用數學和理論物理系門口的台階問題，霍金建議修建坡道，以方便輪椅進出。但是學校因為修建坡道的費用由誰支付的問題，總是敷衍帶過。霍金堅持殘障者有權利要求學校改善環境，學校應該重視殘障者的權利。

最後，霍金終於獲得勝利，大樓門口修建供輪椅進出的坡道。霍金又說服學校，降低街上的路坎高度，使得他從家裡出門以後到辦公室的路途變得更宜於輪椅和其他殘障者行走。

他和不同部門的負責人宣導殘障者權利的時候，經常說出無法反駁的理由：殘障者為什麼不能像正常人那樣去看電影，或是去服裝店為自己挑選衣服？難道他們在忍受殘酷的命運造成的限制之外，還要忍受社會強加在他們生活中的束縛？目光短淺的官僚們為什麼還要使殘障者的生活更艱難？

這些問題既尖銳又合理。隨著霍金聲望的不斷提高，政府官員開始重視霍金的意見，而且付諸實行，在建築物的前方修建坡道，英國國家歌劇院也修建可以讓輪椅進出的通道。值得一提的是，為一個禮堂修建坡道進行的辯論：霍金認為，這個禮堂被用作投票所，殘障者無法進去投票，這是剝奪殘障者選舉權的違法行為，應該修建坡道讓殘障者進出。市政府發表聲明，這個禮堂不是真正的公共建築，所以不受一九七〇年《殘障者法案》的保護。但

一九七九年年底，霍金獲得皇家殘障和康復協會授予的年度最傑出人物獎

是媒體一致擁護霍金的意見，最後市政府只好放棄自己的聲明。

霍金個性倔強，具有叛逆的性格，最喜歡做的事情是進行激烈而精彩的辯論，無論是關於宇宙學，還是關於殘障者權利。

一九七九年年底，由於霍金為宣導和爭取殘障者的權利而取得的成就，被皇家殘障和康復協會授予年度最傑出人物獎。

後來，在美國召開的科學家會議上，霍金特別提請各國科學家關注殘障者的合法權益：

幫助殘障兒童與同年齡其他兒童交往是非常重要的，可以決定他們的自我意識。如果一個人在小時候就被隔離，他怎麼可能意識到自己是人類的一員？這是種族隔離的另一種形式。輪椅和電腦這類輔助用品在彌補身體缺陷方面具有重要作用，但是正確的態度更重要。只是指責民眾對殘障者的態度是不夠的，要改變人們對殘障者的認識，還是取決於殘障者自己。殘障者應該像黑人和婦女一樣，改變民眾的觀念。

在英國的布里斯托大學，霍金幫助殘障學生建造一幢學生宿舍，宿舍完工以後，人們把這幢宿舍稱為「霍金樓」。

爭取殘障者權利取得成績以後，霍金把自己的關注點轉移到更廣泛的社會問題上，例如：噪音問題。他曾經領導一場運動，要求取消女學生不能進入凱斯學院讀書的禁令，這場運動持續將近十年的時間。

他對減少和銷毀核子武器也明確表示自己的態度，曾經公開說：

「地球上的每個人平均擁有相當於四噸烈性炸藥的核子武器，半磅炸藥就可能置人於死地，所以……我們必須瞭解，我們和蘇聯沒有衝突，雙方強烈關注對方的穩定，我們應該認識到這個事實，並且攜手合作，而不是武裝自己，互相對抗。」

教宗的期待

隨著霍金的名聲越來越大，教宗似乎對這位宇宙學家越來越關注。保祿六世於一九七八年八月去世，新教宗由約翰・保祿二世擔任，他從一九七八年被選為教宗至二〇〇五年四月二日去世，在位二十七年。在這二十七年之中，他受到人們許多的讚許。許多主教說，約翰・保祿二世是一位很有造詣的學者，而且心地很好、精力過人。他在一九七八年十月十七日的就職演說中表示，教會應該革新以適應時代的需要。一九七九年十一月十日，在紀念愛因斯坦百年誕辰的集會上，他為三百三十七年以前被教會審判的伽利略平反：

「伽利略表述屬於認識論性質的一些準則，這些準則對於調和《聖經》與科學之間的衝突是不可缺少的。」

他大膽而公正地表示：三百三十七年以前的判決錯了，應該恢復伽利略的名譽！他嘆息地說：「愛因斯坦生前得到極大的榮譽，伽利略卻備受折磨。」

一九八一年，在約翰・保祿二世的主持下，梵蒂岡宗座科學院召開宇宙學術會議。教會竟然召開科學研究最前沿的會議，確實讓人們感到驚訝，甚至無法理解，充分說明約翰・保祿二世的開放政策。事實上，那個時候的宗座科學院成為傑出科學家聚集的中心，科學家針對科學問題向教宗提出建議。在這次會議上，霍金要為伽利略的徹底平反發言，並且講述自己在宇宙學方面的研究成果：宇宙無始無終，因此不需要造物主。

霍金是研究宇宙學的權威，雖然他的研究結果讓教宗有些擔心和不以為然，但是教宗仍然熱情地邀請他。

到了羅馬以後，霍金和家人興致勃勃地參觀羅馬大劇場、古羅馬廣場、圓形競技場、聖卡里斯托地下墓穴。那幾天，羅馬天氣反覆無常，經常是上午陽光明媚，下午陰暗悶熱，烏雲翻滾，有時候電閃雷鳴，暴雨如注。潔恩這次到羅馬，帶著小兒子蒂莫西，他是一九七九年四月出生的。那天下午，潔恩帶著已經可以到處跑動的蒂莫西，想要在四點以前趕回飯店，因為烏雲已經開始翻騰，表示大雨隨時會傾盆而下。但是羅馬發生交通堵塞，加上閃電雷聲不斷出現，人們焦急地在擁擠的公車站等待。潔恩十分焦急，因為她覺得即使公車來了，自己和兒子也無法擠上去，霍金還在飯店裡等待，她答應準時回到飯店，然後一起出去吃晚飯。

公車來了，潔恩對自己和兒子擠上車不抱持任何期望。但是奇蹟出現了！蒂莫西喜歡公車，他隨著人群艱難地爬上公車！義大利人熱情豪爽，他們看見蒂莫西擠上車，立刻歡呼起來：

「多麼勇敢的孩子！」

「真是可愛！真是可愛！」

蒂莫西剛學會把單字按照語法組合成一個完整的句子，因此非常樂意顯示這個才能。他問一位老婦人：「你有房子嗎？」

不等老婦人回答，他立刻解釋：

「我們有房子，我們有汽車，我們有車庫，我們有花園。」

他們終於在四點以前趕回飯店。霍金坐在輪椅上由潔恩推著，到餐廳享受義大利的美味佳餚。

霍金在這次學術會議上，首次正式公布關於無邊界宇宙的研究成果。所謂無邊界宇宙是指：宇宙在空間上沒有邊界，在時間上沒有起點和終點。

會議即將結束的時候，教宗在甘多爾福堡接見參加會議的科學家。按照教會的傳統，教徒們在這種場合應該在教宗面前行跪禮，以示對教宗的尊重和敬愛。但是，霍金的輪椅駛到教宗面前的時候，令人驚愕的場面突然出現了……

教宗離開自己的座位，走到霍金的面前，然後跪下來，這樣他可以平視地與霍金交談。所有人對這個場面目瞪口呆，有些教徒認為教宗做得太過分。因為，霍金提出的宇宙理論徹底否定上帝的存在，是徹底的無神論學說！但是教宗不在意別人的感受，輕聲地問：

「你正在研究什麼？」

「我正在研究宇宙的邊界是否存在。」

教宗點了點頭，說：「我希望你的研究，可以使人類更進步和幸福。」他停頓一會兒，又說：「對於研究宇宙學的人，我有一個希望……像『世界形成的一瞬間』這樣的研究，最好還是不要研究。」

霍金不知道如何回答，遲疑地說：「我盡力而為。」

教宗曾經警告物理學家，不要對宇宙的起始問題挖掘得太深。他告訴這些科學家，儘管科學家可以研究宇宙的進化，但是不可以也不應該問，宇宙在大爆炸創造世界的時刻，究竟發生什麼，更不應該問大爆炸之前發生什麼。教宗說：

「任何關於世界起源的科學假說，例如：關於形成物質世界的原始原子的假說，並未解決關於宇宙起源的問題。科學依靠自身無法解決這個問題，需要超越物理學和天體物理學的知識，這種知識被稱為形而上學，這尤其需要來自上帝的啟示。」

霍金坐在輪椅上，聽著教宗的訓誡和警告，臉部表情很平靜，但是心裡不以為然。科學探索不應該受到指責，而且利用教義來限制思想自由，否認科學家提出宇宙為什麼存在這個問題的權利，實在荒謬。在歷史上，教會曾經為科學設立許多禁區，給科學發展帶來阻礙，甚至讓科學家飽受折磨，死於非命。如果不對這種教訓深刻反省，反而還要繼續設立禁區，認為那是上帝設立的禁區，顯然是不正確的。

但是霍金對教宗的忠厚和寬容仍然心存感激，所以沒有對他的告誡做出任何表示，只是感慨地說：

「天主教會已經比伽利略時代寬容許多。」

霍金不會忘記在這次會議上，教宗說了以下這段話：

「對於那些正在準備慶祝伽利略的偉大著作《關於托勒密和哥白尼兩大世界體系的對話》出版三百五十週年的人，我要說的是，教會在經歷伽利略事件之後，已經擁有一種更成熟的態度，並且對專屬於它的權威有更準確的體會和把握。我要重複一九七九年十一月十日在你們面前說過的話：我希望神學家、學者、歷史學家可以在真誠合作精神的推動下，更深刻地認識伽利略事件，坦率地承認錯誤，無論它來自哪一方。我希望可以消除在許多人心中仍然構成障礙的誤解，達到科學與信仰的繁榮和諧。」

霍金回到劍橋以後，仍然繼續研究「禁區」中的問題，完全沒有把教宗的訓誡和警告放在心中。他的研究進一步證明，宇宙完全是自足的，它沒有邊界，也沒有起點和終點，因此宇宙不需要上帝。

上帝只是對人們的心靈有某種信仰上的作用，對科學沒有任何約束力，也不應該有任何約束力。即使對那些忠實信徒來說，博愛的上帝如果存在，也應該賦予自己的創造物完全自由的意志，怎麼會限制人類智力的發展和探索科學的自由？

一九八六年，霍金被選為宗座科學院院士，教宗約翰·保祿二世再次接見霍金、潔恩、蒂莫西。這次羅馬之行，比一九八一年更隆重，因為院士也許應該更受到重視。這次訪問的高潮是覲見教宗，霍金和家人來到教宗面前的時候，教宗把一隻手放在蒂莫西的頭上，另一隻手按在霍金和潔恩的手上，平靜地和他們交談。在一張照片上可以看出，教宗與潔恩握手交談，蒂莫西似乎很喜歡他，用溫和的目光親切地看著他。對於潔恩，一個虔誠的教徒來說，可以與教宗交談，應該是自己最幸福和最難忘的事情。可惜霍金這個時候已經不能說話，一九八五年罹患肺炎以後，他進行氣管切開手術，使得他的喉嚨無法再發出聲音，只能依靠語音合成器和別人交談。

一九八六年，教宗約翰·保祿二世接見霍金一家三人

教宗對這位不屈服的科學家，表示由衷的問候和祝福。

霍金被封為爵士

霍金的名字經常在媒體上出現，英國ＢＢＣ電視台在《地平線》節目中播出對霍金的訪問，報導他在科學上的成就。於是，英國民眾有機會看到霍金教授的生活和工作情況：他駕駛輪椅在劍橋大學高速行進，以別具一格的方式與學生和同事交談，與潔恩和孩子們在一起，參加官方的聚會……許多人被霍金迷住了。倫敦的《泰晤士報》和《每日電訊報》連續刊登關於他的文章，《紐約時報》、《新聞週刊》、《浮華世界》對他進行深入採訪。二十世紀八〇年代，在新聞媒體和民眾的眼中，「黑洞」與「史蒂芬・霍金」成為同義詞，霍金成為英國家喻戶曉的明星人物，最顯赫的英國王室成員也知道霍金的名字。

一九八〇年，劍橋大學舉行建校五百週年紀念大會，尊貴的英國女王出席這個大會，並且接見一些著名的科學家。霍金雖然沒有被英國女王接見，但是她已經知道霍金，因為她從霍金身邊經過的時候，對旁邊的人低聲說：「喂，這不是那個提出黑洞學說的人嗎？」

這年夏天，劍橋大學校長菲利普親王到劍橋大學視察，他告知學院高層，自己要到霍金家進行私人訪問，以便和霍金不受干擾地見面。

潔恩知道以後，立刻做了一盤水果蛋糕，插上六根蠟燭。菲利普親王到了以後，潔恩點燃蠟燭。蒂莫西幸運地和親王一起吹滅蠟燭，使得蒂莫西得意多時。羅伯特因為要擔任攝影師，只好放棄這份榮譽。

遺憾的是，菲利普親王還要參加另一個聚會，沒有時間與霍金長談，吹滅蠟燭以後就離開了。但是讓潔恩感到興奮的是：親王帶走那盤蛋糕，而且過了幾天，收到親王請他的秘書內維爾爵士寫的感謝信，說她的蛋糕非常好吃，他們在辦公室盡情地享受。

一九八一年發生許多大事。三月三十日，美國總統雷根被行刺；四月十二日，美國「哥倫比亞號」太空梭在佛羅里達州的甘迺迪太空中心成功發射，開始它的第一次飛行，並且於四月十四日在加州愛德華空軍基地安全著陸；七月二十九日，英國查爾斯王子和黛安娜踏上紅毯，這次婚禮被稱為「世紀婚禮」，七．五億人透過電視看到壯麗的婚禮場面，英國政府宣布這一天為公共假日；十月十八日早晨，一個法國業餘航空愛好者駕駛一架小型教練機，輕巧地穿過巴黎的凱旋門，然後做出一個後翻身動作，又從凱旋門上方飛過，越過市區……

對霍金一家來說，一九八一年也是值得高興的一年。這年十二月底，英國女王宣布的一九八二年新年授勳名冊上，霍金的名字被列入其中。由於黑洞研究方面的先驅性工作，霍金被英國女王封為大英帝國二等勳位爵士，授勳儀式定於一九八二年二月二十三日在白金漢宮舉行。

由於擔心霍金的輪椅可能會因為控制不當而出現問題，霍金和潔恩決定，由她和羅伯特（已經十五歲）陪同霍金前往白金漢宮，露西也去，但是蒂莫西年齡太小，所以不能參加。授勳儀式上，所有人都要穿新衣服，羅伯特穿上自己的第一套西裝。露西十二歲，正是頑皮好動的年齡，雖然她不願意脫掉自己的牛仔褲和T恤，但是對於這個隆重的儀式只好忍痛割捨，因此她明確表示，自己會穿上禮服和外衣。

為了在第二天上午十點以前及時到達白金漢宮，霍金和家人在前一天晚上開車到倫敦，住在皇家學會為會員準備的頂樓公寓。也許是太興奮了，潔恩在整理次日穿戴衣物的時候，竟然找不到露西的新皮鞋。露西說，穿舊皮鞋也可以！但是潔恩堅決否定這個意見，那雙皮鞋已經磨損了，不能穿著它出席盛典。於是，潔恩在第二天早上，帶著露西到剛開門的鞋店買了一雙皮鞋。雖然顏色不太令人滿意，但是大小很適合。到了白金漢宮以後，有人把霍金一家人帶到一個特殊入口，他們搭乘一座老式電梯上樓。又有人帶著他們穿過一道迷宮似的走廊，走廊裡有各種各樣的家具、名畫、中國

白金漢宮

花瓶之類的貴重物品。他們急忙地走過，因此無法認真欣賞。進入主廳以後，他們就被分開了，羅伯特和霍金被帶到受勳者行列，潔恩和露西被帶到富麗堂皇的主廳邊上，她們可以從這個地方清楚地觀看授勳過程。

在大廳的一邊，有一個鋪著紅色天鵝絨地毯的檯子，金色的光線從上方傾瀉在檯子上，顯得莊嚴肅穆又不失柔和。在大廳另一邊的廂樓裡，一支軍樂隊在演奏一首樂曲。英國女王蒞臨的時候，軍樂隊奏起英國國歌，然後宣布授勳名單，每個受勳的人排隊等待英國女王接見。

霍金在隊伍的中間，羅伯特站在輪椅後面，緩慢地推動輪椅。他們來到英國女王面前的時候，所有人聚精會神地看著這對父子，那個場景讓人們非常感動和終生難忘——一個身體嚴重殘障的人，以不屈不撓的堅強信仰和意志，取得如此巨大的成就。頭垂在胸前的霍金無法把自己的頭抬高，霍金的旁邊站著羅伯特，他滿頭金髮，身材高大，顯得很高興，又帶著一絲害羞。英國女王親切地把一個紅藍相間的十字形勳章掛在霍金的頸上。

授勳儀式結束以後，霍金和家人到一家豪華餐廳吃飯。潔恩和露西仔細地看著勳章，它繫有一條灰色紋邊的紅帶子，勳章上面的題字是「為了上帝和帝國」。還有一本冊子，他們看了裡面的內容以後，發現自己由這個勳位而得到的唯一特權是：作為大英帝國二等勳位爵士的女兒，露西可以在聖保羅大教堂地下室的教堂裡舉行婚禮。

羅伯特一定是覺得掃興，冷冷地說一句：「但願露西到時候不要又忘記穿鞋。」

一九八九年，霍金被再次授勳。這次授予的是「勳爵」，是英國最高的榮譽稱號之一，比「爵士」稱號級別更高，是對公職人員和知識份子的最高表彰。

授勳儀式在七月舉行。這次授勳過程中，發生一些意外，讓英國女王感到驚恐。霍金一家被帶到舉行授勳儀式的帝國廳，霍金像往常一樣，駕駛自己的電動輪椅向敞開的門駛去。英國女王站在室內另一邊的壁爐旁邊，穿著有白色條紋的藍色禮服。她向霍金看了一眼，臉上帶著友善而憂慮的微笑。霍金匆忙地向英國女王那邊駛去的時候，地毯突然捲進他的輪子，使輪椅驟然停下，無法前進。英國女王臉上顯現出驚恐的表情。房間裡除了霍金一家人，只有英國女王一個人，她猶豫了一下，然後做出一個手勢，表示她要親自上前把笨重的輪椅拖出困境。潔恩驚慌失措，不知道應該怎麼辦。幸虧侍從迅速趕來，抬起輪椅的前輪，順利解除混亂。

在慌亂中，潔恩忘記行屈膝禮，英國女王發表歡迎辭的時候，也忘記握手。經過短暫尷尬的沉默，英國女王可能認為盡快授勳是最佳方法，因此她迅速鎮定自己，宣布自己授予勳爵勳章給霍金。潔恩代表霍金接受勳章，然後拿給霍金看，並且大聲念出上面的題詞：「行為忠誠，榮

英國女王伊莉莎白二世

譽高尚。」

霍金使用語音合成器致答謝辭：「謝謝，陛下。」

潔恩把一本帶有拇指印紋的《時間簡史》獻給英國女王，這是一本霍金寫的科普作品，當時暢銷全球。但是英國女王不知道這本書，以為這是一本介紹法律的通俗讀物，於是問：

「這是一本為律師寫的通俗讀物嗎？」

潔恩十分驚訝，英國女王怎麼會把這本書看作是與法律有關的書。她簡單介紹這本書的內容，談論一些霍金研究的成果，甚至介紹霍金使用的語音合成器。霍金用語音合成器表示自己非常抱歉，無法與英國女王直接交談，而且發出的聲音是美式口音。

英國女王回答：「這實在不幸，難道沒有英式口音可以用嗎？」

霍金的興趣來了，他告訴英國女王，自己要搭飛機到世界各地，立刻又要到西班牙領獎。

英國女王知道霍金在國外獲得許多獎項，因此問潔恩：「菲利普最近沒有給霍金什麼獎嗎？」

潔恩有些困惑：菲利普？菲利普是誰？

啊，是菲利普親王！把「菲利普」和「親王」連結起來，她終於知道是指誰。她急忙回答：

「啊，已經給過獎了。六月十五日，劍橋大學已經授予他『榮譽博士學位』。」

英國女王的接見，在輕鬆的交談中結束。英國女王再次向霍金表示祝賀，然後握手道別。

授予本校教授「榮譽博士學位」，在劍橋大學是十分罕見的事情。菲利普親王出席這個授獎儀式，以表示關心和重視。儀式中有一個程序，是霍金在銅管樂隊的伴奏下，駕駛輪椅通過凱斯學院的榮譽之門。

國內外的獎項不斷向霍金湧來，表示霍金在全世界有重要的影響和崇高的地位。這個時候，霍金處於自己事業的巔峰。

《時間簡史》出版的經歷

也許世界上絕大多數的人是透過一本科普讀物——《時間簡史》才認識霍金，尤其對於許多讀者來說，可能更是如此。可是讀者們也許不知道，《時間簡史》的寫作和出版過程中，還有許多有趣的故事。

剛開始，霍金沒有寫一本科普讀物的想法。潔恩曾經向他提出寫一本通俗讀物，介紹他對宇宙的研究成果。這樣一來，不僅潔恩可以從這本書中瞭解霍金研究的東西，也可以讓讀者知道他研究的價值，讀者可以影響政府，大力支持他的研究。除此以外，潔恩也有自己的考慮，她希望透過通俗讀物出版得到的收入，支持孩子們進入最好的學校，如果只依靠霍金的收入，是十分困難的。

除了潔恩的勸說之外，還有一位劍橋大學出版社的編輯米頓，也勸說霍金為讀者寫一本介紹宇宙學方面的書。霍金在剛開始的時候，對這個建議沒有任何興趣，但是到了一九八二年的下半年，他覺得潔恩從經濟方面的考慮很有道理。隨著孩子的增加和日漸長大，他們需要的學費讓家裡的經濟狀況日趨困難，通俗讀物如果可以暢銷，收入是相當可觀的！霍金曾經說：

「我在一九八二年首次想要寫一本關於宇宙的通俗讀物，我的部分動機是為女兒賺一些學費。（事實上，這本書出版的時候，她在高中讀最後一年。）①但主要原因是我要向人們解釋，在理解宇宙方面，我們已經走了多遠：我們也許已經非常接近於找到描述宇宙中萬物的完整理論。」

由於他以前的學術書籍都是由劍橋大學出版社出版，所以剛開始的時候，所有出版事宜都是與劍橋大學出版社聯繫。而且，這個出版社曾經出版許多著名科學家的科普讀物，賣得也很好。於是，霍金按照編輯米頓的要求開始寫作。

一九八三年初，霍金終於寫完初稿，立刻送給米頓看。米頓飛快地翻閱霍金的初稿，霍金擔心地坐在

霍金一家五人合影

輪椅上，等待米頓的意見。最後，米頓把霍金的初稿放在桌上說：

「還是太專業了，」然後，他說了一句現在被人們奉作名言的話，「你要這樣想：每個方程式都會使書籍的銷售量減少一半。」

霍金十分驚訝：「真的嗎？為什麼？」

米頓非常瞭解讀者買書的心理狀態，他做出解釋：

「人們到書店看書的時候，只是很快地翻閱，然後決定自己是否喜歡。你這本書上，幾乎每一頁都有方程式，讀者看到這些方程式就會認為：『這是一本解數學題的書。』然後放回書架上。」

霍金同意米頓的意見，但是談到稿費的時候，彼此的意見相差太遠，完全沒有交集。就在這個時候，霍金完全沒有想到，在大西洋彼岸，一個長著絡腮鬍的人，偶然在《紐約時報》上看到一張照片，照片上的人就是坐在輪椅中的霍金。這個三十多歲的人，是美國矮腳雞圖書公司的高級編輯彼得・古札迪。他以前不知道霍金這個人，但是報紙上的介紹立刻吸引他。一個嚴重殘障的英國科學家霍金，竟然使宇宙學

---

① 《時間簡史》正式出版於一九八八年，這年露西十八歲，高中剛畢業。

發生一次革命。作為一個高級編輯，他立刻想到這個神奇的事蹟可以做出一本暢銷書。他是一個優秀的編輯，而且做事雷厲風行，他立刻派一個叫薩克曼的人去劍橋大學，與霍金討論合作出書的事情。

霍金希望自己的書可以有很大的銷量，使自己可以賺一筆錢。但是劍橋大學出版社是以出版學術著作而聞名世界，他們沒有炒作一般書籍的習慣和經驗，所以他們估計霍金著作的銷量不會太好。霍金為這件事情猶豫的時候，薩克曼及時來到劍橋大學，經過一番談判，霍金很快和矮腳雞圖書公司簽訂出版合約，矮腳雞圖書公司打敗諾頓出版公司，以二十五萬美元的預付款取得在北美地區出版這本書的版權。

霍金撰寫自己的通俗讀物的時候，他的研究生對此不熱情，他們對一位教授寫作通俗讀物表示不滿，但是霍金明確地認為，除了想要以此舒緩家庭經濟困難以外，自己也有對民眾進行宇宙學啟蒙的使命和責任。

寫作是十分困難的，與編輯的合作也非常艱難。薩克曼讀了霍金的初稿以後的感覺是：「我讀了初稿以後感到很有趣，我可以為這本書找到出版商，但是它對於讀者來說不容易理解……那個時候，我們應該請一位專業作家，幫助霍金用更容易理解的語言來完成這部著作。霍金立刻拒絕，他希望這本書完全是他自己的，他是一個非常固執己見的人。」

作為一個編輯，古札迪必須把自己放在讀者的位置上，必須考慮讀者是否會掏錢買這本書，以及是否會讀這本書，他試著把這個意思告訴霍金。遇到霍金這樣有性格的人，古札迪的工作確實非常艱難。薩克曼提起古札迪做出的努力的時候說：「我猜想，古札迪對霍金的每頁書稿至少要寫幾頁的編輯意見，目的是要讓霍金把從他的思維中跳過去的東西進行詳細說明，因為不這樣做，別人就不會理解。」

古札迪在回憶中也說：「我堅持不懈，堅持到霍金使我可以理解他的文字為止。也許他會認為我有一些笨，但是我企劃這本書就是在冒險。我不放棄地埋頭苦幹，直到我可以理解他在說什麼。」

他總會指出許多地方對霍金說：「很抱歉，霍金教授，這裡我不懂。」

有時候，霍金非常生氣：這麼簡單的東西也不懂，真是活見鬼！但是薩克曼和古札迪堅持不懈，不放過任何一個不懂的地方，也不管霍金怎樣憤怒。但是事後，他們可以相互理解。古札迪說：「霍金在這個過程中極其和藹可親，並且對我表現出極大的耐心。」古札迪很謙虛，對霍金在書中的《作者致謝》中說：「矮腳雞圖書公司的編輯彼得・古札迪為我寫下無數評語，使這本書改善甚多。」對此，古札迪回應：「我只是做了任何智力正常的人都會做的事情，我不屈不撓，直到我可以看懂到底發生什麼事情為止。」

一九八四年聖誕節來臨的時候，初稿終於讓薩克曼和古札迪滿意，當然還要修改。出版社的固執和「愚笨」，有時候使霍金想要發脾氣，然後放手不管。這個時候，他們又會用各種甜言蜜語讓霍金繼續修改。

一九八五年七月，霍金到日內瓦的歐洲核子研究組織工作一段時間。不幸在八月初，一場突如其來的疾病，差一點要了他的命。後來，命雖然保住了，但是由於開刀切開氣管，霍金從此以後失去說話的能力。

由於這場重病，《時間簡史》的寫作幾乎夭折，出版社認為霍金即使大難不死，也很難再正常地思考和工作。然而，命運凶狠地扼住霍金喉嚨的時候，在潔恩和許多醫生的幫助下，在他頑強生存意志的作用下，他又活過來了！而且，他在離開醫院以後不久，又開始修改《時間簡史》，不由得使人們想起貝多芬的名曲《命運》。

一九八八年四月，《時間簡史：從大爆炸到黑洞》（A Brief History of Time: from the Big Bang to Black Holes）終於出現在美國各地書店。為了促銷這本書，霍金專程到美國紐約的洛克菲勒大學舉行新聞發表會，並且在發表會上演講。

這是一本優秀的天文科普著作，作者想像豐富、構思奇妙、語言優美，更讓人驚訝的是：世界之外和未來之變，竟然是這樣的神奇和美妙。但是剛開始，出版社對這本書的銷量不樂觀，所以只印了四萬冊。但是這本書上市以後，卻銷售得非常好，讓出版社又喜又驚。

霍金沒有想到自己的作品會如此熱銷。這裡有一個插曲：這本書出版以後，有些人發現書中有兩張插圖放錯位置，於是出版社決定把發出去的書收回，加以改正。但是他們驚訝地獲悉，各家書店的這本書已經銷售一空，準備要求再次訂購。出版社立刻改正首版中的錯誤，開始大量重印。到了夏天，只是在美

《時間簡史：從大爆炸到黑洞》英文版的封面

國，這本書就賣出五十萬冊；到一九八八年夏天，霍金這本「難讀」的書被列為暢銷書已經四個月。他的名字家喻戶曉，美國的新聞媒體報導出版界的這個盛事，機場的書店也在熱銷這本書。

後來，這本書獲得一個重要獎項——沃爾夫獎，這是以色列沃爾夫基金會創辦的以「為了人類的利益促進科學和藝術」為宗旨的獎項，它也是世界上代表人類最高成就的獎項之一。

在芝加哥，霍金的「粉絲」組成一個俱樂部，並且開始銷售霍金T恤。從洛杉磯到匹茲堡，在中小學生和大學生心目中，霍金已經具有與搖滾明星一樣的地位和商業號召力。

當年狂熱崇拜英國哲學家伯特蘭・羅素的霍金，現在也成為學生們崇拜的英雄。

到一九九二年一月，在這本書出版將近四年的時間裡，它已經被譯成三十種語言，全球銷售量達到五百五十萬冊，創造出版界的奇蹟！《紐約時報書評》也無法忽視這本描述宇宙的「小書」，在一九八八年的評論中寫道：

在一本輕鬆活潑、條理清晰的小書中，他（霍金）和所有可以讀書識字的人分享對於宇宙肇始及命運的看法……他的書是一位科學家以難能可貴的勇氣做出的少見的分享，呈現出一個讓人目眩神迷的景象，並且具有一種頑皮的幽默感。

一九一九年，因為對日食的觀測證實廣義相對論，愛因斯坦一夜之間成為全世界最著名的人物。現在，同樣的命運落在霍金身上，這次是因為霍金寫了一本科普讀物！從《自然》雜誌到《每日郵報》刊登評論文章，所有文章都對這本書大加讚賞，許多訪談文章出現在報紙和雜誌上，霍金成為一位名人。他必須經過精心地挑選，才可以決定和哪些記者會面。

一位訪問霍金的作者，曾經對霍金可以成為全世界聞名的人物一事，寫過一段很深刻的話：

霍金是一個化身，一個化為人身的宗教聖賢。他的存在對於世界上成千上萬的人來說，是一種激勵，是一種身殘志存的表率。霍金認為，人類的意志（我稱為靈魂）可以戰勝肉體。在他的身上，我們看到一位世界頂尖級科學家，還有一個飽受病痛折磨、殘損不堪的肉體……即使這樣，霍金也從未停止對科學的追求，而且他在科學研究中做得出類拔萃。我總是覺得，可以做到這些跟靈魂的力量是分不開的。宗教的偉大之處，就是在於賦予人們希望。霍金就是一個給予千萬人希望的人物……我們激勵年輕人，充滿希望，期待未來，相信人類可以戰勝所有艱難險阻，世界將會變得更美好。

霍金也希望盡可能地贏得最廣泛的讀者，他希望醫生和律師以及研究科學的學生讀他的書，也希望水管工和商販讀他的書：

我很高興一本科學方面的書可以和明星的回憶錄競爭，也許這樣人類才有希望，我很高興這本書可以被民眾接受，而不僅是學者。當今時代，科學產生巨大的作用，所以每個人對於科學是什麼應該有一些概念，這是非常重要的。

一九八八年六月，《時間簡史》在英國出版，銷售同樣火爆。幾天之內，這本書在倫敦各家書店被搶購一空，很快在英國的暢銷書排行榜上名列榜首，甚至在三年之後仍然位居前十名！

在英國出版以後的兩個星期之內，《時間簡史》被列入《星期日泰晤士報》暢銷書榜，很快又躍居榜首，並且在整個夏天沒有其他書可以與它抗衡。到了一九九一年，它的精裝本在英國仍然是最暢銷圖書的前十名。

人們開始在路上攔住霍金，對他表示仰慕之情。據說蒂莫西為此感到有些窘迫，霍金卻陶醉於此！

一九九二年，耗資三百五十萬英鎊製作的同名電影問世。霍金堅信，關於宇宙的起源和生命的基本理念可以不用數學來表達，世人應該可以透過電影這個視聽媒體來瞭解他深奧莫測的學說。這本書是關於探索時間的本質和宇宙的最前沿的通俗讀物，是一本當代關於宇宙科學思想最重要的經典著作，它改變人類對宇宙的觀念。他在一九九二年估計，全世界每九百七十個人手中會有一本《時間簡史》。

在這本書的一九九六年版的前言中，霍金非常興奮地寫道：

我以為沒有人，包括我的出版社和我的代理人甚至我自己可以預料到，這本書會賣得這麼好。它榮登倫敦《星期日泰晤士報》暢銷書榜兩百三十七個星期，比任何其他書更長（《聖經》和莎士比亞的作品不算在內）。它被翻譯成四十多種語言，並且在全世界每七百五十個先生、女士、兒童中都有一本。正如微軟的納珍．米爾伏德評論的，我關於物理的著作比瑪丹娜關於性的書更暢銷。

《時間簡史》的成功，說明人們對重大問題具有廣泛的興趣。那就是：我們從何而來？宇宙為何是這樣？

我想要趁此機會增補修訂本書，並且把從它初版（一九八八年四月愚人節）以來新的理論和觀測結果加進去……

為什麼霍金的這本通俗讀物會如此暢銷？這是很難回答的問題，他曾經說：「毫無疑問，人們對於我克服殘障而成為物理學家，有一種本能的好奇心，這種好奇心產生推波助瀾的作用……有些人說，人們買我的書是因為它是暢銷書，很有名氣，但是他們買來不讀，只是放在書架上或是咖啡桌上炫耀自己。我斷定絕對會有這種情形，但是我同樣發現，購買這本書的人之中，至少有一部分確實在閱讀它。」

由於霍金用「難能可貴的勇氣」寫出這本書，使得很多人知道宇宙學，知道黑洞。霍金產生任何科學家從來沒有產生的作用。在對科學知識的普及上，他功不可沒！

有三個故事很有趣：

第一個故事是，一位科學家在美國的加油站與服務生聊天，服務生知道這位駕車者是科學家的時候，興奮地問：「你知道霍金教授嗎？他是我崇拜的英雄。」這位科學家嘆息地說：「這本書可以取得如此的成功，就是因為突然每個人都成為霍金的粉絲，每個人都喜愛他的理論。」

第二個故事關於俄羅斯著名的物理學家安德烈‧林德，他在《時間簡史》出版以後不久搭飛機到美國開會。在飛行期間，他發現鄰座一位商人正在讀這本書，於是問：

「你覺得這本書寫得怎麼樣？」

那位商人說：「很吸引人，看了以後就放不下來。」

林德說：「真是有意思，可是我發現這本書有些地方讀起來不通暢，有些地方我無法完全理解。」

這位商人聽了，同情地對林德說：「哪裡不理解？讓我解釋給你聽……」

第三個故事是霍金的母親伊莎貝爾說的。她認為自己兒子寫的書可以成功的原因是他寫得很好，並且說：「這本書的內容是難以理解的，但是文字很好理解。」

她還說：「他相信每個人都可以讀懂他的書，他相信我也可以讀懂。我認為他有些過於樂觀，但是他確實相信這一點。」

伊莎貝爾是牛津大學畢業生，但是她學的是文科，所以讀完這本書，無法完全讀懂。她歸咎於自己的教育背景，而不是這本書的原因。

《時間簡史》獲得成功之後，霍金又寫了幾本很暢銷的書。

一九九二年，霍金出版《時間簡史續編》（A Brief History of Time：A Reader's Companion），這本書是為了讓讀者更深入瞭解他的生平和他的學說而編寫的。霍金在前言中這樣寫道：

對於一本書而言，雖然銷售五百五十萬冊是偉大的成功，仍然只是觸及一小部分人類，電影和電視才是接觸更廣大讀者的途徑。這就是在本書初次出版六個月以後，高登・弗利曼找我拍攝一部電影，我欣然接受的原因。我曾經想像，這部影片會是幾乎全部關於科學並且附上大量圖解的紀錄影片。然而，他們開始製作的時候，這部影片變成關於我生平的傳記，很少涉及科學。我表示不滿的時候，他們告訴我：「你心目中的這類電影只能吸引少數人。為了吸引廣大觀眾，必須把科學和你的生平結合在一起。」我半信半疑。我以為這只是一個藉口，用來達到拍攝傳記電影的目的，這是我之前曾經否決的事情。和導演埃洛・莫里斯共事的經驗使我信服：在電影界，他是鳳毛麟角的相當正直的人。如果有人可以製作一部每個人想要看又不失原書宗旨的電影，非他莫屬。

這本《時間簡史續編》是為了提供背景知識給原書的讀者或是這部影片的觀眾。這本書比影片容納更多的資料，並且包含對影片中的照片和科學思想的闡釋，這本書是原書的電影之書。我不知道，他們是否在計畫一部原書的電影之書的電影。

這本書以私人訪談的形式，坦白真摯地敘述霍金教授的生平歷程和研究工作，展現建構巨大的理論架構的一個真實的人。對於一般讀者來說，這本書是他們享受人類文明成果的機會和滋生寶貴靈感的泉源。

一九九三年，霍金又推出《霍金演講錄——黑洞、嬰兒宇宙及其他》，這本書由霍金在一九七六年至一九九二年所寫文章和演講稿共十三篇集結而成。

霍金在這本書的序中寫道：

這本書是我在一九七六年至一九九二年所寫文章的集結。這些文章範圍廣泛，其中包括簡略自傳和科學哲學以及對科學和宇宙中我覺得激動人心的事物的闡釋，末尾收錄我參與《荒島唱片》訪談節目的內容記錄。這是英國特殊的傳統之一，要求來賓想像自己被拋棄到一座荒島上，可以選擇八張唱片以供在被拯救之前消磨時光。幸運的是，我不必等待太久就可以返回文明中。

……

我們對於宇宙還有許多無知或是不解之處。但是我們過去尤其是一百年以內取得的顯著進步，可以使人們相信，我們有能力完全理解宇宙。我們不會永遠在黑暗中摸索，我們會在宇宙的完備理論上取得突破。那樣，我們就可以真正成為宇宙的主宰。

本書中的科學文章是基於這樣的信念，即宇宙由秩序所制約，我們現在可以部分地，而且在不太遠的將來，完全地理解這種秩序。也許這種希望只是海市蜃樓，也許根本沒有終極理論，而且即使有，我們也找不到，但是努力尋求完整的理解比對人類精神的絕望更好。

一九九六年推出的《時空本性》（The Nature of Space and Time），是根據霍金和潘洛斯在劍橋大學的六次辯論演講編輯而成。爭論的焦點是：量子場論和廣義相對論這兩個最精確的理論是否可以統一到量子引力理論中？對此，潘洛斯和霍金展開激烈的辯論。這是二十世紀三〇年代波耳和愛因斯坦辯論之後，最重要的一場辯論。在這次辯論中，霍金擔任波耳的角色，潘洛斯擔任愛因斯坦的角色。

日內瓦遇難

一九八五年七月，歐洲核子研究組織邀請霍金去工作。霍金認為，在日內瓦良好的環境下，可以繼續研究宇宙學中的基礎性問題，也可以抽出時間來寫作《時間簡史》。

七月二十九日，霍金和自己的新秘書蘿拉以及幾個學生和護士搭飛機離開倫敦。這一次，潔恩沒有陪同霍金，因為她要送羅伯特去參加童子軍探險隊。這個童子軍探險隊計畫越過一條河，划船繞著冰島的北海岸航行，她對羅伯特的探險充滿憂慮和擔心。她不擔心霍金，因為日內瓦不遠，而且他們八月八日要在德國會合，而且瑞士的醫療條件世界聞名。所以，霍金離開家裡的時候，潔恩只是隨意地與他揮手告別。送走羅伯特以後，她要去德國的拜律特，觀看一場歌劇演出。拜律特是德國東部巴伐利亞州的一座小城，著名作曲家華格納在這裡演出他的四部歌劇《尼伯龍根的指環》。一八七一年，在華格納的主持下，拜律特節日劇院開始興建。一八七六年，為了慶祝歌劇院落成，這裡首次演出《尼伯龍根的指環》。後來，華格納在這裡定居，這座小城從此聞名於世。潔恩以前不喜歡華格納的音樂，但是也許是受到霍金的影響，開始喜歡這位作曲家。潔恩預計八月八日在拜律特與霍金會合，一起觀看《尼伯龍根的指環》，這個大型歌劇已經成為拜律特節日劇院的保留節目，長演不衰。愛爾蘭著名劇作家蕭伯納曾經寫了一本書《華格納寓言》，試圖向英國人揭開《尼伯龍根的指環》的面紗，由此希望在英國也可以發展出類似的音樂文化。

潔恩和霍金計畫在拜律特觀看歌劇以後，再回到瑞士。

八月七日，潔恩到了距離拜律特不遠的羅滕堡，這是一個擁有中世紀遺跡的旅遊勝地。大概是下午，潔恩打電話到日內瓦，想要安排第二天與霍金會合的事情。電話剛接通，霍金的秘書蘿拉異常急促地叫起來：「天啊，潔恩，終於等到你的電話！」

沒有等到潔恩明白發生什麼事情，蘿拉大聲地說：「你必須立刻趕到日內瓦，霍金現在躺在醫院裡，處於昏迷狀態，我們不知道他還可以活多久。」

這個可怕的消息，讓潔恩目瞪口呆，極度震驚。她立刻陷入內疚的漩渦中，把霍金遭遇的災難歸咎於自己的粗心大意，她不斷責備自己：

「為什麼在沒有我陪伴的情況下，讓霍金獨自出門遠行？只有我知道他的身體狀況、他的需要、他的藥品，甚至他的好惡和他的擔憂。作為他的代言人，我怎麼可以輕易把他交給不瞭解他的醫生去擺布？」

到了日內瓦，潔恩終於見到霍金，他還活著！但是病情非常嚴重，不容樂觀。他平靜地躺在病床上，雙眼緊閉，昏睡不醒。他的嘴巴和鼻子上罩著氧氣罩，各種管子和電線與身體各個部位連接，讓人眼花撩亂。監視器的螢幕上，綠色和白色的波線不停地抖動，使人們清楚地看出，霍金正在和死亡進行頑強的搏鬥。

醫生對潔恩說：「如果不施行氣管切開手術，霍金的生存希望十分渺茫。」雖然手術是必需的，但是她也應該明白，霍金可能再也不能說話，甚至不能發出任何聲音。

潔恩不知道應該做出什麼決定，難道自己的丈夫從此永遠沉默嗎？後來，潔恩在回憶中寫道：

看來，前途非常暗淡，我們不知道應該怎麼辦——如果他要生存，我就要為他做出決定：進行氣管切開手術。但是我還是自責地想：我做了什麼？我使他陷入什麼境地？

幾乎沒有選擇的餘地，但是霍金的身體暫時無法做手術。霍金在日內瓦市立醫院住了兩個星期，潔恩和同伴們商議，最好回英國治療。於是，他們租了一架空中救護機，返回劍橋。在劍橋機場，阿登布魯克醫院的加護病房主任約翰・法曼帶著救護車，在跑道上等待他們歸來。

回到劍橋的第三天，由於護理得法，霍金的病情逐漸穩定。約翰・法曼認為，可以讓霍金停止對呼吸器的依賴。他熱情地鼓勵霍金在沒有機器的幫助下，積極地鍛鍊自主的呼吸。

八月二十日，霍金奇蹟般地讓人們鬆了一口氣，他可以在沒有機器的幫助下呼吸，有一些力氣，看起來也舒服許多，似乎可以避免手術。但是，後來霍金的肺部被新型細菌感染，只好再次藉助呼吸器呼吸。約翰・法曼和潔恩想盡辦法避免做手術，甚至請來很有名的催眠師，幫助霍金減緩恐懼和放鬆呼吸肌肉，但是都失敗了。看來，進行氣管切開手術仍然是不可避免的。

到了九月，霍金的身體再次好轉，醫生們決定在他身體好轉的時候做手術，結果手術十分成功。在特別護理下，霍金很快恢復健康。但是這次生病和治療，他付出慘重的代價：手術徹底剝奪他說話的能力。

霍金回憶：

一九八五年的夏天，我在日內瓦的歐洲核子研究組織，那裡有兩座巨大的加速器。我準備到德國的拜律特觀看華格納的《尼伯龍根的指環》歌劇。可惜我罹患肺炎，並且被送到醫院急診。醫生告知我的妻子說我沒有希望，可以撤走維生系統，但是她根本不同意。我被用飛機送回劍橋的阿登布魯克醫院，那裡的一位名叫羅傑・格雷的外科醫生為我進行氣管切開手術。這個手術救了我一命，卻從此使我失去聲音。

他只好依靠電腦專家為他設計製造的特殊軟體和語音合成器與別人「談話」，聲音不再是他的聲音，但是總算可以和他的學生、同行和家人交流思想。經過一段時間的使用，霍金每分鐘可以輸入十個字，他滿意地「說」：

「有些慢了，但是我思考的速度也不快，所以它很適合我。」

他唯一感到不稱心的是這套設備是美國人研製的，因此他「說」的話都帶美國口音。久而久之，霍金的幽默感發作，會用他的語音合成器跟別人開玩笑。有一次，他和潔恩在法國的鄉村別墅中舉行家庭聚會，霍金為了讓客人們高興，用他的語音合成器說出美國口音的法語，向參加聚會的人表示衷心的感謝。

即使在學術會議上，霍金有時候也會開玩笑，讓聽眾們開心。每次學術報告以後聽眾可以提問，回答問題時由於語音合成器的操作需要時間，一般至少要十來分鐘，霍金就會告訴大家：

「在我們準備答案的這段時間裡，請你們看看報紙，相互交談，放鬆一下。」

可是，有時回答的問題很簡單，只用回答「是」或「不是」，但是為了逗樂，他也會故意讓聽眾等上五分鐘，聽眾會不由自主地爆發出笑

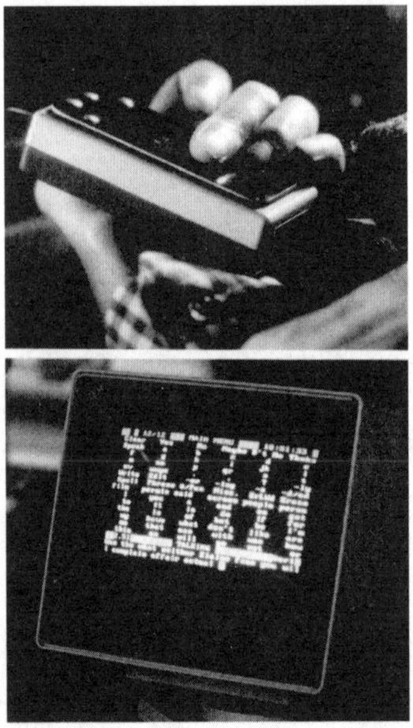

霍金用來操作程式的盒子（上），以及附在輪椅上的顯示螢幕（下）

聲。可見，霍金喜歡搗蛋的天性絲毫沒有什麼改變。有一次，他得意地說：

「實際上，我比失去聲音之前更能說會道。」

霍金離開醫院回到家中以後，立刻開始修改《時間簡史》，很快他就把稿子交給出版社。後來，《時間簡史》出人意料地暢銷，加上霍金奇蹟般地戰勝死亡，還不斷在科學研究方面創造奇蹟，因此各大媒體都把目光盯住霍金，他出現在許多電視節目上，其中最有意思的是一九九二年聖誕節ＢＢＣ播出的主持人與霍金在《荒島唱片》節目上的對話。

主持人：請告訴我你在孤島上首先要聽的唱片。

霍金：普朗克的《榮耀頌》①。去年夏天在科羅拉多的亞斯本，我第一次聽到它。亞斯本主要是滑雪勝地，夏天經常舉辦物理學會議。緊靠物理中心有一個巨大的帳篷，那裡正在舉行音樂節。你坐在那裡研究黑洞蒸發會發生什麼的問題，可以同時聽到演奏，這是非常理想的事情。因為它把我的兩個主要快樂——物理和音樂結合在一起。如果我在孤島中兼有兩者，我根本不想被拯救。那就是說，直到我在理論

---

①普朗克是法國二十世紀初期的作曲家，《榮耀頌》通常是在做彌撒的時候演奏的曲子。

物理中做出要告訴所有人的新發現為止。

節目即將結束的時候，他們的對話是：

主持人：史蒂芬，迄今你已經比預料的時間多活了三十年。儘管人們告訴你，你永遠不會生育，你卻當了父親；你完成暢銷書；你改變人們頭腦中關於空間和時間的陳舊觀念。在你有生之年還計畫做什麼？

霍金：所有這一切之所以成為可能，只是因為我足夠幸運地得到大量幫助。我對自己取得的一切感到高興，但是在我死之前還有許多想要做的事情。我不願講我的私生活，在科學上，我想要知道人們應如何把引力和量子力學以及其他的自然力統一在一起。我尤其想要知道黑洞蒸發時會發生什麼。

更有趣的是，在一九九三年一月拍攝的《星艦迷航記：銀河飛龍》系列劇中，他與愛因斯坦、牛頓、演員戴塔打起了撲克牌，美國著名影星瑪麗蓮・夢露也坐在霍金的身邊。愛因斯坦、牛頓、瑪麗蓮・夢露都是透過科學幻想故事中的「時空隧道」喚回來的。

霍金是瑪麗蓮・夢露的忠實影迷。在這部影片中，霍金得意地說：

「任何一個想得到的故事，在浩瀚的宇宙裡都可以發生。其中，肯定有一個故事是我和瑪麗蓮・夢露結婚；也有另外一個故事，在那裡，克麗奧佩脫拉①成為我的妻子。」

然而，沒有發生這樣的「豔遇」，霍金「遺憾」地說：「這太遺憾了！但是，我贏了前輩們很多的錢。」

霍金成為名人以後，訪問他的記者如潮湧一般。霍金總是熱情、善意地對待記者，而且不時語出驚人，但仔細回想起來又不免令人開懷大笑。這不僅顯示霍金的幽默感很強，而且也顯示霍金有很高的文化素養。

有一次，一位記者問他，最使他迷惑不解、魂牽夢繞的是什麼？

霍金的回答只有兩個字：「女人！」

記者經常喜歡問霍金相不相信上帝，他的回答視情況而定，但是都十分巧妙。有時他回答：「相信。如果你說的上帝，是指支配宇宙各種規律的一種展現，我就相信。」這個回答倒不新鮮，愛因斯坦也這麼回答過記者。霍金的另一種回答則令人叫絕：

幽默可愛的霍金會讓你在驚愕之餘捧腹大笑

① 克麗奧佩脫拉是埃及托勒密王朝末代女王，貌美，有強烈的權勢欲望，原本是凱撒的情婦，後來又與安東尼結婚。安東尼潰敗以後，她勾引屋大維未遂，以毒蛇自殺。

「我學會不回答關於上帝的問題，因為那只會惹來麻煩。」

在中國訪問的時候，中國一位記者問他：

「你認為下個世紀最偉大的發現是什麼？」

霍金回答：

「如果我知道，我已經把它做出來了。」

他一面說，一面向翻譯露出孩子般頑皮的笑容，一副十分得意的樣子。

「你認為世界上最大的奇蹟是什麼？」

霍金回答：

「我還活著！」

一九九九年，在福斯廣播公司出品的卡通片《辛普森家庭》中，霍金的角色曾經出過場。圖中圍繞霍金的是辛普森夫婦和他們八歲的天才女兒麗莎。《辛普森家庭》是美國家喻戶曉的卡通片，從一九八九年一直演繹到今天，故事還沒有結束。霍金說：「我是《辛普森家庭》迷，它是最有靈氣的節目，而且總是很講道德。所以，我很高興在劇中出現。」編導者不僅讓卡通霍金出現，而且讓他的聲音也親自出演。

《辛普森家庭》中，有坐著輪椅的霍金出場

喜慶六十壽辰

二〇〇二年是霍金的本命年。這個時候，霍金已經是世界最著名的科學家，又是最受歡迎的科普作家。正如英國粒子物理與天文學研究理事會主席伊恩・哈利迪所說：

「霍金不僅是全球聞名的一流科學家，可以在同行之中激起熱烈的迴響，還是全世界的科學使者。他的貢獻範圍已經超出科學界，真正把基本物理學的快樂帶給大眾，空前提升大眾對宇宙學、物理學的認識和知識水準。」

世界科學界，尤其是引以為自豪的英國科學界，當然不會放過這個機會，他們要慶賀一番。二〇〇二年一月，在劍橋大學隆重舉行霍金六十歲生日的慶祝活動。在劍橋大學的數學科學中心召開兩個會議：一個是一月七日至十日的學術研討會，一個是一月十一日的報告會，為期五天。

在一月七日到十日的學術研討會上，與會者討論八大主題：時空奇點、黑洞、霍金輻射、量子引力、M理論、德西

霍金在自己的六十壽辰的慶賀典禮上進行演講，吸引六百多位與會者和媒體記者

特空間、量子宇宙學和宇宙學。霍金曾先後活躍在這些領域中，在這些領域的每個角落裡我們都可以看到他的身影和留下的痕跡。

我們應該還記得，霍金是從奇點「起家」的，他自己在回憶中也多次說，他是從奇點走進黑洞。加拿大亞伯達大學的物理學家伊斯雷爾在學術研討會上回顧說：

「史蒂芬積極走進萌芽的黑洞領域，基礎是他在奇點定理方面的工作……他一進入這個領域，就帶進清新的氣息：一九七一年，在短短的幾個月裡，他奉獻三篇里程碑式的論文……這些論文是研究黑洞的第一股洪流。新的高潮是深入黑洞奧秘中心時用上量子力學。由此，『黑洞』與『霍金』幾乎成為同義詞。」

在十一日的報告會上，霍金和羅傑・潘洛斯、基普・索恩等做了科學普及的報告，後來英國ＢＢＣ電視台在當年八月五日至八日播放這些演講，節目名為《霍金的演講》。

以下，我們擷取一些有趣和易懂的內容，讓讀者欣賞一下科學家的情趣，以及他們如何慶賀生日。

三一學院院長、劍橋大學皇家學會教授馬丁・里斯在演講中這樣說：

「我第一次遇見霍金，是來劍橋大學加入夏瑪的研究小組，那個時候史蒂芬已經從牛津過來兩年了。天文學家有驚人的想像力，但是我那個時候怎麼也想不到可以目睹這個盛大的慶典。可以在這個場合演講，真是莫大的榮幸和快樂。

「我從一句話說起，但是這句話不是史蒂芬的，而是愛因斯坦的。愛因斯坦最有名的一句話是：『宇宙最不可理解的事情是：它可以理解。』

「我們確實在開始發現宇宙的意義。我們在度量宇宙的大小，正如古代先人和十七世紀的航海家度量地球的大小和形狀一樣。」

馬丁・里斯說完以後，美國加州大學聖塔芭芭拉分校物理教授哈妥進行演講。他三十年以前曾經與霍金一起開始理論天文學的研究，並與霍金共同提出無邊界宇宙的模型，但是他非常謙遜地說：

「……我總是跟隨霍金的靈感，並且幸運地在他開拓的幾個方向和他一起工作……」

接著，他重點講述「霍金宇宙的波函數」。

接下來演講的是兩位喜歡不拘一格講笑話的天才學者，一個是長得漂亮英俊的潘洛斯，一個是長得很像張飛的一臉鬍子的基普・索恩。他們的演講經常惹得滿場聽眾哈哈大笑，而且在笑聲中他們也沒有忘記挖苦一下霍金。我們知道，霍金曾經幾次用超人般的膽量預言什麼時候可以得到「終極理論」，但是預言沒有實現。潘洛斯沒有忘記霍金的這個「弱點」，他不失時機地調侃霍金：

劍橋大學皇家學院教授馬丁・里斯

「我很高興史蒂芬現在也正式步入老人的行列，所以再不怕說一些令人吃驚的事情。我們知道，史蒂芬總是說一些令人吃驚的事情，以後他的膽子可能還會大一點。」

索恩是在潘洛斯之後演講的人。我們在之前說過，霍金曾經幾次和索恩打賭，而且每賭必輸，索恩很是以此為榮，因此在演講中他當然不會忘記嘲笑一下霍金。他演講一開始就說：

「在霍金六十歲生日的時候演講，是我莫大的榮幸和快樂。特別令我高興的是，我的演講正好安排在潘洛斯和史蒂芬之間。因為，我要說的實驗計畫，正是為了檢驗他們以及其他人在二十世紀七〇年代——那個黑洞研究的黃金時代，關於黑洞的迷人的理論預言。」

索恩談到許多已完成和計畫完成的實驗設置和儀器，如鐳射干涉儀引力波天文探測器……根據這些設置的探測，索恩認為研究宇宙誕生時的那個奇點，「有美好的前景」，他甚至問：「能做一個這樣的奇點研究嗎？」

最喜歡跟霍金惡作劇的美國物理學家索恩

談到奇點，他當然忘不了十一年以前——一九九一年九月二十四日，他和普雷斯基爾贏了的那場關於裸奇點的打賭。那次霍金雖然輸了，卻輸得心不甘情不願，所以索恩趁機把這個故事再說一次。尤其是那次霍金明明輸了，卻在T恤上印上不服輸的話，想起這裡，索恩有些生氣。

他調侃地說：「史蒂芬已經輸了！有他在加州的一個公開演講的時候認輸的照片為證……史蒂芬錯了，這可是一件難得的事情！他給我和普雷斯基爾每人買了一件約定的衣服：一件印著他認輸的字句的T恤。遺憾的是，我必須告訴你們，史蒂芬在T恤上印的話大失風度！」

在索恩演講的結尾處，他提到一年多以前在他的六十壽辰慶賀典禮上，霍金送給他的一個「禮物」。那次慶賀典禮於二〇〇〇年六月三日在美國加州學院召開，霍金在會議上做了題為《讓歷史學家放心的世界》的演講。在演講的末尾，霍金指出：「從理論上說時間也可以回到未來，但機率太小太小，以至於實際上不可能。」

索恩沒有忘記霍金那次的演講，霍金開了一個玩笑：

「我推測基普回到過去殺死他爺爺的機率是1／1060①，這真是一個極小的機率。但是，如果你現在仔細端詳基普，你會發現他的輪廓有些模糊！這些模糊不清正好說明，不知哪個「天生」的兄弟靠著那點可憐的機率，從未來回到過去殺死他的爺爺，所以基普不完全在這裡！」

①霍金的預言就是回到過去的機率是1／1060，這是第一次嘗試用量子引力定律製造的一個「時間機器」計算出來的。

索恩覺得一年以前霍金送給他的這個「禮物」很有意思，他要回送一個禮物給壽星老霍金。什麼禮物？且看索恩的演講：

「史蒂芬，在這個場合，在你六十歲生日的時候，我要回敬你一個同樣有趣的禮物。但是，它恐怕更像一個諾言，而不是一個具體的物理結果。我給你的禮物是，我們的引力探測器——LIGO、GEO、VIRGO和LISA——將檢驗你在黃金時代的預言。在你七十歲生日之前，它們就可以做好。生日快樂，史蒂芬！」

索恩說完以後，生性幽默、大膽而又敢想敢說的霍金上場了。人們當然會以最大的興趣，以及眾多的攝影機對準霍金，他也果然不負眾望，一開始就幽默地說到生日前不久的一次事故。

那是二〇〇一年十二月二十八日，也就是霍金生日前的十天（十天大概是〇・〇三年），霍金去見妻子伊蓮時（這個時候，他已經與第一任妻子潔恩離婚），喜歡快速飛馳的霍金駕駛輪椅撞上小路邊的牆，結果撞傷右腿，後來被送到劍橋大學醫學院附屬阿登布魯克醫院治療。他說：

「那大概是果殼裡五九・九七年的事情。①聖誕節後的幾天，我曾經和牆有一次『較量』，牆贏了。但阿登布魯克醫院又費盡氣力把我拉回來。」

霍金的幽默無處不在，實在令人嘆服。有一次，一位女遊客在街上攔住他，問他是不是那個著名的史蒂芬・霍金。霍金回答，那位她想認識的霍金「比他好看多了」！在這次演講中，他又極其幽默地提到另一件往事——為什麼他當上人人羨慕的盧卡斯教授。他說，那是因為當他在劍橋大學應用數學和理論物理系工作的時候，在辦公室的門上貼過一張不乾膠字條：「黑洞是看不見的。」系主任見了這張字條「很是生氣」，於是霍金開玩笑地說：「他策劃推選我做盧卡斯教授，憑這一點把我搬到一間更好的辦公室，然後他偷偷撕下老辦公室門上那張令人不快的字條。」

據說到了新的辦公室以後，霍金又在門上貼了一張新的字條：「請安靜，老闆睡著了！」不知這次會引起誰的不愉快。但想必他的研究生見了這個字條會聳聳肩，不知該不該敲門。

演講結束的時候，霍金說的兩段話非常感人，值得我們銘記：

「活著做理論研究，是我快樂的時光。我們的宇宙圖景在過去四十年裡已經改變許多，如果說我為之做過點滴貢獻，我感到幸福。

「我跟大家分享我的興奮和激情。沒有什麼能比得過發現的瞬間——發現以前我們不知道的東西。」

還有一個有趣的花絮是，大會給每位參加會議的人贈送一個很有意義的收藏品——一個杯子。杯子兩

---

①五九·九七年是指霍金從出生到六十歲生日的十天前的時間，六十年減去十天等於五九·九七（年）。

面顏色不同：一面白一面黑。黑面上畫的是表示霍金的無邊界宇宙的幾何圖形，白面上是霍金最喜歡的溫度公式。

黑面上的英文是：The Future of Theoretical Physics and Cosmology，Stephen Hawking 60th Birthday Conference，University of Cambridge，7-11，January，2002（理論物理學和宇宙學的未來，史蒂芬・霍金六十歲生日會議，劍橋大學二〇〇二年一月七日～十一日）。

白面上的英文是：And Hawking said：$T_H=hc^3/8\pi GMk$，and black holes gave forth light（霍金說：$T_H=hc^3/8\pi GMk$，於是黑洞發出光來①）。

①式中h為普朗克常數，c為真空中光傳播的速度，G為萬有引力常數，M為黑洞的質量，k為波茲曼常數。

大會紀念品

六十歲以後精力旺盛

六十歲以後，霍金頑強的生命力似乎不斷讓人們感到驚訝，而且他總是有一些言行和舉動讓人覺得不可思議。二〇〇五年十二月中旬，英國《每日鏡報》報導說：六十三歲的霍金決定搭乘維珍銀河航空公司的太空飛船成為最早遨遊太空的遊客之一。這次太空飛行將於二〇〇八年進行，行程為兩個半小時。「維珍銀河」專案將於二〇〇八年啟動，六個乘客將首先搭乘「太空船二號」到達一萬五千公尺的高空，然後脫離母船升入距離地面約一百公里處軌道上進行「太空飛行」，最快速度將超過三倍音速，達到每小時四千多公里。在這種飛行狀態下，遊客可在大氣層以外的太空邊緣觀賞美麗的地球、體驗失重狀態。

罹患肌萎縮性脊髓側索硬化症的霍金這樣「膽大包天」的設想，立刻引起全世界的關注，中國新華網也立刻報導這個消息：

「新華網消息：根據智利《第三版時報》十四日報導，《時間簡史》的作者、英國物理學家史蒂芬・霍金決定支付約三十萬美元進行太空商業旅行。」

這個新聞使得記者立刻蜂擁而上，到處挖可靠的而且會引起轟動的消息。霍金的一位朋友對好奇的記者透露說：「參觀太空是霍金一直夢想的事情。他一生都在撰寫關於太空的著作，現在他希望可以親眼看見太空景象。」

《每日鏡報》還報導說，美國著名電視劇《家族風雲》的女主角維多利亞・普林斯波將成為第一個進行太空商業飛行的女性。除了霍金和普林斯波，還有一百二十名幸運者可以享受太空旅行特權，其中包括系列片《星艦迷航記》的演員威廉・薛特納。

霍金好像是真的有決心完成他的「夢想」。

二〇〇七年一月八日，霍金迎來他六十五歲的生日。他在生日前一天表示，今年他的計畫是接受失重飛行訓練，準備在二〇〇九年進入太空旅遊。

根據英國《每日電訊報》一月八日報導，霍金是在七日接受該報專訪時透露這項計畫的。宇航員通常將模擬艙內的失重飛行，這是在地面感受太空失重體驗的唯一辦法：飛機沿拋物線的形狀向上飛，直至飛到拋物線的最高點，乘客將完全感覺不到地心的引力。

在接受完這項訓練以後，霍金將在二〇〇九年參加維珍集團公司推出的「維珍銀河」太空旅行專案，維珍集團董事長兼總裁理查・布蘭森已決定免除霍金十萬英鎊的旅行費用。看來霍金是當真的，不是開玩笑。

二〇〇七年四月二十六日，霍金真的搭飛機體驗零重力。飛行開始前，霍金透過語音合成器一字一頓地宣布：

「太空，我來啦！」

美國電視台播放的影片畫面顯示，在兩旁助手的幫助和保護下，霍金伸直身體在空中漂亮地翻轉。邀請霍金免費體驗失重飛行的「零重力」公司董事會主席說，有幾次，霍金的動作就像金牌體操運動員那樣完美。

但是，霍金沒有真的實現他的太空之旅。可能是他的身體條件沒有辦法得到保證，誰又敢讓這位世界級科學泰斗出事？但是，令霍金聊以自慰的是，他在二〇〇六年十一月三十日獲得英國皇家學會頒發的英國科學界最古老、地位最尊崇的殊榮——科普利獎章。與一般獎章不同的是，這枚獎章在二〇〇六年七月曾經搭乘美國太空梭遨遊太空。

美國太空總署署長麥可·葛里芬介紹說，當時，在英國長大的宇航員皮爾斯·塞勒斯的提議下，科普利獎章隨同機組人員一起上太空，飛往國際太空站。整個太空之旅為期十三天，總飛行里程達八百八十萬公里。塞勒斯還隨身帶了一張霍金的照片。他說，對於探索宇宙空間的宇航員們來說，霍金毫無疑問是一位科學英雄，霍金一直全身心地致力於思索廣袤的宇宙空間，把將要授予他的獎章帶到太空再適合不過。

頒獎典禮定在十一月三十日，麥可·葛里芬將前往倫敦出

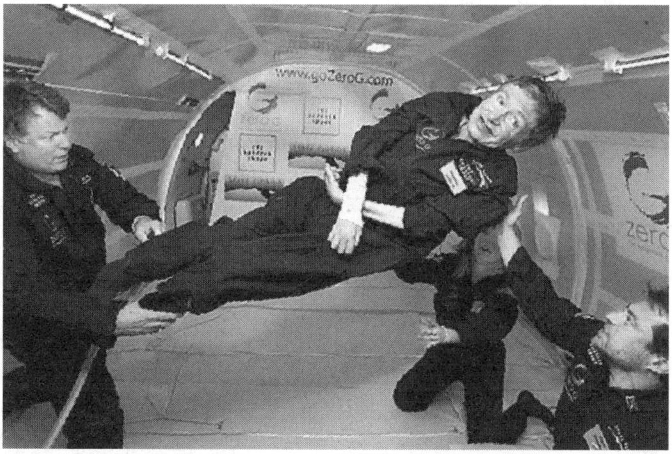

霍金體驗失重狀態

席頒獎儀式。葛里芬在十一月二十七日的一份聲明中說：「霍金已經成為一個家喻戶曉的名字，為人類理解時間和空間做出非同尋常的貢獻。」

二〇〇七年，霍金還開始兩本書的寫作，一本是寫給兒童的《喬治開啟宇宙的秘密鑰匙》，將在當年十月出版，還有一本是他與列納德・蒙洛迪諾合寫的《大設計》，原本計畫二〇〇八年出版，後來延誤到二〇一〇年出版。二〇一一年，後者由吳忠超教授翻譯為中譯本出版。

二〇〇九年，霍金再次經歷一次生死決鬥。

二〇〇八到二〇〇九年的一年多時間，霍金訪問南非、智利（包括復活島）、梵蒂岡、西班牙、義大利，還有其他幾個小國家。最後他還例行到美國做了幾次訪問。這樣緊密的行程，就是對於六十歲的身體健康的人都會有一些受不了，對於年過六十又重病在身的人，絕對是受不了的；何況他團隊的一些成員都不能全程陪同他。二〇〇九年三月，他在美國南加州大學和加州理工學院做了兩場成功的演講之後，隨即病倒，立刻住進加州的亨廷頓醫院，不得不取消到亞利桑那州大學的訪問。十多天後他想返回劍橋，但醫生不允許他出院。霍金的女兒露西聯繫到谷歌公司ＣＥＯ的私人飛機，才將他送回劍橋家中，那是四月十七日。

回到劍橋的次日，他就被送進阿登布魯克醫院。這家醫院在英國享有盛譽，幾十年以前曾與南非的一所醫院首次成功進行心臟移植手術。在住院期間，全世界媒體都把關注的眼光集中到這所醫院。

二〇〇九年四月二十四日一點十九分，突然傳出霍金病逝的驚人消息，這則消息還有鼻子有眼地報導：「根據瞭解，四月二十日，著名物理學家史蒂芬・霍金被送往劍橋大學的阿登布魯克醫院接受治療，當時病情已經非常嚴重。經醫院檢查疑似呼吸道感染，經過一天觀察治療，二十一日霍金病情有所好轉。但是令人意想不到的是，二十三日下午，霍金病情突然再次加重，經搶救無效病逝。」

國外媒體還稱：劍橋大學就霍金病逝一事，目前正全面封鎖消息，不讓任何人接近醫院。

這個資訊經網路的傳遞立刻好似乘火箭一般迅速傳遍全世界。「霍金病逝」的傳聞立刻成為點擊率最高的「新聞」。儘管一些媒體後來發布霍金病情穩定的報導，但依然有數十萬計線民在網上進行悼念。後來有媒體報導：霍金在住院兩個星期之後，病情穩定，回家休養，但一直拒絕會見任何媒體。

直到七月三十日，人們終於又看到關於霍金的明確無誤的消息。英國《每日電訊報》報導：

美國白宮當天宣布，英國劍橋大學數學家和物理學家史蒂芬・霍金被授予美國最高的平民榮譽——總統自由勳章。白宮網站稱，霍金在學術上和非學術上的成就無與倫比，他的堅持和奉獻打開人類通往探索的新道路，激勵當今世界上的每個人。

對於這個榮譽，霍金表示：「我很高興也很榮幸能獲得總統自由勳章。」並且說他非常欽佩歐巴馬。

一年一度的總統自由勳章由美國總統頒發，是美國最高的平民榮譽，受獎者不只是美國公民。這年有

美國前總統歐巴馬親自為霍金戴上總統自由勳章

十六人獲此殊榮，其中包括前總統甘迺迪的弟弟、參議員愛德華・甘迺迪，經濟學家穆罕默德・尤努斯，奧斯卡獲獎電影《哈維・米爾克的時代》中主角的原型哈維・米爾克。其中尤努斯是孟加拉經濟學家，二〇〇六年獲得諾貝爾和平獎。

頒獎典禮定在八月十二日舉行。歐巴馬在白宮親自為霍金佩戴總統自由勳章，全世界再次看到霍金那陽光燦爛的笑容。

二〇一〇年初，霍金的幾次演講，又掀起一陣陣風波。

四月，霍金說外星人「幾乎肯定存在」，人類不應該積極、主動地尋找外星人，而是應該盡可能地避免與他們聯繫；他認為如果外星智慧生命與人類接觸，可能會掠奪地球的資源。霍金警告說，招惹外星人可能會給地球帶來毀滅性後果，「如果外星智慧生命到訪，結果可能和當年哥倫布到達美洲大陸一樣，給土著居民帶來沉重災難」。

五月，霍金再次語出驚人：「時空隧道也許是可行的。」也就是說，人類可以像科幻小說和科幻電影《時光隧道》中描述的那樣，穿越到未來或過去的世界，但是「鑑於後果不可預測，最好不要嘗試」。

二〇一二年一月八日是霍金七十歲生日，人們都希望再次見到像六十壽辰慶賀典禮上那種激動人心的思想交鋒。

早在二〇一一年十月，慶祝活動組委會就開始發出邀請。邀請函上預告慶祝活動為期一個星期，其中一月四日至七日是學術會議，八日是正式的慶典。邀請函總共發出一百多封，被邀的人與劍橋，尤其與霍金都有不同一般的淵源，或是霍金的朋友、學生，或是先後的合作者。中國浙江大學教授吳忠超既是霍金的學生，也是霍金的合作者，因此受到邀請。

為報師恩，吳忠超特地在三個月前，就把一把茶壺寄給霍金的私人助理茱迪，請她在適合的時間作為生日禮物交給霍金。吳忠超說：

「給霍金選禮物是很麻煩的事情。天下昂貴的東西有的是，關鍵是令他感興趣的東西不容易找到。所幸去年夏天我在北京遇見兩位茶人，他們得知我要選一件有趣的禮物，就特別用採自雲南的普洱茶製作一個茶壺。這個茶壺只能賞玩，不能灌水，除非玩膩了把它打碎，碎片可以當茶葉泡開水喝。他們說，如果

美國前總統歐巴馬接見霍金和他的女兒露西（在霍金身邊）

時間從容，他們還可以在茶壺上刻出霍金的名字。」

這真可謂精心思考以後選中的禮物，恐怕很多中國人還沒有聽見這種可以泡開水喝的茶壺，至少我是第一次聽見這種奇巧、精緻的禮物。

五日，學術會議正式開始，會議總名稱是「宇宙態」（Universe State），每日有八個演講。這次紀念活動全部由ＳＧＩ①和ＩＮＴＥＬ②兩家公司資助，他們還派了六位工程技術人員全程錄影。但是霍金還是沒有在會場露面，舉辦人只是說，只要他精神好，他就可以在家看同步錄影。所以學術會議的演講者，都會經常對著鏡頭演講，好像在和霍金對話一樣。

一月六日至七日進行的學術演講內容涉及面很廣，從引力波探測到時間箭頭、時間有無開端，從超重力、超弦到多重宇宙。

史丹佛大學教授、暴脹宇宙論的另一名創始人安德烈・林德在演講中回顧一九八一年他為霍金在莫斯

---

①ＳＧＩ公司是美國矽谷圖形公司，美國《財富》雜誌所列美國五百大企業之一，年產值超過四十億美元。
②美國英特爾公司，全球最大的晶片製造商，同時也是電腦、網路、通信產品的領先製造商。

科做學術演講當翻譯的經歷，演講中談到由於蘇聯體制笨拙使得接待霍金的時候發生的許多笑話。林德出生在俄羅斯，後來移民美國，成為著名的宇宙學家，他說自己一生中從霍金和沙卡洛夫①那裡受益最大。

到了一月八日，霍金生日這一天，人們都希望可以見到霍金。如果還見不到他，就說明他的疾病比較嚴重。但是由於以前霍金總是可以死裡逃生，所以大家幾乎都相信八日這一天霍金一定會出現在慶典會上。

但是，這一次大家失望了。本來這天下午安排有霍金的演講，題目是《我的人生簡史》。人們都希望屆時可以看見霍金，但是讓人們失望的是大會主持人宣布醫生不允許霍金出席，因此只能在會場上播放他預錄的演講，這個演講是在他過去的著作基礎上添加最新的素材編輯而成的。

二〇一二年一月八日，潔恩和強納森在霍金七十歲生日宴會上

①安德烈·沙卡洛夫，一九七五年的諾貝爾和平獎得主、蘇聯核子物理學家。

晚上八點，生日宴會在三一學院餐廳開始。來賓除了學術圈子的相關人士以外，還有霍金所有的親友，總人數有三百多人。高桌的最中央，也就是亨利八世畫像之下，是留給霍金的位置。在桌子兩頭坐著的是三一學院院長、皇家學會會長馬丁・里斯，霍金的小兒子蒂莫西。宴會開始的時候，里斯宣布霍金仍然無法出席這個場合，世界各地不遠萬里來到這裡的客人最終沒有見到令人們思念的霍金，不免都萬分遺憾。

宴會中，大家隨意走動，相互問候。當大家得知霍金的前夫人潔恩也來了，都很好奇，想要去看望她。吳忠超與潔恩十分熟悉，因此徑直走到她的座位前致意，潔恩很高興地與吳忠超交談起來。大家看見她和她現在的先生強納森兩個人手拉手，好像新婚不久似的，時光在他們的臉上留下的痕跡不深。強納森又為吳忠超和潔恩合影留念。

宴會中有一個節目是三一學院唱詩班的表演。年輕的學生們吹著口哨，從黑暗的深處忽然如溪水般湧到宴會大廳。他們演唱的祝福曲，純淨如山澗溪水，十分感人！

歌唱結束以後，大家在主休息室吃生日蛋糕。慶生會結束的時候，已經是午夜時分。第二天清早，很多來賓都將離開劍橋。原來照顧過霍金的那位研究生唐・佩奇，還專程從夏威夷趕來參加這次宴席。他說：「這一次重溫了相別幾十年的友情，但預計今生不會再見到其中的許多人。」眾人聽了十分傷感，不免唏噓。

吳忠超在他寫的《劍橋七日》一文中寫道：「儘管如此，大家都盼望在霍金八十壽辰，甚至九十壽辰時再來慶祝。然而，正如林德在演講中對著錄影機說的，霍金那個時候一定還在，而林德自己那個時候卻不知在哪裡。」

吳忠超在霍金七十壽辰賀典上沒有見到霍金，心中一直忐忑不安，不知道霍金這次是否能轉危為安，因為他畢竟已經七十歲，可以活到這個歲數已經是一大奇蹟。

但是讓世人驚喜的是，霍金將會出席二〇一二年八月二十九日倫敦殘障奧運會開幕儀式的謠傳，果然成為現實。霍金不僅出現在「倫敦碗」舉行的開幕式上，而且他還為殘障奧運會送上充滿探索精神的開篇詞。在奧林匹克運動場上，與會者激動地聽到熟悉的電腦語音：

自從文明的曙光降臨大地，人類就孜孜不倦地探求世界內在的規律。天地之為天地，何也？天地之所以存在，何也？即使我們找到無所不能的世界萬全定律，也只是一套毫無生氣的繁文縟節。究竟是什麼將生命的火種點亮，留下整個宇宙供人類冥想？

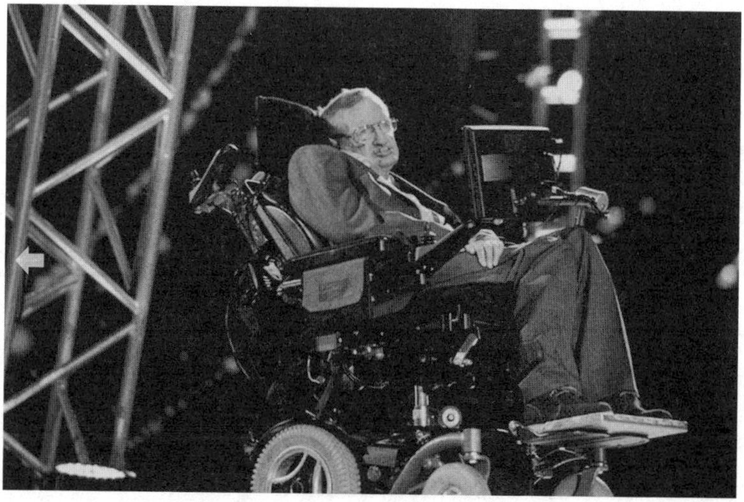

二〇一二年八月二十九日，霍金在殘障奧運會上發表演講

後來，霍金回憶說：「在倫敦二〇一二年殘障奧運會開幕式上，我見到從所未見的那麼多觀眾。」

更令人驚喜的是，米爾納基金會將二〇一二年度基礎物理學突破獎頒給霍金，以表彰他對廣義相對論即引力論以及對宇宙學的貢獻。這個獎項是世界上獎金最高的科學獎，獎金是每人三百萬美元，遠超過諾貝爾獎的獎金，而且一百多萬美元的諾貝爾獎獎金通常為幾個獲獎者分享。這個科學界獎金最高的獎的設立者是俄國人尤里・米爾納。最初為世人所知的尤里只是Facebook、Twitter等網路公司風險投資者，他的投資基金估計有一百二十億美元，淨資產十億美元。這位億萬富豪於二十世紀八〇年代在莫斯科國立大學主修理論物理學，雖然他後來放棄俄羅斯科學院的物理學博士學位，轉讀MBA，但是他心中有一個未完成的「物理夢」。為了鼓勵那些為理論物理做出貢獻的科學家，使世人認識到理論物理的重要性，尤里在二〇一二年七月三十一日建立專門面向理論物理學的獎項，該獎由九名基礎物理學家組成的獨立評選委員會評選。

頒獎典禮在二〇一三年三月二十日在日內瓦舉行。幸運的是，霍金的身體狀況允許他參加這個頒獎儀式。從照片上看，他的狀態已經恢復得很好。這可以說又是一次奇蹟！

霍金和他的女兒露西在頒獎儀式上

霍金還接受《衛報》的書面採訪。霍金說：

> 沒有誰是為了獎金而研究，是發現新事物的喜悅吸引我。然而獲獎對於向民眾傳播物理學的魅力是重要的。

關於如何花這一大筆獎金，霍金說他還沒有拿定主意：「或許會幫助我的女兒，給罹患自閉症的外孫買一棟度假小屋。」

更讓全世界讀者高興的是，二〇一三年美國矮腳雞圖書公司出版霍金的近著《我的人生簡史》（My Brief History），這是他原來準備在七十壽辰上演講的題目。這本書最後一章《沒有邊界》的最後一段話是：

> 我早期的工作證明，經典的廣義相對論在大爆炸和黑洞的奇點遭到破壞。我後來的工作證明，量子力學可以預言時間在開始和結束的時候會發生什麼。可以活著而且在理論物理方面做研究，讓我度過愉快的時光。可以在理解宇宙方面做出一些貢獻，我感到十分愉快。

《我的人生簡史》封面照片

苦難情侶，最終分手

霍金在事業上走向輝煌的頂峰時，他的家庭卻瓦解了。一九九〇年，霍金和潔恩這對走過風風雨雨的伴侶，最終離婚分手，各奔前程。如果仔細回首往事，我相信每個人都會為他們最終分手而痛心、遺憾，甚至會有一分不理解。但是他們真的分手了，這是無可置疑的事實。想指責兩人中的任何一個人應該負主要責任，恐怕都不容易做到。

霍金和潔恩組成的家庭，曾經有過幸福而浪漫的時刻，這種幸福「都是相似的」；但是隨著霍金名聲的遠播，家庭出現衝突和裂痕，最後導致不幸的離婚，這種不幸，「卻各不相同」。托翁說得精彩。我們就從潔恩的家庭和她認識霍金開始，追溯他們這段愛情、婚姻和生活。

一個與霍金家庭不同的家庭

儘管潔恩與霍金都出生於知識份子家庭，但兩個家庭的作風、風格和傳統完全不同。潔恩的父母循規蹈矩，是虔誠的教徒。

潔恩開始喜歡上霍金並且知道他罹患一種嚴重的疾病以後，她把這件事情憂心地告訴母親，而且說霍金很古怪。她的母親沒有對她的選擇說三道四，更沒有橫加干預，她只是告訴女兒：「你為什麼不為他禱告？這可能有所幫助。」可以看出，這是一個願意充分體諒別人、尊敬別人的母親。潔恩的父親也是這樣的人。

霍金的家庭風格就很不同於潔恩的家庭。在霍金家的鄰居看來，霍金家總是顯得與眾不同，他們經常特立獨行，根本不在乎別人議論什麼。他們家的壁紙剝落、懸吊著，隨著氣流而上下或左右舞動，他們可以視而不見，一般也不會去重新換上新壁紙；他們可以開一輛破舊、布滿灰塵的轎車，而不願費心或花錢把車洗一下或整舊如新。霍金的打扮也與潔恩的風格不一樣，他要麼邋邋遢遢，要麼打扮得讓人感到奇特和不安。

霍金的母親是一位性格鮮明的女性，其性格深深地影響霍金。霍金的母親經常根據智力程度判斷別人，而不是依據正直或可愛的程度。嫵媚和過分的親切，被她視為性格上嚴重的缺陷，而對那些不幸具有嫵媚特徵的人經常持懷疑的態度。後來，潔恩曾經為霍金也具有這種「堅定的」性格，感到驚愕和非常不適應。

霍金家有眾多堂親和表親，各種親戚加起來有一大批；潔恩的父母都是獨生子女，沒有堂親和表親。因此，當潔恩見到那麼多不僅血緣密切相連，而且面貌在她看來也十分相似的人時，感到非常震驚。

龐大的家族可能會帶來某種安全感，但同任何大家族一樣，大家族中的個人會損失一些個性，而且這種龐大的家族會使得其中的成員不那麼重視外界的朋友，至少霍金的母親就有這種作風。他們自己的親人都足夠的多，多到可以漠視家族以外的人群。這種家族由於人數眾多，使他們產生一種至少不能認為是理性的心理狀態：對自己的群體充滿信心，而且重視保護自己的價值。

潔恩發現霍金的一個叫繆里爾的姑媽與他們家族的大多數人有些不同，她不盲目地對其家族成員具有信心。她知道霍金要與潔恩結婚的時候，繆里爾姑媽不像其他家族成員那樣對霍金的選擇抱持天然的信心，她告訴大家：「我必須親自去看看史蒂芬到底娶的是一個什麼樣的女孩。」

但是她的這種樸實的心理和言談，卻被家族中其他人認為是缺乏信心和智力程度低下的表現，因而經常引起其他成員的不滿，或被完全忽視。

之前曾經提到，潔恩的父母和潔恩本人都是虔誠的教徒，他們按時虔誠地參加宗教活動。但是霍金家對宗教持自由主義態度，雖然有些宗教活動他們也會參加，但不嚴格要求，如果不參加，也不會受到批評。他們全家都有信仰社會主義的傾向，在潔恩看來似乎具有無神論的味道。有一件事情給潔恩留下極深刻的印象。

他們結婚以後過第一個聖誕節時，霍金與潔恩的一家人去教堂做早禮拜。這件看起來非常普通的事情，竟然引來霍金家人的驚訝和挖苦。霍金的妹妹菲莉帕用譏諷的口氣對哥哥說：「你現在覺得更聖潔嗎？」

霍金知道妹妹在挖苦他，他笑了一下，沒有回答。

沒有想到的是，他的母親插了一句：「你哥哥當然更聖潔啊，因為他現在身邊有一位聖潔女子，可以不受影響嗎？」

潔恩在回憶中對這件事情寫道：

我不知道如何對待這些話，因為這些話似乎有某種共謀的味道，似乎在針對一個很重要而基本的問題——我的信仰……他們這種憤世嫉俗的態度缺乏真誠。

有時候，潔恩不知道應該如何應對這種信仰上的分歧，因為在她成長的過程中，遵守教規是生活中一件最基本的大事情。她和弟弟克里斯每個星期一定會由父母帶到教堂去做禮拜；下午會到主日學校①接受宗教知識教育。雖然潔恩小時候也會在做禮拜時，搖晃著雙腿坐在教堂的座位上，讓思緒馳騁八方，但長期的宗教教育，使她篤信教義；日後在霍金病重離不開她的照顧時，她的生活可以說艱難到了極點，但是對宗教的信仰使她終於可以堅持下來，並且扶持她度過艱難時日。

潔恩的父親是劍橋大學畢業的，後來一直擔任高級文官職務，所以潔恩在學生時代已經幾次參加英國社會中的高級社交活動。她出席過議會下院的宴會，甚至還在一個炎熱的日子出席過白金漢宮的花園宴會。正是因為這樣的家庭背景，所以她的父親從她六歲的時候就告訴她，今後一定要努力學習，爭取到劍橋大學學習。這個方面的情形與霍金家有些類似，霍金的父母都畢業於牛津大學，所以從小就給他灌輸這樣的觀念：不進牛津大學簡直不可思議，而且得拿到獎學金！霍金家的收入可能比潔恩的父親少一些，在沒有獎學金的情況下進入牛津大學讀書，他們無法負擔。

潔恩記得大概六歲的時候，有一次她和家人從住在諾里奇的祖母家度假回家，當父親驅車穿過劍橋大學校區時，他對潔恩說：

「喂，潔恩，如果你勤奮，將來就可以到這裡來學習。」

她父親的收入雖然比較高，但是要支持潔恩和她的弟弟讀完大學，仍然要傾其所有。有一段時間，他

①主日學校（Sunday School），通常是對兒童和青少年進行宗教教育而開辦的學校，一般隸屬於某個教堂或教區。

們家應該裝修了，但是由於全力支持兒女們讀大學，不免經濟拮据，她的父親捨不得請專業工人裝修，而想自己試著修補，湊合一陣子。但是他頑強的努力卻不斷受挫，在修天花板時，他幾次差一點摔下來；還有一次不知怎麼弄的，一塊天花板落了下來，出現一個大洞，而他則全身落滿灰塵和碎片。於是裝修天花板的努力以完全失敗告終。後來，他終於算清了帳：請專業人員做這些雜活更方便、更實惠，還更省錢。

由以上介紹，我們可以看到，潔恩的家庭和霍金的家庭有很多相似的地方，否則他們不會走到一起，不會一見鍾情；但是他們兩家在氣質、風格和傳統上又有許多明顯的和細微的差別，這些差別使他們在日後生活中產生衝突，並最終導致離婚。這正是：

木之折也必通蠹，牆之壞也必通隙。

相見、相戀、結婚

這一節，我們從潔恩——一位年輕、虔誠的女性教徒的角度來描述她和霍金的相見和相戀，可能有些情景會重複，但是角度卻有一些不同。

他們第一次相見是在一九六二年的夏天。那一年，潔恩十八歲，高中畢業，準備申請進大學。在一個星期五的下午，潔恩把一些不再需要的書本塞進書包，準備帶回家裡，只留下一些大學入學考試需要的課本。收拾完了之後，她準備和同班同學黛安娜和吉蓮去城裡玩，減輕一下考試帶來的緊張和疲憊。潔恩戴上她喜愛的草帽，背上書包，心情歡悅地與她們一起走出校門。

出校門不遠，潔恩忽然看見路對面有一個奇特的年輕人在朝相反的方向走。之所以說奇特，是因為這個年輕人低著頭，一頭蓬鬆的棕色頭髮向下長著，把臉遮去一大半，而且走路有些磕磕絆絆，讓人擔心他一不小心就會跌倒在地。這個年輕人正思考什麼，完全沒有注意對面有群嘁嘁喳喳的女孩正談論他。

潔恩和吉蓮不認識這個年輕人，有些不禮貌地盯著他看。吉蓮還說：

「這個人好古怪！」

黛安娜顯然認識這個年輕人，說：「他是史蒂芬・霍金。我還和他約過會……」

潔恩和吉蓮都笑起來，不相信美麗活潑的黛安娜會與這個古怪的年輕人約會。吉蓮說：「你絕對不會和他一起出門的，絕對不會。」

黛安娜認真地說：「他確實跟我一起出過門，他是我哥哥的朋友。你們別看他有些古怪，實際上非常聰明。有一次，他還帶我去看過戲，我還到他家吃過一次飯。他參加禁止核子武器的示威遊行。」

初次的見面，給潔恩留下一種朦朦朧朧又揮之不去的印象。在後來的回憶中，潔恩這樣描述她與霍金的第一次相遇：

出於難以解釋的原因，我對剛才見到的那位年輕人有一種不安的感覺，因此那天後來的活動我覺得索然無味……也許是他的那種古怪中有某種東西，使我這個生活在傳統中的女孩感興趣。我似乎有某種奇怪的預感：我會再見到他。不管什麼原因，那個情景深刻地印在我的頭腦裡，可以很容易地回想起那個場面的光線、色彩、形態、背景、噪音等各個細節。

接著，在父母的安排下，潔恩到國外去度假，開闊眼界，增長見識。這年她去的是西班牙，而且不同於往年的是，這次她是一個人去的。她十八歲了，相信自己完全可以照顧自己。但是她的父母仍然放心不下，所以當潔恩結束假期回到英國時，他們立刻從機場把女兒接回家，並且為她的安全歸來鬆了一口氣。接著，她又和全家人一起到荷蘭和盧森堡度假。潔恩的父親非常喜歡到國外旅遊，他認為這可以使自己和兩個孩子增長見識，還可以陶冶性情，開闊視野。

接下來不愉快的事發生了：潔恩沒有考取劍橋大學。這使她感到沮喪，覺得對不起父親的一片期望。後來，她被倫敦大學的西菲爾德學院錄取，學習西班牙語。一連串的事情，使潔恩幾乎忘記曾經給她留下深刻印象的霍金。但接下來的事情證明她「我會再見到他」的預感。

一九六三年一月一日，黛安娜和她哥哥巴茲爾在他們家裡舉辦一個新年聚會，他們向潔恩發出邀請。潔恩愉快地接受邀請。她穿了一套綠色的服裝，還按當時頗時髦的髮式把頭髮向後梳成一個鬆散的髮捲。她以前很少參加這種聚會，她畢竟是一個剛進大學不久的女孩，參加這種聚會她還缺乏自信。

聚會中，她膽怯地環顧四周的時候，心裡突然一震：她看見霍金。他穿著黑色的絲絨上衣，戴著紅色絲絨的蝶形領帶，頭髮像上次見到的那樣，從眼鏡上方散落在臉上。他正和同學談著什麼，而且不時地用手指比劃著，似乎是為了使他的話語更有說服力。

有些膽怯和不自在的潔恩，立刻很自然地走近正在談話的霍金和他的朋友，聽他們談些什麼。霍金很會說故事，又非常幽默，還有那很有創見的思想亮點……這一切，都強有力地吸引潔恩。霍金講得很投入，指手畫腳，繪聲繪影，周圍的幾個人聽得也十分投入。有幾次，他說到什麼可笑的事情，禁不住大笑起來，笑得幾乎喘不過氣來。潔恩很喜歡聽霍金說話，他的話對她來說有很強的親和力。她缺乏自信，不時用膽怯的目光掃視其他人，從霍金的說話中她分明感覺到，霍金也像她一樣，在生活中不時遇到挫折，但是他卻總可以在各種逆境裡看到有趣的一面，並且敢於大膽嘲諷自己。潔恩沒有這種本領，她在不順利的時候經常不能坦然面對，陷於沮喪和低迷狀態。她感到霍金雖然和她一樣羞怯，但不同的是他敢於說出來，沒有什麼顧慮和忌諱，這說明他可以充分認識自己的價值，對自己的行為滿懷信心。也許正是這一點，深深地吸引潔恩：她需要具有調侃自己的能力的朋友。

聚會即將結束的時候，潔恩勇敢地和霍金交談起來，並且告訴他自己的名字和地址；霍金也把同樣的資訊告訴潔恩。潔恩沒有預料到什麼時候可以再見到霍金，沒有想到的是，幾天之後，她收到霍金寄給她的一份請柬，邀請她參加一月八日在他家舉行的家庭聚會。

潔恩有些猶豫，就找黛安娜商量該怎麼辦，黛安娜也收到請柬，她告訴潔恩，這個家庭聚會是慶賀霍金二十一歲生日，但請柬上沒有說明。兩人商量的結果是去參加，黛安娜還答應，到那天她到潔恩家接她一起去。

一月八日，潔恩帶了一張唱片作為禮物，與黛安娜一起來到霍金的家。到了霍金家以後，她發現這一家人她以前都見過，霍金的妹妹瑪麗和菲莉帕、弟弟愛德華與她在同一所學校，只是互不認識，霍金的母親伊莎貝爾經常到學校接小兒子愛德華，也經常可以見到。至於霍金的父親法蘭克，她以前也見過，而且還有一段不算有趣的故事。有一天，她和弟弟克里斯看見一個高個子、白頭髮、氣度不凡的人，正在他們房後的花園裡收一窩蜜蜂。他們有些好奇，就想湊近些看一看，但令他們失望的是，他不太友善地把他們趕走，不准他們靠近。

潔恩想，她竟然認識這個家庭的每個人，卻從來沒有想到他們是一家人。更有趣的是，他們家還有一個老人——霍金的祖母艾格尼斯・沃克，她幾乎是聖奧爾本斯的名人。這位老人的鋼琴彈得很好，每月在市政廳為一個民間舞蹈隊伴奏演出。在聖奧爾本斯這個地方，許多人（尤其是年紀大的人）都喜歡參加民間舞蹈晚會，冬天的晚上，參加者更加踴躍。這個時候，艾格尼斯祖母就會挺直肥胖的身軀，非常莊嚴地坐在大鋼琴前面，然後技巧嫻熟地彈動琴鍵。當她全身心沉浸在演奏中時，那確實是一個非常讓人激動的場面：只見她濃密的捲髮隨著曲調變化而上下翻動，而且她不時扭過頭掃視跳舞的人，那種氣勢很像一個將軍在檢閱他的士兵。

在這次生日聚會上，霍金的同學圍成一個小圈子，毫無顧忌地嘲諷社會上的陳規陋習和陳詞濫調，頗有「指點江山」的氣概。潔恩膽怯地坐在角落的爐火邊，並且讓小愛德華坐在她的大腿上，這似乎給她一絲安全感。她沒有勇氣加入熱烈的交談，只是盡量不惹人注意地坐在那裡，聽人們議論和講笑話。霍金也許由於是聚會的主角，不便與潔恩單獨交談，所以潔恩沒有與霍金談什麼。

二月一個星期六的上午，潔恩覺得學習使她十分疲倦，於是決定邀上幾位老同學到原來經常光顧的咖啡館裡放鬆一下。與她一起去的有黛安娜，她在一所醫院當見習護士，還有一個叫伊莉莎白・錢特，正在一家小學當老師。三個女孩在一起，真是熱鬧得像一台戲。她們除了互道別情以外，就是大談新工作、新生活給她們帶來的感受。正談得熱鬧時，黛安娜忽然問：

「你們聽說史蒂芬的事情嗎？」

潔恩立刻關注地聽下文。

伊莉莎白說：「是到醫院去檢查嗎？很嚴重，是嗎？」

潔恩心裡一驚：「到底發生什麼事情？我怎麼什麼也沒聽說呀？」

黛安娜看了一眼潔恩，也許對潔恩的反應有些驚訝，她說：「他呀，已經在醫院住了兩個星期。他走路總是踉踉蹌蹌，似乎要跌跤一樣，後來連鞋帶鬆了都不能自己繫。聽說在進行許多檢查之後，醫生的診斷認為他罹患一種古怪而可怕的疾病，沒辦法治，最終可能會癱瘓。據說這種病人只能活幾年。」

潔恩非常驚訝，覺得一個生氣勃勃的二十一歲年輕人，竟然會莫名其妙地面對似乎還非常遙遠的死亡，這太不可思議了。她擔心地問：「他現在怎麼樣？」

「有人去看過他，」黛安娜繼續說，「據說他很消沉。幾天前，他鄰床的一個男孩因為白血病死了。啊，史蒂芬住在公共病房裡，沒住在私人病房裡，他的社會主義觀念使他堅決住進公共病房。」

潔恩又問：「他們知道真正的病因嗎？」

「恐怕還不真正清楚。醫生們認為，幾年以前他去伊朗旅遊的時候，注射過一種未經嚴格消毒的天花疫苗，有可能注射時把某種致病病毒帶進他的脊椎，但是這些只是一些不確切的猜測。」

離開咖啡館後，潔恩在路上一直想著發生在霍金身上的不幸。到家以後，她把這件事情告訴母親。在二戰期間，潔恩的父親曾患過一場重病，一度精神十分憂鬱，幾乎崩潰，由於母親堅定的信仰和不會動搖的信念才挽救這個家庭。潔恩的母親見潔恩神情鬱悶，愣愣地發呆，她敏感地覺察到女兒已經喜歡上那個叫史蒂芬的男孩。她建議女兒為霍金祈禱。

潔恩覺得母親的建議也許是正確的，而且除此之外，她又能做什麼？

沒有想到的是，在一個星期之後，潔恩在火車站又遇到霍金！這真是出乎意料，使她驚喜交集。那天潔恩要搭火車到學校，當她正在等上午九點的火車時，忽然看見從進站口搖搖晃晃走過來一個人，拎著一個棕色的帆布手提箱。仔細一看，潔恩驚訝地發現那是史蒂芬・霍金！她心裡暗自驚呼一聲：「天啊，果真是他！」

霍金也發現潔恩，而且因為見到潔恩而容光煥發，十分高興。這次他的穿著，也許是因為要到大學去，所以符合傳統，不像以往幾次顯得與眾不同。這種打扮，讓潔恩覺得他很有風度。以前從來沒有在陽光下看清他臉上的表情，這次潔恩覺得霍金滿臉的笑容十分動人，尤其那對清澈透明的灰色眼睛，對潔恩很有吸引力。那是一種怎樣的內在的美打動她的芳心？恐怕只有潔恩自己才可以說清楚。根據後來潔恩寫的自傳《音樂移動群星》，主要是霍金身上有一種自信讓潔恩癡迷，而她一貫比較膽怯，也經常缺乏自信。一個人經常對於自己缺乏的東西感到特別珍貴。潔恩還說：

「在（他）那副文靜的眼鏡後面，他的容貌中有某種東西吸引我，使我可能是下意識地想起心目中的英雄——納爾遜勳爵。」

他們上了火車，在去倫敦的途中，進行一次長時間愉快的交談。潔恩小心地提到，聽說他住過院，她為此感到不安。但是霍金似乎不樂意轉移到這個話題上，只是皺了一下鼻子，又轉移到其他話題上。潔恩

潔恩・懷爾德的回憶錄《音樂移動群星》

感到，他的行為似乎說明一切都還順利，沒有必要老去想生病的事情。潔恩從心底欽佩這種勇敢、樂觀的生活態度，由此更增加對他的敬重。到快下車的時候，他謹慎地問，如果以後他請她一起去看戲，她能去嗎？

潔恩說：「我當然很願意呀。」

過了不久，在一個星期五的晚上，霍金請潔恩去觀賞《沃爾波內》。在看戲前，他們還到義大利餐廳吃晚飯，這可是絕對的「大肆揮霍」！他們匆忙吃了「相當奢侈」的晚餐後，立刻趕到老維克劇院，在慌忙中坐下時，戲已經開演了。潔恩的父母很喜歡看戲，所以潔恩也有機會看過許多戲。《沃爾波內》說的是一個老狐狸如何玩弄詭計，以檢驗一個繼承人是否真誠，但是在具體檢驗過程中總是陰差陽錯地出現紕漏，讓人樂得不可開交。潔恩很快沉浸到劇情中，看完戲到汽車站等車時，她還興奮地與霍金談論戲的內容、演出效果，顯然霍金也非常喜歡這齣戲。

上車以後，霍金忽然有些不安，開始潔恩不知道其中原因，只是覺得有些奇怪。當售票員快走到他們身邊時，霍金很抱歉地對潔恩說：

「實在對不起，我已經沒有買車票的錢。你有零錢嗎？」

潔恩這才明白他剛才忸怩不安的原因。她想，他今天一定用了很多錢，心中不免有些內疚，立刻表示很樂意由她買車票。可是，當潔恩找她的錢包時，錢包不見了！這一下，可真讓她尷尬極了。她向售票員說明情況，售票員看見他們那種尷尬的樣子，也理解他們的困境。他們立刻下車，拔腳向老維克劇院跑去，霍金跑起來有些費力，勉強可以跟上。到了劇院，大門已經關了，他們從側門進了劇場，觀眾席燈光昏暗，但還勉強可以看見。在他們坐過的座位下面，潔恩的綠色小錢包還躺在那裡！兩人都不由得鬆了一口氣。

撿起錢包以後，他們正往回走時，劇場的燈突然熄了，他們陷入一片黑暗之中。潔恩不由驚恐地叫了一聲。霍金顯示男孩子的尊嚴和勇氣，十分勇敢沉著地對潔恩說：

「不要緊張，拉住我的手！」

潔恩抓住霍金的手，屏住呼吸走出劇院。他們走到燈光明亮的街上，一起放聲歡笑起來。這次意外的經歷，似乎是上帝有意的安排，潔恩更靠近霍金，她欽佩他臨危不亂的勇氣，感受到一種愜意的安全感。他們之間的友誼悄悄地發展。

又過了幾個星期，有一天潔恩回家的時候，她的母親告訴她：

「史蒂芬來了電話，邀請你參加劍橋大學的五月舞會。」

潔恩高興地跳起來，拊掌問道：「真的嗎？」

母親加了一句：「他還等你回話。」

對於一個女孩來說，劍橋大學的五月舞會是非常吸引人的。潔恩記得以前有一個女孩被邀請參加五月舞會，所有的女孩都非常羨慕。後來，那個女孩向她們講述舞會的盛況：通宵跳舞，喝不完的香檳，色美味香的燻鮭魚，還搭乘平底船越過劍河去吃早餐……這簡直像安徒生的童話故事《灰姑娘》裡的奇遇一樣。沒有想到，在童話故事中才有的機會，竟然真的降臨到潔恩的身上！她立刻答應霍金的邀請，然後就急切地與母親商量穿什麼衣服參加這一年一度的盛會。最後她們決定買一件藍白相間的絲綢服裝，價錢正好可以買得起。

五月舞會實際是在六月初舉行的。那天下午，霍金開著他父親的一輛老式轎車來接潔恩。她發現霍金的身體狀況比上次到老維克劇院看戲時更糟，以致懷疑他有沒有能力駕駛這輛破舊的汽車。霍金是第一次到潔恩的家，因此潔恩向她的母親正式介紹霍金。母親聽過潔恩的介紹，沒有對霍金的身體狀態表示驚奇和意外，她禮貌地向他致意，謝謝他好意邀請潔恩去參加五月舞會，然後與他們揮手告別。

但是霍金駕駛汽車的風格，卻讓潔恩心驚膽顫，潔恩在傳記中懷著害怕的心情寫道：

據說史蒂芬開車像他的父親。他的父親喜歡開飛車，在山上和拐角處也超車，甚至有人看見他在雙行道上逆向行駛。我們飛速前進，越過赫特福德郡的田野和樹木，進入劍橋郡的開闊地面。一路上，風通過敞開的車窗呼嘯而來，打消我試圖談話的念頭。我幾乎不敢看前面的道路，而史蒂芬似乎什麼都看，就是不看路。

潔恩從來沒有這種可怕的乘車經歷，她本來就有些膽小，哪經得起這樣的折騰？因此她在車上時就暗自發誓：回家時再也不坐他駕駛的車！

舞會在劍橋河邊的台地上舉行，歡樂的人們在銅管樂隊的伴奏下跳舞，暫時休息的人們則坐在草坪上喝香檳。潔恩想跳舞，但是霍金腿腳不便，抱歉地對潔恩說：「對不起，我不跳舞。」

潔恩明白他的難處，回答：「沒什麼，不跳舞也好。」

但是潔恩不滿意自己言不由衷的回答，覺得還是應該鼓勵霍金融入人群去跳舞。後來她發現一個地下室傳來爵士樂隊的演奏，原來在昏暗的地下室中有許多模糊不清的人影在跳著很自由的舞步。潔恩覺得這裡很適合霍金，於是說服他，兩人高興地在舞池中來回舞動身子，霍金跳得很有興致，一直跳到樂隊停止演奏。

黎明時分，他們與許多男女學生在三一街上昏頭昏腦地晃著，來到一個吃早餐的地方，潔恩坐進一個扶手椅裡，連早餐也顧不上吃，美美地睡了半晌。午飯後，潔恩想要與一些女性朋友搭火車回家，因為她對霍金飆車仍心有餘悸。但是霍金聽了潔恩的想法後，堅持不同意；潔恩婉轉地說了一大堆理由，他還是不同意。潔恩心裡有些生氣，但也不想得罪他，只好驚懼地乘上那輛可怕的汽車。當他們終於在潔恩的家門口停下車時，潔恩在再次顛簸和受驚害怕後，心裡很有些不滿霍金的固執和不理會女孩心理的做法，所以在下車後只對霍金簡單地告別，就頭也不回地進屋。

她的母親正在房前的花園裡忙什麼，見到潔恩這樣不禮貌地對待霍金，頗為驚訝，就急忙跟著進屋，很生氣地對潔恩說：

「你不至於連一杯茶也不讓那個可憐的年輕人喝，就讓他這麼走吧？」

潔恩聽了母親的話，覺得自己也做得太不近人情，立刻轉身出門找霍金。還好，他沒走，正準備發動汽車。當他聽到潔恩請他進屋喝茶，立刻爽快地答應。其實潔恩還是很喜歡他的，但是她真受不了那瘋狂行駛中的顛簸，但願他明白這一點。

暑假期間，潔恩到西班牙的馬德里住了一個多月。回到家以後，她立刻想要和霍金取得聯繫，但始終聯繫不上。後來與他母親聯繫上，才知道他的身體更加不好，已經到劍橋了。開學後，潔恩到倫敦開始緊張的西班牙語學習，沒時間與霍金聯繫。直到一九六三年十一月，潔恩才收到霍金寫的一封信，說他很快會到倫敦來治

馬德里的凱旋門

牙，還問她是否願意與他觀賞歌劇。

一個星期五的下午，他們又見面。潔恩發現他走路的步態更加蹣跚，路程如果遠一點就只能坐計程車。但是他似乎不在意自己的境況變得更差，相反地，他發表意見時語氣更加肯定，也更加具有說服力。看完了牙，他們準備慢慢走到劇院。在路上，他步履艱難，上氣不接下氣，但是他仍然不斷指點江山，縱橫談論國內外發生的大事，指責美國總統甘迺迪幾乎讓世界陷入核戰爭的災難之中，純粹是蠻幹……正說得起勁的時候，霍金突然摔倒在路中間，潔恩被嚇壞了。幸好有一個過路的人幫助她，把霍金扶起來。霍金顯然也受到驚嚇，一時站立不穩，只能在潔恩的攙扶下走到路邊。看來走到劇院去已經不可能，於是潔恩叫了一輛計程車，乘車到威爾斯劇院。

當天他們看的是華格納的著名歌劇《漂泊的荷蘭人》。歌劇是根據北歐的一個傳說故事寫成的。傳說從前有一個荷蘭的航行者，發誓要冒著巨大的風浪繞過好望角，即使終生航行亦在所不辭。魔鬼聽了他的誓言，判他重罪——終身在海上漂流，直到世界末日。魔鬼還許他每七年登陸一次，讓他尋找一個願以忠貞的愛為他贖身的女人。後來，有一個叫森塔的女人愛上這位荷蘭的漂泊者，但是他不願連累她，立刻開船離開海岸，但森塔卻勇敢地縱身跳入大海。

這個時候，幽幻的船影沉下去了，海面突然湧起高浪，旋又急劇落下，形成急速流動的漩渦。在落日的光輝中，森塔與荷蘭人的影子相互擁抱，浮現在海面之上……這個時候，管弦樂聲激蕩在劇場，使人久久不能釋懷。

潔恩深受感動，想到身邊的霍金，不禁愛意綿綿，而且似乎更理解他的一些行為。她後來寫道：

我開始理解史蒂芬瘋狂開車的舉動。命運捉弄他，他父親的汽車就成為他發洩憂慮和憤怒的工具。他也在四處漂泊尋求援救，他有時不免會蠻幹。

潔恩也許會想到，如果霍金是那位荷蘭漂泊者，她有勇氣成為森塔嗎？她嚴肅地思考過這種可能性，因為在那之後她開始親自去瞭解有關他的病情。她多次到醫學機構詢問，但是人們對這種少見的怪病都不清楚。即使能說一點，也大多是她已經知道的。最後，她放棄進一步的詢問，她想：也許不清楚更好。聖誕節後不久，潔恩在霍金沒有預料到的情形下，到他家去看望他。他們一家正準備去倫敦看歌劇。見到潔恩來了，霍金高興極了，並邀請她在下一個星期陪他和他父親去看歌劇《德爾・羅森卡瓦列爾》。看來，他們家欣賞歌劇是一項經常性活動。事實上，到了下學期開學後，史蒂芬總有歌劇票，而潔恩也就有機會經常陪他去倫敦看歌劇。就潔恩的愛好來說，她更喜歡看芭蕾舞劇。有一次她表達這個願望，而且她已經透過學生會買到《羅密歐與茱麗葉》芭蕾舞劇的票。但是霍金立刻以不容置疑的口氣說：芭蕾舞的音樂淺薄瑣碎，根本不值得一看。潔恩見他那副對她的提議不屑一顧的神情，心中感到頗為不快，也沒有進一步說她已經買到票的事情。這就是霍金和他的家人的處世風格。這種風格在他們結婚以後，給潔恩帶來許多傷害。

潔恩和同學到科文特花園劇場看了《羅密歐與茱麗葉》。那場芭蕾舞劇的演出，讓人深切感到什麼是真正的優美和純真、力量和格調、雅致和激情。整場演出都讓潔恩感動不已，甚至無法用語言來表達她的讚美和驚歎。她不明白，為什麼霍金不能和她一同來欣賞芭蕾舞劇的美妙？她不相信真正美好的東西會有人不能理解和接受。

他們的交往越來越多，霍金因為治療牙病和開學術會議經常到倫敦，潔恩也開始越來越多地到劍橋去看他，到後來，他們都墜入愛河，都迫不及待地等待下一次見面。但是，讓潔恩感到痛心的是霍金冷峻的理智，他對自己疾病的前景不抱希望，沒有勇氣與潔恩建立長期和穩定的關係，因此兩人在見面後又顯得關係緊張。也許霍金覺得他們墜入愛情是不理智的，甚至這場無望的情感使他更加痛苦。潔恩理解他內心的苦痛，知道他不願意談論自己的疾病，更不敢談到未來的計畫，而且她也擔心談這些問題會無意中刺傷他的感情，在已有的傷口上撒鹽，所以她總是憑女性的直覺來瞭解、揣摩他的情感，不刻意迫使他表述出來。但是她沒有預料到，這種不相互交流內心感情的交往方式，最終演變成相互不能理解，最終隔閡擴大到彼此不堪忍受。

在他們進一步交往中，潔恩逐漸清楚地發現霍金和他的父母一樣，雖然有很深的宗教背景，卻經常宣稱自己是無神論者。潔恩可以理解，作為研究宇宙的科學家，他當然不容許上帝這樣的造物主來干擾他的研究和計算;但是她深信，在冰冷的客觀科學事實之外，宇宙之間還應該有更豐富的內容，宗教信仰就是其中重要的內容之一。如果只知道撫摩冰冷的科學真理卻沒有仁慈的信仰，對於潔恩來說，實在可怕和無法忍受。潔恩在回憶中曾經這樣寫道:

雖然那個時候我完全被他迷住，被他那藍灰色的眼睛和微笑時顯出的酒窩弄得心神不寧，但是我還是抵制他的無神論……我擔心無神論會把我們兩人全毀掉。相反的，如果要從我們的悲慘處境中得到任何美好的結果，我需要緊緊地抓住我可以找到的任何一線希望，為我們兩人保持足夠的信仰。

又過了幾個月，霍金走路逐漸離不開拐杖。雖然身體狀況沒有顯著變化，但是意志十分消沉，整天把自己悶在宿舍裡，不間斷地播放華格納的音樂。遇上潔恩去找他，他經常陷於深思，很少說話，即使說話也越來越簡短。有時候，他故意用粗魯的態度對待她，明顯地想盡力阻止他們的進一步交往，但是潔恩覺得這種行為很愚蠢，因為她覺得他們的交往太深，讓她退出已經不可能。

潔恩用耐心和愛意讓霍金逐漸明白她的決心，而當霍金明白自己被一個非凡的女子真摯地愛戀以後，他陰鬱的心情也逐漸被潔恩的一片深情愛意所融化，他不再拒絕潔恩的真愛。潔恩的直覺告訴她，霍金開始更加自信、更加歡悅地對待他們之間的愛戀關係，這也就是說，他終於從無望的深淵掙脫出來，斷定並非一切都毫無希望，未來也並非漆黑一片。潔恩對於這個時候的霍金來說，真可以用拜倫的詩來描述:

她是生命與光明的倩影，
是眾人注目的中心；
無論我把目光投向哪裡，
回憶的晨星都會冉冉升起。

以前的各種障礙消除了，他們之間的情感急速地發展。他們開始急切地用電話互訴衷腸，並且不斷地尋找和製造見面的機會，讓經過時空發酵的相思和愛戀，在心靈的激情碰撞中盡情地釋放。甜蜜而醉人的戀愛猶如生活的風帆，不僅讓潔恩更嫵媚動人，也讓霍金更加樂觀開朗和意氣風發。

一九六四年十月的一個星期六的晚上，在劍橋小雨淅瀝的河邊，霍金終於吞吞吐吐地低聲向潔恩求婚。潔恩輕輕地嘆了一口氣，羞怯地接受他的求婚。

從此以後，潔恩的生活發生徹底的改變，原來想當外交官的念頭被她勇敢地拋到爪哇國。那個時候她還只有二十歲，還沒有足夠的經驗想到未來她將面臨的嚴酷考驗。

當他的父親知道女兒的決定後，他只提出唯一的期望：「一定答應我，把大學讀完，完成必修的學業。」

攜手共闖生死關

霍金和潔恩把舉辦婚禮的日期初步定在一九六五年七月。但是，潔恩還不知道西菲爾德學院是否允許她在讀書期間結婚，如果不允許，那他們的婚期就肯定得往後推一年，因為潔恩已經向父親承諾：一定會修完大學課程，取得本科學歷。這是絕對不能違背的。但另一件事情，潔恩也不能不認真考慮。霍金的父親一再提醒潔恩：「史蒂芬的病情如何發展是誰也意料不到的，一年的時間對於一般人幾乎不值一提，但是對史蒂芬就大不相同，誰也不知道他是否可以生存一年的時間。」這個殘酷的現實，像恐怖的幽靈一樣威脅潔恩，無聲地、悄悄地啃食他們的心靈，影響他們的每個決定。

潔恩明白事態的嚴峻性，她決定向學院申請結婚，向他們講清楚她和霍金的關係，講明他的病情和前景預測。幸好，學院充分理解她的困境和非同一般的決心，同意她結婚，唯一的條件是她必須住在校外。她想，幸虧是在西菲爾德學院，要是在牛津大學或是劍橋大學讀書，他們可不會有什麼同情心來關心她的困難。

結婚以後，許多意想不到的困難立刻降臨：首先要在劍橋大學找到適合的住房。對於正常人來說，找到適合的房子不困難，但是對於霍金的身體狀況來說，必須找一處離他工作地點不能太遠的住房才行，否則他無法走那麼遠；負責處理這個方面事務的財務主任，不僅對他們的狀況沒有任何同情，反而百般刁難，橫加干預，讓潔恩和霍金氣得咬牙切齒，但又毫無辦法。霍金沒時間處理這些「小事」，他要努力研究，盡快顯示他在學術領域裡的價值，這樣他才可以留在劍橋和迅速得到提升。潔恩的學業還沒有完成，只有週末才可以回到劍橋。

在困難面前，有時她還不能得到霍金的充分理解。還記得嗎？有一次，潔恩跌傷手腕，結果敷上石膏回到劍橋大學。這個時候，霍金正指望潔恩回來給他打論文，見到她手上敷了石膏，他不僅沒有關心安慰一下潔恩，還嘆口氣說不能為他打字。他們沒有多餘的錢請人打字，潔恩只好克服困難，忍受疼痛幫他把論文打出來。

諸如此類的困難，現在全讓她遇到了。她是家庭主婦，能指望誰呀？只好硬挺著一個一個克服！這個時候，潔恩充分感到信仰對她的重要。她曾經說：

「我相信，信仰幫助了我。我贊成信仰有一種更高的慈善力量——或許是上帝的力量。上帝似乎回應我所需要的幫助和支持，增強我的勇氣和決心……在承擔擺在面前的任務時，我要依靠我的信仰。」

每個星期一她要趕到倫敦，把霍金留在家裡，那個時候霍金還勉強可以自己照顧自己。但是潔恩覺得很難受，想到他踉蹌著走到辦公室，去飯廳……她就無法忍受，但是對父親的允諾，使她決心把大學讀完。到了星期五下午，她又急不可待地往劍橋家裡趕，在地鐵裡計算時間，害怕半路出什麼意外耽誤回家。潔恩曾對人說，她有一陣子做的最可怕的噩夢，就是地鐵出了事故，她只能待在地鐵裡不能前行。

趕到家以後，她多半會把霍金口述的文章用打字機打出來。打字不成問題，但是宇宙學論文中經常出現的那些數學符號，如微積分、求和、開方，還有什麼無窮大、無限級數……讓讀文科的潔恩如見天書一般，差一點被它們逼瘋。幸虧她是一個不願意服輸的人，才把這些困難一個一個地克服。打完論文的時候，她會有一種油然而生的自豪感。在回憶中，她興致盎然地寫道：

我的手指把關於宇宙起源的論述付諸文字，想到這一點，我也得到一些滿足。那些密碼數字、字母和符號，都參與揭開浩瀚宇宙的秘密，想到這些，一種敬畏之感油然而生。

但是在打字的時候，她不敢想這麼多，萬一錯了一個小數點，或是一個符號，那就會使宇宙起源之類的問題陷入可怕的混亂之中，使整個宇宙失去秩序。再到後來，她的感情更加昇華，認為自己作為一個高級文官的女兒，從小就受到精確運用語言的教育和潛移默化的影響，有重視語言明快和用詞豐富的訓練，因此可以彌補霍金的缺陷和不足。這樣一來，潔恩覺得自己至少有兩個方面的貢獻：一是她不僅可以在體力上幫助霍金，而且在智力上也可以幫助他；二是她將來可以在人文科學和自然科學之間架起一座橋樑，她甚至設想可以把這種溝通當作未來的事業。

潔恩的工作不僅是打字，當他們買下一處破舊的房子時，由於他們沒有錢請人裝修、粉牆，潔恩只好放棄學習的時間，穿上舊衣服，戴上帽子，自己動手給牆刷白色油漆。鄰居見了，讚歎不已。

他們共同的努力終於得到回報：史蒂芬的宇宙學研究取得令人矚目的成就，在他的那個研究圈子裡，他的名聲迅速飆升；他的收入加上不時得到的一些獎金，使家庭拮据的狀況獲得舒緩。

但是潔恩的苦難幾乎才開始，後來的情形越來越糟。首先是霍金的手指開始僵化變形，除了簽名的機械動作以外，已經完全不能寫作，潔恩要幫他完成所有的寫作工作；其次是潔恩懷孕了，並且於一九六七年五月生下長子羅伯特。開始，潔恩還很有信心把照顧一大一小的工作和繼續學業的事並行不悖地進行下去，她還想要在完成大學學業後，獲得一個博士學位。但精力無窮的羅伯特很快打消她的計畫。她把羅伯特安頓好，想要坐下來集中精力學習的時候，羅伯特就會爬到她膝上，扭來扭去，咯咯地笑個不停。開始潔恩不理解兒子的這種行為，後來才悟出，他只是想要和她親熱、交流。兒子的這種合理的需求，終於打破潔恩的一切幻想和計畫。如果他們有錢，當然可以請保姆，但是這種奢侈距他們太遠，連想也不敢想。

霍金因為身體越來越糟，潔恩不能像其他正常家庭那樣指望丈夫在關鍵時刻幫助她，不僅不能指望，而且霍金越來越依賴潔恩。更讓潔恩感到為難的是，霍金的聲望在升高的同時，他越來越經常地出國。他很重視出國訪問和交流，這不僅是為了擴大自己的影響，而且也是為了進一步提高自己。在訪問中他會遇到各種各樣的天才、怪才，與這些人的爭論會使他大開眼界，甚至進入新的和更高的境界。後來，霍金的很多突破都得益於這種激烈的爭論。

但每次搭飛機旅行，對潔恩來說都是一次災難。尤其是後來霍金完全靠輪椅代步時，她更是一想起出國，就噩夢不斷。但是她表示為出國而煩惱的時候，霍金就會用沉默表示他的不滿。有時候，這種沉默會延續幾天，最後只好由潔恩來化解，向他表示道歉，一切不愉快的「戰爭」才會結束。

一九七〇年，女兒露西出生；一九七九年，結婚十四年以後，小兒子蒂莫西出生。在原來估計只能存在二至三年的家庭裡，不僅霍金奇蹟般地活下來，而且還有了三個孩子！更令人讚歎的是，一九七九年霍金被任命為劍橋大學盧卡斯教授。能坐上這把教授交椅的人，從來都是英國最優秀的科學家。像牛頓和發現反物質粒子的狄拉克，都曾先後擔任過這個教授職位。

再過十年，即一九八九年，霍金在被授為爵士後再次被授勳，成為勳爵，這是英國最高的榮譽稱號之一，是對公職人員和知識份子的最高表彰。一九八八年他寫的《時間簡史》先是在美國出版，後在全世界引起空前轟動，霍金的名聲傳到世界各個角落，與當年愛因斯坦的名聲不相上下。

這對夫婦經歷如此不可想像的磨難，終於到達成功的頂峰。但是潔恩卻在這空前的成功中，越來越失落，越來越陷入痛苦的深淵。成功的熾熱光輝照亮的是霍金，她卻在這炫目的光亮中，沉入黑暗和迷茫之中。

這其中到底發生什麼事情？

處置失當，衝突加劇

在結婚之前，潔恩已經初步體會到，霍金家族的性格和待人接物的風格與她從小習慣的完全不同。她也許認為只要在日後相處時處置恰當，加上相互瞭解和習慣，這種差異終會慢慢消除。後來她才明白，她小看這種差異，她沒有從一開始就與霍金加強溝通，談談彼此的觀念、習慣……以求彼此理解和退讓，適應對方。

潔恩是一個膽怯和比較容易自責的人，出現什麼衝突的時候，她本來想要與霍金交談，讓他瞭解自己的感受，但每到這個時刻她就退卻了，反而自責自己心眼太小、小家子氣，尤其看到霍金那副自信和不屑為「小事」煩擾的樣子，她就更加自責。我們舉一個典型的例子。

有一次，霍金的妹妹菲莉帕因為一種奇怪的疾病住進牛津一家醫院，他們家的人有些著急，在私下低聲談論什麼，但是從來不向潔恩詳細說明他們為什麼不安。連霍金也不與潔恩談論這件事情，好像她是一個與他們家無關的外人，是一個根本不值得與之交談的女子。這種潛在的分歧或是敵意，原本應該及時在溝通和交談中消除，但是潔恩缺乏這種勇氣。

露西、羅伯特（左一和左二）和鄰居小孩在一個教堂花園中玩

有一天，她開車和霍金一起去他的父母家，準備與他的母親去牛津看望菲莉帕。到家後，潔恩正準備與他們一起出門時，他們突然一起盯著她。霍金似乎有些猶豫，卻始終沒有開口。最後，他的母親開口，毫不客氣地用不可通融的語氣對潔恩說：

「菲莉帕想要單獨見史蒂芬，不想見你。」

看到潔恩一臉的茫然和尷尬，霍金沒有說一句話，這顯然讓潔恩更加傷心。她一時什麼話也說不出來，只是驚訝地看著他們，尤其盼望霍金可以至少說出一個理由，為他母親的突兀無理的態度做出解釋。但是沒有！潔恩從來沒有受到過如此無理和幾近羞辱的對待，她實在不懂這位長者怎麼可以這樣對待一個如此熱愛她兒子的女人。她結結巴巴說了幾句話，霍金的母親用傲慢和譏諷的口氣打斷潔恩的話，說：

「我們知道你們相親相愛、形影不離，我一個人去吧！」

潔恩又開始自責，認為自己太小心眼，因此有些歉意地說：「啊，不，我完全理解。好吧，霍金可以去，我一個人留在這裡，我還有很多功課要做。」

但是他們的車子卻發動不起來，而史蒂芬的母親又不敢開潔恩的車。於是潔恩自告奮勇，由她開車把他們送到醫院。但是，到了醫院之後，潔恩仍然沒有進病房，而是在候診室複習一下午功課。回憶這件事情的時候，潔恩仍然有些激動地寫道：

我們從牛津回來以後，沒有人再提那天上午發生的事情。按照霍金家的傳統，他們把那件事情和其他許多心理、感情問題都掩蓋起來，認為那些事情純屬瑣碎小事，根本不值得認真考慮。在一種所謂的清高氣氛中，他們從來不討論情感問題：情感問題似乎對理智和理性的主導地位造成太大的威脅，霍金家似乎正是依靠理性來保持其優越性的。

這是潔恩幾十年以後在回憶中才有這樣清醒的認識，在當年她可沒有這種自信。正是因為缺乏一種自信，她在霍金家的「理智」和「理性」面前顯得自卑而膽怯，沒有在潛伏的危機出現的時候，就與丈夫相互傾訴溝通，消除心理的障礙和過節，以至於後來發展到不可收拾。

話又說回來，霍金的成功一方面肯定得益於潔恩這位偉大女性的愛和幫助，另一方面也正是霍金緊緊封死情感的可能傷害，他才有勇氣面對可怕的生理缺陷，達到理性的偉大勝利。所謂「性格決定命運」就是這個意思。

潔恩的性格——自責多於責人，容易和願意原諒別人，富於情感的羞怯——當然也決定她的命運。幾個孩子接連出生，霍金的身體狀況越來越差的時候，潔恩出於對霍金的愛，對孩子的愛，還有她對上帝的信仰和一種崇高的使命感，使她可以鬥志昂揚地面對一切困難，也克服想像不到的困難。這個時候的潔恩是不會從霍金身邊離開的，霍金也根本離不開她。

但是後來發生的事情，就讓潔恩越來越難以忍受。

霍金成為全球的科學明星，加之其生活經歷又具有非同一般的傳奇色彩，因此各國媒體都蜂擁地擠到他們家裡來，想要用攝影機錄下「驚人」鏡頭，把觀眾吸引到電視機前。而每次攝影機嗚嗚響動的時候，霍金當然就是中心人物，而潔恩，有時加上孩子，都要服從霍金的需要，要在導演的安排下服從他們的想像，在鏡頭面前做出一些矯揉造作的姿態。而她認為導演的安排實際上是他們家庭生活不真實和拙劣的反映，她從內心感到厭惡。每到這個時候，她內心都會生出一種絕望的抗議。

但是霍金已經習慣這種事情，媒體的這種公開宣傳可以為他的事業帶來很大的好處。潔恩也深知這一點，也不願意因為自己的不滿意而激怒霍金。但是霍金卻似乎忘記尊重潔恩的事業和人格。潔恩找了一份教學工作，這是她唯一能使自己不成為霍金光環下的木偶，並保持自尊的希望。可是只要霍金需要，她得立刻放下她的工作，出現在電視機鏡頭前，還不能愁眉苦臉，要面帶微笑，裝得心情愉快。如果霍金要出國，他也從來不徵求潔恩的意見：有沒有空？是否可以放下工作？——從來不！在他的潛意識裡，潔恩要無條件服從他的需要，沒有什麼商量的餘地。

有些媒體記者冷冰冰地提問，更使她無法忍受。她在自己努力下，獲得博士學位，盡力尋找適合的工作，絕對不願意成為一個花瓶。但就有那麼一些記者，莫名其妙地覺得她只是霍金生命和成功的一個附屬物，她可以享受如此「殊榮」，只是因為很久以前和霍金結婚，為他生了三個孩子，營造一個安樂窩。因此，在這些記者和導演看來，滿足媒體的需要是潔恩的任務，甚至是潔恩的光榮！

但是，潔恩不是一個愛慕虛榮的女性，更不願意任人擺弄。她愛人們，願意幫助別人，但是她也有高度的自尊，希望有自己的生活空間，希望有維持自己尊嚴的工作。生活在霍金的光環或陰影下，絕非她所願。

家裡來了志願者

隨著霍金的聲名鵲起，社交應酬越來越多，這對於潔恩不是一件什麼好事情，她還有三個孩子要照應，而且霍金的行為能力又越來越受限制，雖然他有鋼鐵般的意志，頑強地克服困難，盡量減少對潔恩的依賴，但疾病逐漸惡化，使他不得不向惡魔般的疾病妥協。最後連吃飯、睡覺、洗澡……幾乎所有的活動都要依靠潔恩的幫助。潔恩的負擔之重，身心之疲乏，我們任何一個人都可想而知。如果潔恩甘願當家庭婦女，她會因為丈夫的成功而心滿意足，但是她的家庭教養鑄就她性格中的另一面：她希望有自己的追求和事業。她經常在內心質問自己：

> 自己的生活走向何方？我拿什麼向過去的三十年交代？是的，我有孩子，還有史蒂芬。史蒂芬取得卓越的成就，我也為他驕傲，但是我沒有真正分享他的成功。

在一段時間內，她自覺並很驕傲地把自己的精力幾乎全部獻給霍金，幫助他樹立生活的信心和發揮他的天才。但是在霍金取得輝煌成功的過程中，潔恩卻逐漸感到失落。她開始問自己：「我是誰？我自己還剩下什麼？」她從前的個性很強，到後來卻覺得自己漸漸成為媒體的擺設，像是擺在霍金左右的裝飾品，成為一個由人挪去挪來的木偶，連起碼的自尊心都在被迫的無奈中，逐漸失去、遠離……

潔恩的內心逐漸由苦悶而變得失望，她和霍金由於已經形成的習慣，相互間一直很少交流和溝通，霍金也由於家族鑄造的性格，從來不會表示溫情和體貼，可以想像，這樣的兩個人組成的家庭，又是在如此特殊狀況下——經歷可怕的困難和極高的榮譽——走過來的家庭，想繼續下去確實十分困難。雙方都沒有什麼可指責的，因為性格決定命運。如果我們想要把同情多給一點潔恩，也許應該把愛爾蘭著名作家王爾德的話送給她：

> 世界上沒有什麼可以與出嫁後的女人的奉獻精神相比，對此，結過婚的男人卻一無所知。

就像雲霧的形成總要有一個可供結晶的水滴一樣，霍金和潔恩組成的家庭要徹底分裂也不那麼容易，但是一個「志願者」的出現，使這個家庭終於開始裂變。

這個志願者是強納森·瓊斯，他是一個音樂家，是潔恩在進入教堂唱詩班後認識的。由於情緒低落和身心極度疲憊，一位物理治療醫師建議她參加當地教堂唱詩班，透過這種消遣活動使身心放鬆，解除她的一些苦惱和困擾。潔恩聽信這個勸告，就到聖馬克教堂加入唱詩班，那裡正需要幾個女高音唱聖歌。經過練習，她取得很大成績，後來還被邀請去教區各處唱聖歌。這種活動給她帶來愉快，恢復一些自尊心。霍金那個時候由研究生幫忙照顧，所以潔恩的負擔稍微減輕一些，在一段時間內，恢復失去許久和幾乎被忘卻的自我。

在唱詩班，潔恩認識音樂指揮強納森，那是一九七七年年底的事情。那天唱完聖歌後，天已經很晚，強納森送潔恩和露西回家，一路上他總是走在人行道的外側，保護她和女兒不被車輛撞著。他們邊走邊談，像相識已久的朋友。

潔恩有很多年沒有得到男性這樣無微不至的關照，也好久沒有這樣愉快地與人交談，談唱歌、談藝術、談旅遊……啊，久違的傾心交談！

強納森結婚以後不久，妻子死於白血病，去世已經十八個月。在唱詩班當指揮，使他的痛苦漸次消解。潔恩還從別人那裡得知，他是一個非常好的人。後來，潔恩請他到家裡教露西彈鋼琴，露西也很快喜歡上強納森。開始，他嚴格控制在潔恩家停留的時間，後來由於和家裡每個人都熟悉，他停留的時間逐漸延長，有時留在潔恩的家裡吃中飯或晚飯，並幫助潔恩照顧霍金，這樣一來，可憐的羅伯特就可以從承擔很久的家務中解脫出來，這讓羅伯特感到無比高興。久而久之，羅伯特開始在家門口等待強納森的到來，一見到他來了，立刻歡叫著撲上前去和他扭打起來，其高興之狀，讓潔恩十分欣慰。但作為父親的霍金會是什麼感受？也許會由於自尊而有些尷尬，或是敵視？

但是對於潔恩來說，她覺得這簡直就是上帝的惠澤。她曾經談到認識強納森以後的感受：

我在處於精神崩潰邊緣的時候遇到強納森……是一種仁慈的神力有意安排的，使我們相識並成為相互關心的好朋友。

強納森認為，他透過幫助霍金和潔恩的一家人，找到一個生活的目標，進而減輕他的喪妻之痛。他把這層意思說給潔恩聽，使潔恩消除懷疑和不安。一九七八年五月，他對霍金和潔恩說：他準備承擔起照顧這個家庭的義務。

剛開始，霍金不可避免地對這種照顧持懷疑態度，對強納森表現出一種男性間的敵視。他盡力表示出在智力方面對強納森的優勢。但是他很快發現強納森是一個無私的人，他是虔誠的教徒，沒有與他競爭的任何意識，因此霍金幾乎是沮喪地放棄優越感和敵視。後來，還出現一個潔恩沒有預料到的奇蹟：在強納森的影響下，霍金變得更溫和、更平靜和更善解人意。潔恩說：「史蒂芬似乎可以鬆一鬆自己在同命運搏鬥中所穿的堅硬沉重的盔甲。」

而且，潔恩也開始和霍金談心，訴說鬱積在心中的苦惱。霍金大度而又溫和地對潔恩說，不僅他自己需要人幫助，潔恩也需要人幫助；他表示，如果潔恩可以在強納森的幫助下心情愉快，這對他是一件值得欣慰的事情，這樣一來，他可以全力以赴地進行科學研究。

在一段時期裡，在他們三人齊心協力的努力下，潔恩和霍金生活得比較愉快，煩惱也大為減少，而強納森在整個過程中，喪妻之痛漸次消解，還和霍金討論他今後是應該成為音樂家，還是只滿足於教音樂。教音樂是他謀生的手段。強納森比潔恩小幾歲，事業上遠沒有霍金那麼光彩奪目，但是他性情溫和、善解人意、不固執己見，而且心地極其善良。在霍金和潔恩的建議下，他開始思考自己成為一個演奏家的可能性，並且開始向這個方向努力。潔恩也開始拾起荒廢的博士課程，她覺得有希望實現夢寐以求的和平寧靜的氣氛，這使她恢復生氣和希望。她的弟弟克里斯在認識強納森以後，對姐姐潔恩說：

「多年以來，你一直獨自一人駕駛小船衝過波濤洶湧、前途未卜的水域。如果現在有人上船，願意引導它駛向安全港灣，你應該接受他給你的任何幫助。」

潔恩的父母見到強納森以後，沒有發表任何意見，也沒有對強納森出現在女兒家中的事做任何評論。但是潔恩從一次談話中知道他們對強納森評價很好，那次談話是在潔恩見到強納森的父母之後，她對母親說：「強納森的父母是很好的人。」潔恩的母親驚訝地看著女兒說：「你這個笨孩子，這不是明擺著的嗎？有強納森這樣好的兒子，父母肯定是好人。他們怎麼會不好？」

但是，這種奇特的組合，會使一些外人難以理解，總會有人說三道四。而且，潔恩也經常陷於苦惱中：她的行為是否構成對霍金的不忠？雖然她沒有任何越界行為，但相處久了，她與強納森之間不可能沒有愛情火花。感情糾纏不清的時候，潔恩就會責備自己，然後在謊言的掩飾下，過著一種雙重生活。

這種奇特的組合，絕對不是一種穩定的組合。正如物理學中的不穩定平衡，只要稍加外力就很容易失去平衡。這恐怕是遲早的事情，潔恩不會想不到，但是她沒有勇氣拒絕強納森的幫助。失去平衡的外界條件，最後還是降臨到這個家庭。

萬般無奈終分手

一九七九年，潔恩生下第三個孩子蒂莫西。在整個懷孕過程中，強納森對潔恩的照顧都十分周到，這使得潔恩不僅順利度過這個困難時期，而且還利用這段少有的空閒，完成間隔十三年的博士論文。

在臨產那天晚上，霍金的學生開車把潔恩送進醫院。霍金想要在孩子出生時待在潔恩的身邊陪伴她，於是在產房專門安排一個相當大的空間，以便放下他的輪椅，他的物理治療師也一直跟著他，以便隨時照顧霍金。強納森知道這個時候他沒有理由待在潔恩的身邊，雖然放心不下，但還是明智地走開，到鄉下他父親那裡度過難挨的一天。

由於難產，嬰兒必須留在醫院，所以產後幾個星期，潔恩沒有時間休息和恢復難產給身體帶來的傷害。霍金需要照顧，露西因為有新來的弟弟而覺得少了一些母愛，十分委屈，也一時不能適應；羅伯特又因為生病住進兒童醫院……在這種亂得一塌糊塗的時候，她更少不了強納森無私的幫助。他也毫無怨言地與他們一家同舟共濟，共度難關。他幫助照顧霍金，家事他幾乎全包了，還擔負起送露西上學，到醫院看望羅伯特的任務。有這種周到的幫助，潔恩才得以歇一口氣，不至於身心徹底崩潰。

強納森的無私幫助雖然可以被許多善心的人理解，但是霍金的父母卻絲毫不能原諒強納森進入他們兒子的家庭。有一天下午，潔恩和霍金的母親伊莎貝爾難得有機會單獨坐在嬰兒室裡。潔恩想要利用這個機會解釋強納森的無私幫助，還想介紹一下這個行為端正和善良的人。但是她沒有想到伊莎貝爾突然向自己發起出其不意的攻擊，伊莎貝爾用令人顫慄的目光直直地盯著潔恩，冷酷無情地問：

「潔恩，我有權知道蒂莫西是誰的孩子，是史蒂芬的還是強納森的？」

一九八七年十月，西班牙友人宴請霍金夫婦（右三為蒂莫西，左一為伊蓮，後來與霍金結婚）

潔恩沒有任何心理準備回答這種粗暴無理和突然襲擊的問題，她憤怒、委屈，她想大聲怒斥這個不講道理的、踐踏人性和美好感情的女人。但是她生性懦弱，沒有膽量發脾氣，她耐心地解釋：她和強納森沒有做過任何對不起史蒂芬的事情，她也不會拋棄史蒂芬，更不會拆散這個五口之家；而且強納森也絕對不會鼓勵她做這樣的事情。

但是伊莎貝爾根本聽不進潔恩的任何解釋，在她看來強納森不可能像潔恩說的那樣是一個天使，在她看來蒂莫西一定是強納森的兒子，不可能是史蒂芬的。她不顧一切後果，更沒有一點同情心地繼續攻擊潔恩，完全忘記潔恩是如何在最危險的歲月幫助她的兒子，她現在只看到兒子的輝煌成功。她無情地判定：

「你要明白，我們從來就沒有真正喜歡過你，你確實不適合我們家庭。」

她在下逐客令！要把潔恩趕出霍金的家門！潔恩的心破碎了，連史蒂芬都從來沒有這樣懷疑她、任意侮辱她，但一個做母親的竟然在沒有任何事先溝通、交流的情形下，一錘子狠狠地砸下來，不顧事實，不分青紅皂白。後來，伊莎貝爾為她的行為向潔恩道歉，「但為時已晚」。潔恩在想到這段難堪的痛苦時說：

「由於霍金家的人不具備良好的心理直覺或覺察力，我不能指望他們家的任何人能像那些親密而又機智的朋友們一樣，理解強納森在我們這個家庭中的特殊重要性。」

在這種沉重無情的打擊下，潔恩沮喪到極點。霍金似乎也受到母親的影響，開始以他獨特的方式表示不滿。潔恩情緒不好、意志消沉，奶水嚴重不足。霍金為了表示他的權威，不跟任何人商量，強迫只有八歲的露西與他一起，到城裡買來一大堆奶瓶、橡皮乳頭、奶粉……以為這樣就解決潔恩餵奶的困難。但是他沒有想到，這樣卻只給強納森增加負擔：他在每天晚上離開霍金家前，要調好第二天用的奶，然後放進冰箱裡，以備不時之需。

不久，霍金父母又使出一招，讓潔恩無法應對。他們說美國德州有一個醫生，發明一種新藥，據說可以治療霍金的疾病，那位美國醫生正準備邀請霍金去德州治療，治療時間可能是幾個月，也可能是幾年。霍金把他的父母寫給他的信給潔恩看，但是去還是不去，卻不置可否，似乎要讓潔恩決定這麼重大的事情。

潔恩頭腦發暈，無法對霍金說一句話。一家五口人，一個嬰兒，加上不能動彈的霍金，她一個弱女子可以承擔起這麼重大的責任，舉家前往美國？她想，他們使出這一招，無非是想要讓強納森離開這個家庭，但是他們從來不想辦法幫助這個可憐的家庭。她終於看清這個殘酷的現實：

霍金家根本不把我當人看待。我在他們眼裡只是一個苦工，是一個為他們生了三個孩子的工具，是照顧他們兒子的機器。我似乎無權擁有一個年輕女子的正常需要、希望和擔心，更不要說知識方面的抱負。我剛生完第三個孩子，在大孩子仍然病得很厲害，我還非常虛弱的時候，他們撕掉薄薄的面紗，露出猙獰面目，對我的厭惡之情在隱忍多年之後，終於爆發出來。我太笨了，竟然沒有認識到他們的惡毒用意……

這個家庭已經危若累卵，隨時有崩潰的危險。潔恩的心已經死了，她不再期望他們的同情。後來，潔恩的父親干預這件事情，他寫了一封信給霍金的父親，說如果大家都為霍金著想，要照顧兩個年幼的孩子和一個在繈褓中的嬰兒，再加上照顧霍金，舉家遠行美國是不現實的。如果真的有治癒霍金疾病的可能，他建議霍金父母陪同去美國。

這封信挽救了潔恩，因為霍金的父母沒有回信，也不再提這件荒唐透頂的事情。

這場危機發生在一九七九年，這年霍金被任命為劍橋大學盧卡斯教授。霍金的事業和成就，似乎沒有受到家庭危機的影響，甚至在日內瓦遇難、失去語言功能以後，他仍然那麼鎮靜地面對冷酷的人生。他依然那麼冷靜、睿智，而且那麼幽默，抓住機會就會開玩笑，得意地顯示調皮的樣子。在這種時刻，人們絕對不會想到他的家庭正在走向終結。

一九八八年三月，霍金到美國，潔恩拒絕陪他一起去，因為在照顧他的護士中，有些護士讓潔恩覺得無法共同相處，她稱這些護士為「喜歡製造麻煩的護士」。潔恩建議辭掉一些惹是生非的護士，但是霍金斷然拒絕，毫無商量的餘地。就這樣，他們的關係越來越緊張。一九八九年，他們還出席一次新聞發表會，推銷《時間簡史》。從照片上看來，他們似乎不至於在一年之後最終分手。

一九九〇年夏秋之交，霍金決定與潔恩分居，他要和他的護士伊蓮・梅森生活在一起。伊蓮離過婚，作為霍金的護士已經有三年多。霍金現在收入不錯，而且有基金會幫助，已經有能力請專職護士分班終日護理，但很難請到適合的護士，因為照顧霍金是一件非常困難和沉重的事情。伊蓮來了以後，情形總算好一些。她認為照顧霍金很容易，比起她養兩個兒子容易得多。她的小兒子才兩歲，大兒子與蒂莫西同歲，但是她卻可以忍受離開兒子的思念之苦而全心全意照顧霍金，並且熱情地擔負起陪同霍金出國的護理照顧事務。

最終，這對從患難中走過來的夫妻在一九九〇年夏季以後開始分居，霍金跟伊蓮住在一起。由於許多原因，他們一九九五年五月才辦理離婚手續。一九九七年七月，潔恩和強納森結婚，離開英國，來到大兒子羅伯特工作的地方——美國的西雅圖。羅伯特在微軟公司工作。

在西雅圖，身心得到解放的潔恩決定寫一部自傳。一定要以「平衡而非情緒化的心態」來寫她的自傳，而且決心使這本自傳必須是「消除惡意誹謗」的作品，使她可以在傾訴往事後，「自由度過餘生，不再為過去的陰影所煩擾」。在她的自傳的結尾處這樣寫道：

> 看到史蒂芬繼續獲得巨大的成功，我為他高興，也希望他得到應有的幸福。在《荒島唱片》節目中，他向我表示敬意。由於這完全出乎我的意料，就更加令人感動。

這對離婚的夫妻的行為，令人們感動。我相信：他們合力奮鬥的日子，會永遠感動他們自己和每位讀者；他們適時地平靜分手，也會給他們自己和關心他們的朋友帶來由衷的欣慰！

宋代詩人王安石有詩云：

吹破春冰水放光，
山花澗草百般香。

潔恩的第二次婚姻給她和強納森帶來的是令人羨慕的幸福，但是霍金的第二次婚姻卻以失敗告終。二〇〇六年十月，霍金與伊蓮離婚。第二次離婚以後，霍金一直是一個人居住，生活起居只能依靠劍橋大學雇用的護理團隊照顧，護理費用由大學支付一部分，霍金自己也要支付一部分。

離了兩次婚的霍金，家庭生活不是很美滿，兒女已經長大，不在身邊，但是他的事業仍然一如既往地繼續前進。

在七十歲生日時，這個敢預言人類命運的天才物理學家坦誠地說：「女人完全是一個謎。」其實，女人不是一個謎，而是霍金不可能細心去琢磨女人的內心。

霍金的孫子

霍金的中國情

霍金不僅在歐美聞名，就是在中國也被譽為當今最著名的科學家之一。他曾經三度來到中國，第一次是一九八五年，那個時候知道他大名的人恐怕不多；第二次是二〇〇二年底，這次霍金所到之處無不轟動，各種媒體也大肆炒作；第三次是二〇〇六年。

現在追溯起來，霍金的第二次中國之行能如此轟動，恐怕是因為他的《時間簡史》在中國暢銷多年。由書及人，人們這才知道有一個英國殘障科學家叫霍金，在宇宙學方面做出很大的貢獻。湖南科學技術出版社為此做出很大的努力，功不可沒。

《時間簡史》在中國

在美國，《時間簡史》於一九八八年四月出版，我在一九八八年十月十二日就收到我大哥楊建軍從美國紐約寄來的原版書。那個時候，我因為冠心病住在大學醫院裡，在出院之前，我已經看完了整本書。那個時候，我對霍金沒有什麼特別的認識，封面上的霍金坐在輪椅上，除了比較瘦以外，似乎沒有什麼特別的，我也沒有從封面的照片中看出霍金有嚴重的殘障。知道他的令人敬佩的奮鬥歷程，是看了《時間簡史》中譯本譯者寫的序，以及在一九九五年看了《時間簡史續編》《霍金演講錄》之後。

我在醫院看完《時間簡史》的英文版以後，被霍金的語言、思想所吸引，我立刻讓我的研究生翻譯其中我認為最精彩的兩篇，《宇宙的圖像》和《時間之箭》，並且投給《科學世界》雜誌。他們很快在一九八九年的第四期和第五期上刊登出來。接著我在湖北找了幾家出版社商談出版這本書的中譯本，但竟然沒有出版社願意出版！

一九九〇年，清華大學出版社出版《時間簡史》的中譯本，但是沒有引起讀者的廣泛注意，這恐怕與這個譯本的封面太平淡無奇有關。

到了一九九二年，湖南科學技術出版社推出後來名噪一時的《第一推動》叢書，叢書的第一本就是霍金的《時間簡史：從大爆炸到黑洞》，而且譯者之一就是霍金的中國博士生吳忠超。譯者在序中生動地介紹霍金，使讀者初次知道霍金是一位什麼樣的科學家。譯者寫道：

> 霍金的生平非常富有傳奇性，在科學成就上，他是有史以來最傑出的科學家之一，他的貢獻是在他被盧・蓋瑞格病禁錮在輪椅上二十年之久的情況下做出的，這真正是空前的。因為他的貢獻對於人類的觀

念具有深遠的影響，所以媒體已經有許多關於他如何與全身癱瘓做鬥爭的描述。儘管如此，譯者之一於一九七九年第一次見到他，仍然非常驚訝，當時的情景至今仍然歷歷在目。那是第一次參加霍金廣義相對論小組的討論班時。門打開後，忽然腦後響起一種非常微弱的電器的聲音，回頭一看，只見一個骨瘦如柴的人斜躺在電動輪椅上，他自己驅動著電動開關。我盡量保持禮貌而不顯出過分吃驚，但是他對首次見到他的人對其殘障程度的吃驚，早已習慣。他要用很大努力才可以抬起頭來。在失去聲音之前，他只能用非常微弱的變形的語言交談，這種語言只有在陪他工作、生活幾個月以後才可以瞭解。他不能寫字，看書必須依賴於一種翻書的機器，讀文獻時必須讓人將每一頁攤平在一張辦公桌上，然後驅動輪椅如蠶吃桑葉般地逐頁閱讀。人們不得不對人類中竟然有以這般堅強意志追求終極真理的靈魂，從內心產生崇高的敬意。從他對譯者私事的幫助可以體會到，他是一位富有人情味的人。

霍金在自己辦公室的書桌前

第一版的中譯本，出版社和譯者都費了許多心血。譯者對霍金的傳奇生涯做了感人的介紹，湖南科學技術出版社為書籍的封面做了精心的設計，在媒體上也做了廣泛的宣傳，並且在北京飯店與《讀書》雜誌社舉行首發式和座談會，國內許多知名的科學家出席這次座談會，中央電視台對此也做了報導。這本書看來應該受到國內讀者的重視，書也應該暢銷。但是，《時間簡史》第一版在一九九二年出版之後，在全國的徵訂數竟然不到五百本！直到一九九四年、一九九五年，這本書才漸漸在文化界和知識界流行開來，終於受到讀者的廣泛歡迎，並且一時洛陽紙貴，成為熱門的大暢銷書。儘管出版社一印再印，在幾年之內總是供不應求。到十一年以後，這本書仍然是青年讀者熱心購買的書籍之一。吳忠超先生說，他和許明賢合譯的《時間簡史》，在台灣也一直是暢銷書，到一九九四年已經出版六

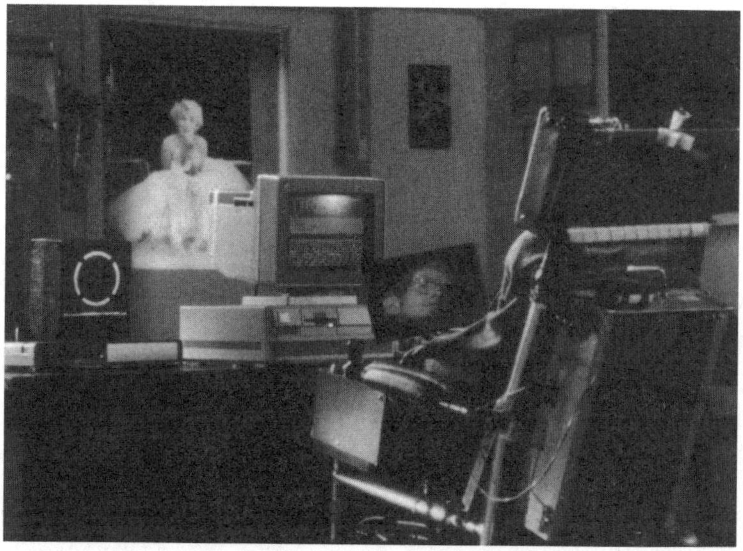

從書桌後面看霍金辦公室的情景

（這張照片和上一張照片中都有瑪麗蓮・夢露的照片）

學位。

版，成為莘莘學子的必讀之書。但是，吳忠超先生也說：「儘管如此，真正讀完這本書的還是極少數。」

霍金在一次演講中也曾經說，如果可以讀懂《時間簡史》全書的每句話，就已經夠格攻讀重力物理學博士學位。

二〇〇一年三月，湖南科學技術出版社又出版《時間簡史》的「十年增訂版」；二〇〇二年二月，又出版《時間簡史》的「插圖本」。二〇〇二年八月，正值霍金在北京出席第二十四屆國際數學家大會，一場「霍金熱」席捲中國，《時間簡史》插圖本也熱銷幾個月。湖南科學技術出版社推出的霍金的另一本書《果殼中的宇宙》，雖非一般人可以看懂，也暢銷一時。

二〇〇二年八月，霍金在一次記者招待會上宣布：「我正在撰寫一部不僅使少年，而且使所有人都可以看懂的版本，大約明年這個時候就可以脫稿。」

後來，霍金在二〇〇四年年初大病一場，許多人都以為他這次在劫難逃，哪知頑強的霍金再次擊敗病魔，活了過來。但是他的身體也受到嚴重摧殘。現在，他睡覺的時候必須戴上氧氣面罩，而且每四十分鐘，護理人員就必須為他翻身一次。就在這種極端惡劣的身體狀況下，他沒有忘記他的諾言，在二〇〇四年五月完成《時間簡明史》（A Briefer History of Time）。英文裡只是把原來的「brief history」改成比較級的「briefer history」。吳忠超先生在把這本書翻譯成中文時，為了恰當地表示「briefer」，經過仔細思考以後，決定把書名譯為《時間簡明史》。

三次到中國

霍金曾經在一九八五年、二〇〇二年和二〇〇六年三次訪問中國。

一九八五年，第一次訪問中國

地處安徽合肥的中國科技大學歷經好幾次的風波，才終於在一九八五年把霍金請到合肥。中國科技大學之所以想請霍金到他們大學訪問，是因為早在二十世紀七〇年代，中國科技大學天體物理小組的研究課題之一，就是黑洞理論。七〇年代末對外開放後，中國科技大學就想到邀請國際第一流的黑洞物理學家來中國科技大學講學。一九八一年，第一個來合肥講學的是發明「黑洞」這個詞的惠勒，惠勒當時是美國普林斯頓大學理論物理學教授。

接著中國科技大學就想要邀請霍金這位「黑洞之王」來合肥，但是碰了釘子。主要原因是英國駐北京使館不同意。他們的理由很簡單：合肥是一個小地方，交通不便，不適合重殘障者霍金訪問；霍金的飲食特別，需要從英國運來專門為他製作的食品，合肥和英國之間的交通狀況太差，把必需的補給及時運到合肥缺乏基本上的保障，當時合肥的交通設施也確實比較差。

中國科技大學沒有就此放棄，當時副校長錢臨照先生負責邀請霍金的事務，他是一個英國通，熟知如何與英國政府官僚機構周旋。他對同仁們說：不必著急，英國使館拒絕只是表示他們害怕承擔責任。英國大使館曾經對中國科技大學說：霍金是大不列顛的一個「國寶」，萬一在合肥出了差錯，使館可擔待不起這個責任。因此錢臨照說，必須想辦法讓英使館無須為他們的責任擔憂。

霍金很想到中國來看看。他曾經對人說，只要可以保證他從合肥活著回英國，他就會來。為此，中國科技大學於一九八三年先請霍金早期的學生伯納德・卡爾訪問合肥。卡爾也是一位黑洞學者，曾與霍金合作研究「宇宙暴漲期小黑洞形成」的理論，並成為該領域的奠基之作。請卡爾來合肥的目的之一，就是要他看看合肥這個「小地方」是不是可以讓霍金活三四天。卡爾於一九八三年六月二十六日來合肥，三十日離開。他的學術演講的題目是《人擇原理》（Anthropic principle——人類只能研究人類可以生存的宇宙）。卡爾的結論是合肥肯定沒有問題。回英國以後，卡爾向霍金報告他對合肥的考察。一九八四年，中國科

位於安徽合肥的中國科技大學

技大學再度邀請霍金，英國大使館沒有再反對。

一九八五年四月二十八日，卡爾陪同霍金來合肥。潔恩因為家中有三個小孩，小兒子蒂莫西只有六歲，所以不能在一九八五年跟隨霍金到遙遠而神秘的中國。霍金一開始對潔恩不跟他一起到中國來十分生氣，後來潔恩耐心解釋說，三個孩子需要她的照顧，再加之他的學生卡爾和約蘭塔答應擔負起陪同霍金到中國來的重任，霍金這才高興起來。這兩個研究生後來抬著霍金上下飛機和火車，而且還勇敢地把霍金連同輪椅一起，抬上長城！

霍金一行在中國科技大學逗留四天，至五月二日離開。這段期間，卡爾做了一個報告，霍金做了兩個。霍金的報告一個是專業的：黑洞形成的理論。另一個是公眾性的：為什麼時間總是向前？對後一問題，霍金沒有突破性的貢獻。霍金當時強調的是時間不能總是向前。例如：在地球上走，向南！向南！不准後退，可以；但是到了南極，再往任何方向走，都是向北，也就是後退了。整個宇宙演化到了南極，再走就只有向北。所以，返老還童對個人是不可能的，但是對整個宇宙而言，向南是有終結，要轉向的。說到這裡的時候，霍金為他的模型得意地笑了。當時的口譯者也一時興起，就即興地加了一句：「霍金的模型，差不多就是法輪迴轉①吧！」

霍金一行離開合肥到北京以後，就由北京師範大學劉遼教授照應。在北京的行程中沒有安排大型學術活動，照理說應該沒有大的困難；但是我們知道，霍金是一位經常會提出異想天開的想法的人。到北京以後，霍金突然提出要上長城。這一下，讓接待的劉遼教授慌了手腳：原來的計畫中也沒有這一項呀？！連卡爾也沒有預料到霍金會突然提出這個要求。接待方只好向霍金解釋，長城沒有能力接待殘障者，也沒有無障礙通道，不適合行動不便者遊覽。但是霍金不為所動，堅持要上長城。難道他也知道中國諺語「不到長城非好漢」？霍金甚至耍賴地說：如果不讓他上長城，他就就地自殺。雖然這是玩笑話，但也表示沒有說服他的餘地。

沒有辦法，只能想辦法讓霍金安全地遊覽長城。幸好劉遼教授有一些研究生，他只好請他們與卡爾、約蘭塔一起同心合力把霍金抬上長城。幾個熱愛黑洞的研究生抬得太累了，想起著名的霍金輻射理論，開玩笑地說：「霍金要是可以輻射掉就好了。」此後，這些研究生真的開始努力研究「霍金輻射」。

回國以後，他們都很疲勞，但是對自己成功的旅行，尤其是還上了長城，感到很自豪。不知道霍金是否會為他登上長城的壯舉而驕傲？

由於疲勞和氣候不適，霍金從中國回家以後，身體狀況很不好，經常咳嗽，甚至對食物也十分敏感。

---

①《西遊記》中，唐三藏曰：「見佛求經，使我們法輪迴轉。」

許多夜晚，霍金都是躺在潔恩的懷裡睡覺，潔恩輕輕拍著他的背，讓他安靜下來，消除對一陣陣咳嗽的恐懼和驚慌。

後來，霍金在瑞士日內瓦遭遇不幸的時候，潔恩當時不由驚懼地想到：她沒有隨霍金一起到中國來是多麼危險的事！如果在中國發生後來在日內瓦的不幸，那後果就真不堪設想！

到了一九九七年，霍金又想拜訪中國，中國的變化和進步讓他感到好奇，他多次向吳忠超談到再訪中國的事情。

二〇〇二年，來華出席國際數學家大會

二〇〇二年八月，北京舉行第二十四屆國際數學大會。霍金終於抓住這個機會，第二次來到中國，距離他第一次到中國已經過了十七年。這十七年中，霍金成為世界聞名的科學明星，在一九九五年與潔恩離婚。所以這次是伊蓮陪同霍金到中國。

八月九日上午，霍金一行六人抵達上海浦東國際機場，

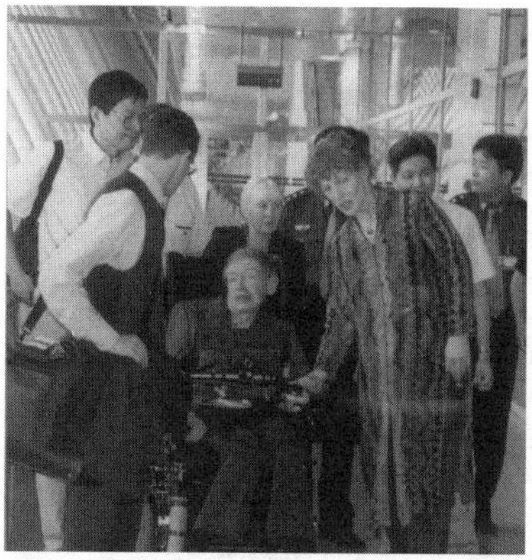

霍金與他的妻子伊蓮（前排右一）到達上海浦東國際機場，後排左一是吳忠超先生，擔任霍金的臨時翻譯

除了霍金以外，同行的還有他的第二任妻子伊蓮、助手尼爾・希勒和三個護士，這三個護士負責二十四小時的輪班護理。

在國航賓館休息四個小時以後，霍金的精神好了一些，所以在離開賓館的時候，他可以有精力和興致，用語言合成器向經理致謝。這是他這次踏上中國土地後說的第一句話。

在車上，伊蓮將霍金抱到她懷裡。車子到達浙江省地界的時候，原來護送他們的上海警車鳴笛向霍金一行告別，吳忠超向霍金說明鳴笛的意思，霍金覺得有趣，孩子般的笑容在他臉上蕩漾開來。見到霍金的笑容，吳忠超感觸萬分地寫道：

很早以來我就注意到，沮喪和孩子般的笑容在霍金的臉部交替出現，這兩種表情似乎是霍金情緒上最主要的起伏和波動。孩子般純淨的笑容是沒遭世俗污染的容顏，而沮喪是對禁錮的無奈和對自由的渴望，畢竟只有靈魂可以自由地遨遊宇宙是不夠的。

霍金在杭州舉行記者招待會（左一為吳忠超，右一為霍金的妻子伊蓮）

吳忠超先生的這段感觸，深切地道出霍金的追求和無奈。我們可以說，頑強而成功的霍金，其實內心何嘗沒有無奈和痛苦！幸虧他有偉大的智慧，他的靈魂遨遊宇宙，成為「宇宙之王」的時候，他的無奈和痛苦可以被化解。

霍金一行到達杭州香格里拉飯店時，正門前有一百多位記者等待採訪、拍照。伊蓮知道這個情形後，當機立斷，改從後門進入飯店。霍金入住六三一號套房，正好對著西湖。

第二天上午，妻子、助手、護士因為時差還在睡覺的時候，霍金似乎沒有受到太大影響，自己驅動電動輪椅，到陽台上欣賞山色空濛的西湖景色。

八月十一日下午，在香格里拉飯店二樓舉行記者招待會。在事先就擬好的十個問題中，霍金只回答八個問題。八個問題問完以後，記者自由提問。一位記者問：

「你一九八五年來過中國，在這十七年裡，你覺得中國發生什麼變化？」

霍金幽默地回答：「一九八五年滿街自行車，現在是交通堵塞。」

八月十二日，霍金向杭州市民進行題為《M理論的宇宙學》的學術演講[1]。

八月十五日上午，他到浙江大學體育館向莘莘學子進行題為《膜的新奇世界》的學術報告。聽眾中除了浙江大學的學生以外，還有許多從上海趕來的學

霍金在浙江大學進行學術報告

生，大約有三千多人聽了霍金的報告。

浙江大學請吳忠超先生做翻譯。要做霍金的翻譯是很不容易的：一來要瞭解他的研究內容，才可以保證翻譯的準確性；二來要瞭解霍金的文化修養，否則也是無法貼切地傳達他的思想。霍金的文化修養很高，對莎士比亞的作品十分瞭解，他經常順手拈來一句莎士比亞作品中的原話，稍加修改，就會成為幽默而意思雋永的話。翻譯者如果文化修養不高，就會大損霍金話語的深度和奧妙之處；如果譯者還可以熟知霍金說話的習慣，就可翻譯得更到位和更傳神。

作為霍金的博士生的吳忠超先生，幾年來與霍金朝夕相處，由他擔任翻譯當然是最適合的。但就是吳忠超先生，翻譯的時候也有為難之處。例如：有一次在飯店用餐的時候，霍金喝了一點酒，胃口也很好，興致來了，在電腦上打出：

---

① 簡略地說，M理論是為物理的終極理論提出的一種理論，希望可以藉由單一理論來解釋所有物質與能源的本質與交互關係。它結合五種超弦理論和十一維的超重力理論。為了充分瞭解它，英國理論物理學家愛德華・維騰教授認為需要發明新的數學工具，他還說：「M在這裡可以代表魔術（magic）、神秘（mystery）、膜（membrane），依你所好而定。」另一位弦論大師約翰・施瓦茲提醒人們注意，M還代表矩陣（matrix）。

「在中國，像羅馬人那樣行事。」

這句話可能很多人不知道說的是什麼意思，當時吳忠超先生也翻譯得不太清楚。後來，他在《霍金的杭州之行》一文中寫道：

「我猜想他說的是入鄉隨俗。」

猜對了！原來霍金又是引用莎士比亞的一句話：「在羅馬，像羅馬人那樣行事。」意思確實是「入鄉隨俗」，與中國民間諺語「走到哪座山唱哪座山的歌」的意思相近。但是霍金卻非常俏皮地把第一個「羅馬」兩字改成「中國」。

在演講開始的時候，在巨幅宇宙星空的背景下，一束光線照亮霍金瘦弱的身子，在紅色的天鵝絨幕布上投射出淡淡的影子。霍金講道：

「我想要在這次演講中描述一個激動人心的新機制，它可能改變我們關於宇宙和實在本身的觀點。這個觀念是說，我們可能生活在一個更大空間的膜或是面上。」

在演講結尾的時候，霍金說：

「膜世界模型是研究的熱門課題，它們是高度猜測性的。但是它們提供可供觀測驗證的新行為，它們可以解釋為什麼萬有引力這麼弱。在基本理論的基礎上，引力也許相當的強大，但是引力在額外維散開表示在我們生活其中的膜上的長距離引力變弱了。如果引力在額外維中更強，在高能粒子碰撞時形成小黑洞就容易得多。這也許在正在日內瓦建造的ＬＨＣ也就是大型強子對撞機上可能實現。一個微小的黑洞不會吃掉地球，不像報紙中繪聲繪影的恐怖故事那樣。相反地，黑洞將會在『霍金輻射』的『撲』的一聲中消失，我將得到諾貝爾獎。ＬＨＣ加油！我們可以發現一個膜的新奇世界①。」

在沒有演講的日子裡，霍金遊覽西湖和河坊街。

在遊覽西湖的時候，大家搭乘一條比較大的畫舫，霍金夫婦坐在最前面，著名物理學家、中國科學院外籍院士丘成桐先生和吳忠超先生在他們身後，隨時介紹眼前的風景。當畫舫經過雷峰塔時，丘成桐向他們講述中國的神話故事《白蛇傳》。伊蓮津津有味地聽著。丘成桐說完的時候，她立刻說：

「白蛇化成的婦人一定美麗動人。」

每個人都笑起來。這個時候，一束斜陽射到雷峰塔的金頂上，顯得光彩動人。

到了三潭印月附近，吳忠超對霍金講，那屹立在水面上的三座石燈，其建成的年代比劍橋建校的年代還要古老，它們的所在之處，是西湖最深的地方。畫舫在三潭停了一些時候，沒有上小瀛洲就往回行駛。

---

①ＬＨＣ是大型強子對撞機（The Large Hadron Collider）的簡稱，它是一台粒子加速器，被建造在瑞士日內瓦的歐洲核子研究組織（ＣＥＲＮ）。ＬＨＣ於二〇〇八年建成，目前這個項目的升級工作正在進行。

宋朝著名詩人楊萬里曾經在一首詩裡寫道：

畢竟西湖六月中，
風光不與四時同。
接天蓮葉無窮碧，
映日荷花別樣紅。

這首詩的名字是《曉出淨慈寺送林子方》，歷來受到人們喜愛，廣為傳誦。霍金不知是從哪裡聽過楊萬里的這首詩，加上遊興未減，因此還想要欣賞「別樣紅」的「映日荷花」。但畫舫不能穿過蘇堤六橋到劉莊，只好返回，到西泠橋下欣賞荷花。

臨上岸的時候，有人採來三朵荷花送給霍金夫婦。

大約到了五點，他們一行到河坊街遊覽。他們邊走邊看，圍觀的人越來越多，後來還有一個女孩獻上一束鮮花給霍金，並且熱情地吻霍金的臉一下，人們報以熱烈的掌聲。

沿途，一家茶館送上「九九紅麴茶」，霍金聽了祝詞，還喝了這杯茶；一家工藝品商店的內畫壺使霍金很感興趣，這家工藝社立刻答應第二天送給他一個鼻煙壺，裡面將畫上霍金的彩色像；經過一家成衣店

遊覽河坊街的時候，霍金接受一位杭州姑娘熱情的一吻

時，伊蓮前天訂做的連衣裙已經做好，她看到做好的黃色連衣裙的時候，十分喜愛，店主還送她一套絲綢睡衣。

天色漸晚，他們一行人到「錢塘人家」飯店用餐。席間霍金將一杯米酒一飲而盡，並興致極高地在電腦上打出一行字，吳忠超趨近一看，是酒後豪情：「我可以解決M理論！」

十六日，霍金又驅動輪椅，在西湖小道上流覽風光，如同宋朝詩人蘇軾所寫的那樣：

水光瀲灩晴方好，
山色空濛雨亦奇。
欲把西湖比西子，
淡妝濃抹總相宜。

流連一會兒，與大家合影之後，霍金一行搭飛機去了北京。

在北京國際數學家大會上，霍金又進行《膜的新奇世界》的學術報告，然後啟程回到劍橋。

二〇〇六年，第三次訪問中國

二〇〇六年六月十二日，霍金飛抵香港，在十三—十七日他將訪問香港科技大學，他的女兒露西自費陪同父親，但是他的妻子伊蓮因為兩人感情上有糾葛，沒有隨同前來。

十三日，霍金在記者見面會上與香港傳播媒體見面，他透過裝在眼鏡上的感測器和紅外線控制系統，由電腦語音合成器形成詞句做演講和回答媒體提出的問題。

十四日傍晚，在遊覽船上觀看香港夜景的時候，霍金說，香港精彩奇妙，充滿活力，他不會忘記香港和香港人。他表示日後一定會再次來香港旅遊。

十五日下午，在女兒露西的陪同下，霍金一行來到香港科技大學體育館，霍金做了題為《宇宙的起源》的演講，體育館一千八百多個座位已經坐滿。霍金這次做的是一次科普演講，大多數聽眾都可以聽懂。霍金提到古代的童話傳說：

根據中非波桑哥人的傳說，世界太初只有黑暗，水和偉大的班巴上帝。一天，班巴胃痛發作，嘔吐出太陽。太陽灼乾一些水，留下土地。他仍然胃痛不止，又吐出月亮和星辰，然後吐出一些動物，豹、鱷魚、烏龜，最後是人。

這個創世紀的神話，和其他許多神話一樣，試圖回答每個人想要詰問的問題：為何我們在此？我們從何而來？一般的答案是，人類的起源是發生在比較近期的事情。人類正在知識上和技術上不斷地取得進步。這樣，它不可能存在那麼久，否則它應該取得更大的進步。這一點，甚至在更早的時候就應該很清楚。

例如：按照烏雪主教的說法，《創世紀》把世界的創生定於西元前四〇〇四年十月二十三日上午九點。另一方面，諸如山嶽和河流的自然環境，在人的生命週期裡改變甚微。所以人們通常把它們當作不變的背景。要麼作為已經存在無限久的空洞的風景，要麼是和人類在相同的時刻被創生出來。

但是並非所有人都喜歡「宇宙有一個開端」的思想。

……

詹姆斯・哈妥和我發展宇宙自發創生的圖景有一點像泡泡在沸騰的水中形成。

其思想是，宇宙最可能的歷史像是泡泡的表面。許多小泡泡出現，然後再消失。這些對應於微小的宇宙，它們膨脹，但是在仍然處於微觀尺度時再次坍縮。它們是另外可能的宇宙，由於不能維持足夠長的時間，來不及發展星系和恆星，更不用說智慧生命，所以我們對它們沒有多大興趣。然而，這些小泡泡中的一些會膨脹到一定的尺度，到那個時候可以安全地逃避坍縮。它們會繼續以不斷增加的速率膨脹，形成我們看到的泡泡。它們對應於開始以不斷增加的速率膨脹的宇宙。這就是所謂的暴脹，正如每年的價格上漲一樣。

……在過去的百年間，我們在宇宙學中取得驚人的進步。廣義相對論和宇宙膨脹的發現，粉碎永遠存在並將永遠繼續存在的宇宙的古老圖像。取而代之，廣義相對論預言，宇宙和時間本身都在大爆炸處起始。它還預言時間在黑洞裡終結。宇宙微波背景的發現，以及黑洞的觀測，支持這些結論。這是我們的宇宙圖像和實在本身的一個深刻的改變。

雖然廣義相對論預言了，宇宙來自於過去一個高曲率的時期，但是它不能預言宇宙如何從大爆炸形成。這樣，廣義相對論自身不能回答宇宙學的核心問題：為何宇宙如此這般。然而，如果廣義相對論和量子力學結合，就有可能預言宇宙是如何起始的。它開始以不斷增加的速率膨脹。這兩個理論的結合預言，在這個稱為暴脹的時期，微小的起伏會發展，導致星系、恆星以及宇宙中所有其他結構的形成。對宇宙微波背景中的小的非均勻性的觀測，完全證實預言的性質。這樣，我們似乎正朝著理解宇宙起源的正確方向前進，儘管還有許多工作要做。當我們透過精密測量空間航空器之間距離，進而可以檢測到引力波，就會打開極早期宇宙的新視窗。引力波從最早的時刻自由地向我們傳播，所有介入的物質都無法阻礙它。與此相比較，自由電子多次地散射光，這種散射一直進行到

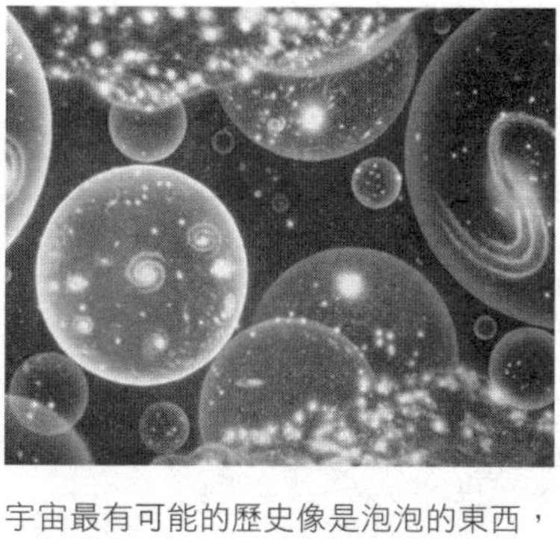

宇宙最有可能的歷史像是泡泡的東西，許多小泡泡出現，然後再消失

三十萬年以後電子被凝結之前。

最後霍金說：

儘管我們已經取得一些偉大成功，並非一切已經解決。我們觀察到，宇宙的膨脹在長期的變緩之後，再次加速。對此理論還不能理解清楚。缺乏這種理解，則對宇宙的未來還無法確定。它會繼續地無限地膨脹下去嗎？暴脹是一個自然定律嗎？或是宇宙最終會再次坍縮嗎？新的觀測結果，理論的進步正迅速湧來。宇宙學是一個非常激動人心和活躍的學科。我們正接近回答這古老的問題：我們為何在此？我們從何而來？

謝謝各位。

演講結束以後，霍金又回答預先選定的六個問題。問題內容除了請教霍金物理常識，例如：地心吸力有否扭曲光線、宇宙常數的來源、宇宙是否等同黑洞，也有關於宇宙中「神」的角色，還有涉及霍金的日常生活的問題。

有人特別想瞭解霍金是如何克服殘障，積極面對人生。霍金回答：

「我只是不能接受精神與身體一樣殘廢！」

停了一會兒，他繼續說：「當然，要經常保持樂觀也不是容易的事情，耐性不是隨時可以維持的。」

說罷，全場笑聲不絕。霍金還拿自己的日常生活開玩笑：「有人問，我是一個英國人，為什麼用美國口音？」

他解釋說：「這個語音合成器製造於一九八六年，是美國貨，所以是美國口音。我一直用它也沒有問題，久而久之就習慣了。如果現在不用，我就要用法國口音的最新產品，我的妻子不跟我離婚才怪①！」會場一片笑聲，氣氛非常活躍。

有一個香港青年因為意外導致全身癱瘓，希望可以安樂死，有一位記者在十三日的記者會上以此為例，詢問霍金是否因為身體殘障而感到沮喪，又怎麼克服的。

「他有自由選擇結束生命，但那是一個重大錯誤。」霍金說，「無論命運有多壞，人類應該有所作為，有生命就有希望。」這句話聽起來有一點像老生常談，但卻是霍金的心聲，由他說出來就極具說服力和感人——他的行動已經證明一切。

霍金還說，對於有興趣研究科學和宇宙論的香港年輕人，他鼓勵他們可以仿效他，不斷探訪生命的起

---

①遺憾的是，三個多月以後，即二〇〇六年十月，霍金與伊蓮離婚，這是他第二次離婚，此後他一直沒有再娶。

源，「如果可以發現前人未為的事情，那種振奮和樂趣是無可比擬的。」

霍金演講完畢，與四十多名來自香港科技大學、香港科學協會和香港物理學會的學者聚會，並接受物理學會贈書《物易星移》。霍金助手莫妮卡在聚會後對記者說，霍金連日雖舟車勞頓，仍然是精力充沛，「Good energy，very healthy，very happy！」

後來，時任香港科技大學校長朱經武對記者說：「無論是醫生，還是霍金的女兒，以至霍金自己，也沒有想過他可以活到這一刻，還可以做出極多思考和理論，令人們對宇宙的印象和探索變得無邊無界。他實在是活著的傳奇！……霍金的一言一行都會令人關注，霍金的到來引發香港年輕一代前所未有的對科學的重視。」

最後，朱經武說：「有『霍金精神』，世上一切有可能！」

霍金在香港六天的時間，一陣狂飆似的「霍金熱」席捲整個香港。

十七日晚，香港活動結束以後，霍金一行抵達北京，開始他的第三次內地之行。

霍金這次到北京將出席在北京召開的「二〇〇六年國際弦理論大會」。霍金在北京期間，將向民眾主

時任香港科技大學校長的朱經武教授與霍金合影

講兩場《宇宙的起源》講座。這個時候，「霍金熱」已經從香港轉至北京，熱度有增無減。社會大眾，尤其是學生對霍金訪問北京非常關注，講座門票早就被搶一空。除了演講之外，霍金還將於二十一日在北京友誼賓館舉行科技發展答詢會。

出席這次學術活動的還有丘成桐院士、美國諾貝爾物理學獎得主格羅斯[1]等著名學者。

十八日下午五點，正式開會的前一天，霍金一行來到天壇。他們在天壇首先參觀古代皇帝祭天的圜丘壇，導遊吳穎向霍金介紹圜丘的歷史和功能。說到圜丘上層以天心石為圓心，從外到內分別鋪設扇面形石塊，並且以九的倍數依次向外延展，欄板、望柱也都用九或九的倍數，象徵「天」數以實現皇帝天人合一的目的時，霍金表現出很大的興趣。

講解完畢以後，他主動要求環繞圜丘一圈，以感受中國傳統的天人合一的哲學。

在祈年殿，天壇公園牛建忠副院長向霍金贈送天壇畫冊和天壇紀念章，霍金透過發聲器向天壇方面表示感謝，並且讚美祈年殿的宏偉典雅。

①大衛・格羅斯，因為發現強相互作用中漸近自由，與波利策、維爾切克共同獲得二〇〇四年諾貝爾物理學獎。

十九日上午，「二〇〇六年國際弦理論大會」在北京人民大會堂隆重開幕，來自世界各地的數學家和物理學家將在之後的六天裡舉行五十三場學術報告。上午十一點三十分，在人民大會堂萬人報告廳，震撼人心的一刻終於到來了——霍金開始演講。

「你們聽得見嗎？」霍金教授以這樣的方式開始他的四十五分鐘的演講——這對他來說算是夠長的。現場觀眾聽到的是霍金教授利用電腦控制的語音合成器發出的具有金屬質感的聲音。

霍金教授斜靠在輪椅上，像在安靜地休息，但是講述的話題，卻是最吸引人的宇宙的起源和歸宿。

他說：

「宇宙有無起點？宇宙是否永恆？這些問題一直困擾人類中的智者。二十世紀二〇年代美國天文學家愛德溫・哈伯在威爾遜山上用一百英寸的望遠鏡觀測天象後，情形發生根本的改變。哈伯發現，宇宙正在膨脹，星系之間的距離隨著時間流逝而增加。」

接著他說：

「宇宙膨脹是二十世紀或是任何世紀最重要的智力發現之一。許多科學家仍然不喜歡宇宙具有開端，因為這似乎表示物理學崩潰了。人們不得不求助於外界的作用，去確定宇宙如何起始。」

「愛因斯坦的理論不能預言宇宙如何起始，它只能預言宇宙起始以後如何演化。」

我們知道，後來霍金和羅傑・潘洛斯用數學方法證明如果廣義相對論是正確的，宇宙就存在一個奇點，那是具有無限密度和無限時空曲率的點，時間從那裡開始。因此霍金接著說：

「愛因斯坦的廣義相對論將時間和空間統一成時空。但是時間仍和空間不同，它像一個通道，要麼有開端和終結，要麼無限地伸展出去。為了理解宇宙的起源，我們必須把廣義相對論和量子力學相結合。」

聽眾中肯定有很大一部分不能聽懂霍金的演講，但是他們希望盡量從霍金的演講裡吸取一點有關宇宙學裡最新的見解，更希望從活生生的霍金身上和他的一言一語中，學習如何積極地面對生活，戰勝生活中巨大的挑戰的精神！北京理工大學學生張濤聽完霍金的演講後，對記者說：

「我不能完全明白他說的理論。我來這裡是出於對霍金的個人崇拜，他身體殘障還對科學那麼執著。」

丘成桐院士說：

「請霍金教授來演講是想要讓年輕人對基礎科學研究產生興趣。年輕人看不懂他的理論是很正常的，但是看總比不看好，看了一定會有收穫的。」

二十日晚上，北京友誼賓館聚英廳，中外數學界和物理學界的英才聚集，丘成桐院士關於龐加萊猜想的專題演講《三度空間的結構》正在進行。

晚上七點五十分，一陣騷動猶如漣漪掠過寧靜的大廳，所有聽眾都把頭轉向右側後方。幽暗的走道上突然出現一輛輪椅，是霍金也來聽報告。霍金的輪椅繞過主席台停在左側的走道上。霍金恬然地斜靠在輪椅上，猶如一個乖巧的嬰兒，兩手交疊在膝蓋上，一如往常右歪著頭，半睜的目光安靜地注視椅子前方的一個螢幕。大約有一個探頭把左側螢幕上的內容顯示在他的螢幕上。他就這樣一動不動地聽演講，寂寥的表情顯示他的思維已經離開軀殼進入純抽象的幾何世界。只有他的左腳偶然微微抽動一下。

二十一日，穿著深色條紋襯衫的霍金在科技發展答詢會上，當場回答民眾提出的九個問題。前八個問題都是提前搜集好交給霍金，由霍金提前回答後透過電腦語音合成器完成的。因此，當主持人丘成桐院士念完前八個問題以後，霍金的「回答」都很迅速。

儘管現場還有眾多聽眾舉手提問，但是霍金最終還是只回答一個現場問題。對此，丘成桐表示，這主要是出於霍金的身體條件和答詢會的時間安排考慮的。

第一問：「你對中國最感興趣的是什麼？」

霍金：「中國的文化、食物我都感興趣，但最感興趣還是中國的女性，她們很漂亮。」

第二問：「這是你第三次來中國，中國有什麼地方吸引你？」

霍金：「中國人的靈巧指揮促使中國取得進步，正是因為中國科學的進步促使我一次次來到中國。」

第三問：「你曾經說，西藏是最吸引你的地方，你有去西藏的計畫嗎？」

霍金：「去西藏是我從少年時期以來就有的夢想，但是以我現在的身體狀況，已經不可能去那種高海拔的地區，去西藏大概是我無法實現的夢想。」

第四問：「經濟的發展除了帶來社會繁榮以外，也造成環境的不斷惡化，對此你有什麼看法？」

霍金：「全球不斷升溫是經濟發展的結果，如果地球的暖化失去控制，地球就會變成第二個金星，那裡常年溫度都在攝氏兩百三十度以上，而且酸雨不斷，我們肯定不希望生活在這樣的星球。」

第五問：「你對宇宙和我們人類本身的存在有什麼看法？」

霍金：「宇宙之所以存在，是因為有一個宇宙理論的存在，我們現在正在尋找並且證明這個理論。如果這個我們關於宇宙的理論被證明是不存在的，宇宙也會消失了。」

第六問：「你的殘障影響到你的工作嗎？」

霍金：「我的身體雖然殘障，但是思維活躍。我的思想可以達到時間的開端，可以進入黑洞，殘障可能讓我的身體無法到達很多地方，但人類精神的馳騁沒有任何限制。」

第七問：「你現在還有什麼抱負希望實現嗎？」

霍金：「每個人都有夢想，如果我們自己沒有夢想，就像精神死去了一樣。」

第八問：「你怎麼描述你自己？」

霍金：「樂觀、浪漫，但是有時候頑固不化。」

最後一個問題是由現場聽眾提出的。他是清華大學物理系二年級的馬來西亞留學生，問這個問題主要是他看到格羅斯教授也在場，他問：

「二〇〇五年，格羅斯教授提出物理界要解決的二十五個問題，你認為物理界最重要的問題是什麼？」

提出問題以後，霍金雙眼盯著液晶螢幕，眼球不時轉動，約八分鐘以後，霍金才組織好語言，透過電腦語音合成器把自己的回答顯示在螢幕上：

物理學最重要的問題是如何理解宇宙，理解為什麼是這個樣子，怎樣變成這個樣子，這就需要量子力學的條件。

二十三日，霍金進行最後一場演講。這次演講題目是《宇宙的半徑點膨脹模型》，這是一場專為世界基礎物理界的頂級學者做的演講。

二十四日上午九點，霍金一行來到首都機場，在貴賓通道，霍金被隨行人員緩緩放下車，推進貴賓室。為了防止路上出狀況，霍金一行特意早到了兩個多小時。

記者問霍金對第三次中國之行的感想，霍金嘴角向上揚了揚，護理在徵得霍金的同意以後，對記者笑著說：

「你要友善地吻一下他的臉，他才會回答。」

等了兩分鐘，霍金回答他很喜歡這次旅行，並且用語音轉換器發出聲音。之後，霍金的護理還抓著他的手和記者握了一下。

十一點，載著霍金一行人的飛機緩緩起飛。

在幾天前的採訪中，丘成桐院士曾經說：「他的身體不是很好，這可能是他最後一次來中國。」果然，到二〇一八年霍金去世，霍金一直沒有再次來到中國。

再見了，霍金！

中國學者會永遠記得你說過的這句話：「我可以解決M理論！」

中國人也會永遠記得你的另一句至理名言：「一個人永遠不要絕望！」

海鴿文化出版圖書有限公司
Seadove Publishing Company Ltd.

成功講座 370

霍金傳：與時空對話

作者 楊建鄴、龔阿玲
美術構成 騾賴耙工作室
封面設計 斐類設計工作室
發行人 羅清維
企劃執行 張緯倫、林義傑
責任行政 陳淑貞

出版 海鴿文化出版圖書有限公司
出版登記 行政院新聞局局版北市業字第780號
發行部 台北市信義區林口街54-4號1樓
電話 02-27273008
傳真 02-27270603
E-mail seadove.book@msa.hinet.net

總經銷 創智文化有限公司
地址 新北市土城區忠承路89號6樓
電話 02-22683489
傳真 02-22696560
網址 www.booknews.com.tw

香港總經銷 和平圖書有限公司
地址 香港柴灣嘉業街12號百樂門大廈17樓
電話 （852）2804-6687
傳真 （852）2804-6409

出版日期 2021年05月01日 一版一刷
定價 380元
郵政劃撥 18989626 戶名：海鴿文化出版圖書有限公司

國家圖書館出版品預行編目資料

霍金傳：與時空對話 ／ 楊建鄴, 龔阿玲作.
-- 一版. -- 臺北市 ： 海鴿文化，2021.03
面 ； 公分. --（成功講座；370）
ISBN 978-986-392-367-1（平裝）

1. 霍金 2. 物理學 3. 傳記 4. 英國

784.18 110001432